# Rotwein für Dummies

## Finden Sie Ihren Rotwein-Stil

| Sie wollen einen ... | Probieren Sie einen ... |
|---|---|
| leichten, erfrischenden Rotwein | Bardolino oder Valpolicella<br>Beaujolais<br>günstigen Spätburgunder aus Baden<br>günstigen Chianti<br>Roten aus dem Loire-Tal (Chinon, Bourgueil) |
| kräftigen Rotwein mit festem Biss | günstigen Bordeaux<br>Chianti Classico<br>Rioja<br>Cabernet oder Syrah aus Südfrankreich<br>günstigen roten Burgunder<br>Beaujolais Crû |
| kräftigen, weichen Rotwein | günstigen Cabernet und Merlot aus Kalifornien<br>australischen Shiraz (viele passen hier)<br>australischen Cabernet<br>guten Côtes du Rhône<br>chilenischen Cabernet und Merlot |
| gehaltvollen, voluminösen Rotwein | guten Cabernet, Merlot und Zinfandel aus Kalifornien<br>guten Bordeaux<br>Barolo oder Barbaresco<br>Brunello di Montalcino<br>Châteauneuf-du-Pape<br>Hermitage und Côte Rôtie<br>guten roten Burgunder |

## Rotwein für Einsteiger

Viele Rotweine erscheinen dem uneingeweihten Rotweintrinker auf den ersten Blick sehr hart und gerbstoffreich – und somit nicht gerade einladend. Die folgenden Rotweine haben kaum Tannin und sind damit weich und zugänglich. Sie seien denjenigen empfohlen, die gerade beginnen, Rotweine zu genießen.

| Wein | Herkunftsland |
|---|---|
| Barbera | Italien |
| Bardolino | Italien |
| Beaujolais | Frankreich |
| Merlot | Chile, Kalifornien, Südafrika |
| Pinot Noir (Spätburgunder) | Deutschland, Italien, Österreich |
| Shiraz | Australien |
| Valpolicella | Italien |
| Dornfelder | Deutschland |

# Rotwein für Dummies - Schummelseite

## Jahrgangstabellen als Orientierungshilfe

Jede Jahrgangstabelle darf immer nur als grobe Orientierung gesehen werden. Es wird stets etliche Weine geben, die zu dieser Jahrgangswertung im Widerspruch stehen.

| Weinregion | 1992 | 1993 | 1994 | 1995 | 1996 | 1997 | 1998 | 1999 | 2000 | 2001 |
|---|---|---|---|---|---|---|---|---|---|---|
| **Bordeaux:** | | | | | | | | | | |
| Médoc, Graves | 75c | 80b | 85b | 90b | 87b | 81c | 90a | 83a | 99a | 90a |
| Pomerol, St-Emilion | 75c | 80c | 85b | 90b | 87c | 80c | 90b | 83a | 97a | 90a |
| **Roter Burgunder:** | | | | | | | | | | |
| Côte de Nuits | 75d | 85c | 80c | 85c | 95b | 83c | 89b | 90b | 83b | 82a |
| Côte de Beaune | 80c | 85c | 80c | 85c | 95b | 83c | 89b | 90b | 83b | 82a |
| **Nördl. Rhône** | 75d | 65d | 85c | 90b | 90c | 86b | 89b | 95b | 88a | 88a |
| **Südl. Rhône** | 75d | 80c | 85c | 90b | 80c | 81c | 95b | 87b | 93a | 88a |
| **Rioja (Spanien)** | 85c | 85c | 90b | 85c | 90b | 75c | 85b | 75b | 85a | 95a |
| **Piemont** | 70d | 85c | 80c | 90b | 98a | 99a | 92a | 92a | 90a | |
| **Toskana** | 70d | 75c | 85c | 90b | 87b | 99b | 88b | 92b | 87b | 90a |
| **Kalifornien:** | | | | | | | | | | |
| Cabernet Sauvignon | 90c | 85c | 95b | 90b | 94b | 98a | 86b | 96a | 86a | 95a |

Bewertung:

| | |
|---|---|
| 100 = außergewöhnlich | a = zu jung zum trinken |
| 95 = hervorragend | b = durchaus schon trinkbar, aber wird sich noch bessern |
| 90 = Sehr gut | |
| 85 = gut | c = trinkreif |
| 80 = annähernd gut | d = ist vielleicht schon zu alt |
| 75 = durchschnittlich | |
| 70 = unterdurchschnittlich | |
| 65 = schlecht | |
| 50-60 = sehr schlecht | |

*Rotwein*
*für Dummies*

Ed McCarthy &
Mary Ewing-Mulligan

# Rotwein
# für Dummies

Bearbeitung und Übersetzung
aus dem Amerikanischen
von Michael Liebert

mitp

**Bibliografische Information Der Deutschen Bibliothek**
Die Deutsche Bibliothek verzeichnet diese Publikation in
der Deutschen Nationalbibliografie;
detaillierte bibliografische Daten sind im Internet über
<http://dnb.ddb.de> abrufbar.

ISBN 3-8266-3113-7
1. Auflage 2004

Übersetzung der amerikanischen Originalausgabe:
Ed McCarthy & Mary Ewing-Mulligan: Red Wine For Dummies®

© Copyright 2004 by mitp-Verlag/Bonn,
ein Geschäftsbereich der verlag moderne industrie Buch AG & Co.KG/Landsberg


Printed in Germany

# Inhaltsverzeichnis

## Kapitel 4
## Die sieben klassischen Rotwein-Stile — 49

## Kapitel 5
## Rotwein zum Fleisch - Weißwein zum Fisch — 69

## Kapitel 8
## Vino Rosso, Vino Tinto, Vinho Tinto 121

## Kapitel 14
## Antworten zu zehn häufig gestellten Fragen 223

## Kapitel 15
## Zehn praktische Weinverkostungs-Übungen 229

# Einführung

Rotwein kann man entweder als eingefärbte Version dieses Getränkes sehen, das man Wein nennt und das man beim Italiener zur Pizza oder im feinen Restaurant zum Hauptgang bestellt. Oder man sieht es als Medizin! Schließlich wird in immer mehr Studien die positive Wirkung von Alkohol, von Wein und insbesondere von Rotwein herausgestellt. Manche Menschen haben scheinbar nur darauf gewartet, einen guten Grund zu haben, um ihr Gläschen Rotwein zu genießen.

Tatsache ist, dass Rotwein viel mehr ist als nur Medizin. Rotwein ist Lebensart – eine eigene Welt, eine faszinierende und köstliche Welt. Rotwein hat mehr Aromen, als Sie zählen können, und jeder dieser vielfältigen Geschmackseindrücke präsentiert sich von mal zu mal unterschiedlich, je nach Gelegenheit, begleitenden Speisen und Ihrer persönlichen Stimmung. Rotwein kann so unkompliziert sein wie ein Picknick, so gesellig wie eine Hauseinweihung oder so ernst wie eine Investmententscheidung. Er wärmt, er erfreut, er unterhält, und er fordert heraus. Er ist auch Medizin für den Geist und nicht nur fürs Herz. (Und es ist eine Medizin, die gut schmeckt!)

Egal, ob Sie bereits ein Reisender in der Welt des Rotweines sind oder gerade reinschnuppern, Sie werden die Landschaft genießen.

## Über dieses Buch

*Rotwein für Dummies* ist klein genug, um es dabeizuhaben, wenn Sie Wein einkaufen gehen, und steckt voller Empfehlungen für Ihren Einkauf. Es ist auch ein Einstieg in die Welt der Rotweine: Sie können es lesen, um die Grundlagen und alles Wissenswerte über Rotwein zu lernen, auch wenn Sie bisher noch nie Rotwein getrunken haben.

Die meisten Rotweine fallen in die Kategorie der Tischweine (Weine, die man zum Essen trinkt), und das ist auch die Kategorie von Wein, die wir mit diesem Buch abdecken. Wir befassen uns nicht mit *aufgespriteten* Rotweinen (Wein, dem zusätzlich Alkohol zugesetzt wurde) wie etwa Portwein.

Dieses Buch ist in vier Abschnitte eingeteilt. Im Folgenden beschreiben wir Ihnen, was Sie in den jeweiligen Abschnitten finden.

# Teil I: Ein Rotweinkurs

Die fünf Kapitel in diesem ersten Teil versorgen Sie mit dem Grundwissen, damit Sie Rotwein entspannt genießen können. Hier wird die Szenerie entworfen, bevor wir Sie auf die Reise schicken.

**Kapitel 1** und **2** erklären, was Rotwein ist und wie er gemacht wird: wie das jeweilige Klima in den verschiedenen Teilen der Welt die Natur des Weines beeinflusst, und wie die Weinbereitungstechniken den Geschmack und die Personalität jedes Rotweins prägen, den wir im Glas haben. Beide Kapitel bieten Ihnen eine Anleitung, wie man Wein verkostet, und versorgen Sie mit dem Basis-Wortschatz über Verkostungseindrücke, die wir in diesem Buch verwenden. Mit der Beschreibung der vier grundlegenden Weinstile versucht Kapitel 2, diese ersten Eindrücke zu sortieren.

Wie **Kapitel 3** erklärt, wird der Geschmack eines jeden Rotweins neben dem Klima und der Weinbereitung von einem weiteren entscheidenden Faktor beeinflusst: der Rebsorte. Wir nennen die 11 wichtigsten Rebsorten, die zur Rotweinbereitung verwendet werden, beschreiben ihren Geschmack und sagen Ihnen, wo auf der Welt sie angebaut und welche Weine aus ihnen gemacht werden.

Flüssige, rote Vorbilder sind das Thema von **Kapitel 4**. Die Rotweine, die wir zu den »sieben klassischen Roten« nominiert haben, sind die Prototypen für fast alle anderen Rotweine, die Inspiration für die Weinmacher auf der ganzen Welt. Wir machen Sie mit diesen beispielhaften Weinen vertraut und vermitteln Ihnen damit die Erfahrung vieler Jahre Weinverkostung.

**Kapitel 5** bringt den Wein da hin, wo er hingehört – auf den Tisch, als Begleiter zum Essen. Ob Sie Fleisch essen oder Vegetarier sind, die Ratschläge, die wir Ihnen anbieten, wie man Rotwein mit Speisen kombinieren kann, dienen einzig Ihrem Vergnügen.

# Teil II: Die Welt der Rotweine

Schnappen Sie Ihren Reisepass und Ihre Brieftasche. Die ganze Welt der Rotweine wartet auf Sie!

In diesem Teil des Buches diskutieren wir die wichtigsten Rotweine aus den bedeutendsten Weinbauregionen der Welt. Wir erklären den Stil der Weine, die diese Regionen so bekannt gemacht haben, was die Weine kosten und wann Sie diese trinken sollen – ob jung oder in einem gewissen Alter. Und am wichtigsten: Wir haben unsere persönlichen Empfehlungen an ausgewählten Weinen aufgenommen – Weine, die Sie vielleicht selbst probieren wollen. Sie finden Hunderte von Empfehlungen in diesem Abschnitt.

Viele der von uns empfohlenen Rotweine sind preiswert und allgemein verfügbar. Nur ab und zu heben wir etwas ab und sprechen über Weine, die extrem teuer und schwer zu bekommen sind – damit runden wird das Gesamtbild über die Rotweine dieser Welt ab.

Wir starten unsere Reise im Herzen der Weinwelt: in Frankreich. Die großen, berühmten Weine von Bordeaux füllen das **Kapitel 6**. In **Kapitel 7** folgen die anderen berühmten Weine Frankreichs. Im **Kapitel 8** beschäftigen wir uns mit den Weinen aus Italien, Spanien und Portugal.

Dann geht die Reise in die Neue Welt. Im **Kapitel 9** entdecken wir die bereits legendären Weine Kaliforniens, anschließend geht in **Kapitel 10** die Reise nach »Down Under« (Australien), Chile, Argentinien und Südafrika.

Mit **Kapitel 11** geht's in die Heimat, Deutschland im Rotwein-Fieber. Noch nie wurde so viel und so guter Rotwein in Deutschland produziert wie in den letzten Jahren. Das **Kapitel 12** ist der Zukunft gewidmet, neben Österreich geht es um die traditionsreichen Weinbauländer im Osten.

## Teil III: Der Top-Ten-Teil

In diesem Teil haben wir die Hintergrundinformationen verpackt. In **Kapitel 13** benennen und beschreiben wir »zehn unbekannte Rote«, die es verdienen, einmal im Rampenlicht zu stehen. Wenn Sie einmal die ausgetretenen Pfade mit den bereits populären Weinstilen verlassen wollen, benutzen Sie diese Liste als Inspiration.

**Kapitel 14** beantwortet die zehn am häufigsten (nach unserer Erfahrung) gestellten Fragen über Rotwein. Vielleicht sind damit ja auch Ihre Fragen abgedeckt. Und in **Kapitel 15** finden Sie zehn Übungen, mit denen Sie Ihre Verkoster-Qualitäten verbessern können und die vieles aus diesem Buch nachvollziehbar machen.

## Teil IV: Anhänge

Wenn Sie einmal Hannibal Lecter treffen und er Ihnen einen guten ki ANNN tie anbietet, können Sie in den **Ausspracheregeln** nachschlagen, wie man *Chianti* richtig ausspricht. Im **Glossar** können Sie »technische« Ausdrücke nachschlagen und wenn Sie noch tiefer einsteigen wollen, helfen Ihnen sicherlich unsere **Internetadressen** weiter. Zum Schluss sagen Ihnen unsere **Jahrgangstabellen,** welcher Jahrgang in den wichtigsten Rotweingebieten dieser Welt wirklich gut war.

# Symbole, die in diesem Buch verwendet werden

 So viele Weine und so wenig Zeit! Um die verwirrende Vielfalt an Weinen etwas einzugrenzen, haben wir unsere Lieblingsweine und Produzenten, die in diesem Buch erwähnt werden, mit diesem Symbol gekennzeichnet.

 Besserwisserei und Rotwein gehen Hand in Hand, wenn ein Wein-Snob in der Nähe ist. Dieses Symbol markiert die Themen, die im Umgang mit Wein-Snobs von Bedeutung sind. Lesen Sie diese Abschnitte, um gegen alles gewappnet zu sein.

 Obwohl wir dem Kombinieren von Wein und Speisen ein ganzes Kapitel gewidmet haben, sind auch in den anderen Kapiteln immer wieder Vorschläge eingestreut. Sie können diese sehr schnell an diesem Symbol erkennen.

 Wenn Sie es lieben, den Dingen auf den Grund zu gehen und etwas mehr Details zu wissen als andere Leute, dann lesen Sie diese Abschnitte auf alle Fälle. Wenn Sie allerdings einer dieser anderen sind, dann fühlen Sie sich so frei, diese Abschnitte zu überspringen.

 Wenn wir einen Punkt besonders herausheben wollen, dann markieren wir ihn mit diesem Symbol. Oft markieren wir dabei etwas, das wir bereits erwähnt haben, das wir aber für so wichtig erachten, dass wir es wiederholen.

 Der Umfang dieses Buches soll im Rahmen bleiben und somit ist es uns nicht möglich, jedes Detail über Rotwein in letzter Konsequenz zu erläutern. Wenn wir wissen, dass wir ein Thema bereits umfangreicher in unserem Buch *Wein für Dummies* (2. Auflage) besprochen haben, das im gleichen Verlag erschienen ist, dann schlagen wir Ihnen mit diesem Symbol vor, dort die weiteren Details nachzulesen.

 Auch wenn wir versuchen, das Thema Rotwein so einfach wie möglich darzustellen, gibt es doch einige Fallen und Schlaglöcher zu meistern. Halten Sie Ihre Augen offen und achten Sie auf dieses Symbol, um diese gefährlichen Stellen zu umschiffen.

 Dieses Symbol markiert Leckerbissen an unterschiedlichsten Ratschlägen, die wir mit Ihnen teilen wollen.

# Teil I

# Ein Rotweinkurs

## In diesem Teil ...

Die Welt des Rotwein ist mindestens so komplex wie ein mehrgängiges Menü – und in den Augen vieler Menschen ist es ähnlich formell, elitär und abgehoben. Aber Sie brauchen keinen schicken Anzug oder perfekte Tischmanieren, um an den Informationen in diesem Teil des Buches teilzuhaben. Sie müssen nicht einmal ein Weintrinker sein. Alles was Sie brauchen, ist Interesse, Neugierde und einen herzhaften Appetit auf Neues.

Oh – aber noch einen kleinen Rat vorweg. Bevor Sie anfangen zu lesen, sollten Sie sich über die Definition eines technischen Begriffs im Klaren sein, den wir in den folgenden Kapiteln nicht erklären. Und das ist *rot*.

Okay, fangen wir an. Auf die Plätze ... fertig ... LOS.

# Der Wein mit der Farbe

## In diesem Kapitel

▶ Rot steht für solide

▶ Der Wein für Erfolgreiche

▶ Warum sind Weine rot

▶ Geschmack, der unter die Haut geht

*R*ot ist die Farbe der Leidenschaft und der Könige. Sie ist auch – jedenfalls für viele Weinliebhaber – die Farbe, die jeder Wein wählen würde, wenn er nur könnte. Tatsächlich sind fast alle berühmten, legendären Weine der Welt Rotweine.

Geht's um die klassische Frage »Welcher ist besser: Weißwein oder Rotwein?«, werden Sie von passionierten Weinkennern wahrscheinlich zu hören bekommen, dass Rotwein erheblich bedeutender sei. Ihre Begründung: Rotweine hätten im Allgemeinen mehr Geschmack und böten eine größere Bandbreite an unterschiedlichsten Geschmacksbildern. Es kommt sicher auch das Argument, dass man Rotweine länger lagern könne und diese dabei eine unwiderstehliche, verführerische Persönlichkeit entwickeln könnten. Zum Schluss werden sie behaupten, Rotweine seien einfach viel komplexer als Weißweine.

Auf das Risiko hin, es uns jetzt mit den Weißweinfreunden zu verderben, gestehen wir unsere Nähe zur Rotwein-Fraktion. Vielleicht würden wir anders denken, wenn wir nur Fisch essen oder in einem immer währenden Sommer leben würden, aber so passt Rotwein einfach besser zu unseren Lieblingsspeisen. Und es sind einfach die Rotweine, die unsere Faszination für Wein lebendig erhalten.

## Was ist das Besondere am Rotwein?

Rotwein ist der traditionelle Begleiter zum Fleisch, zum Hauptgang eines klassischen Menüs. Es sind dichte, »männliche« Weine, die allen, die sie genießen, eine Aura von Ernsthaftigkeit, Reife und Kennerschaft verleihen. Rotweine dominieren den inneren Zirkel des Weinolymps: Auktionskataloge und Sammlerkeller. Es sind die Weine der Erfolgreichen und derer, die dazugehören wollen.

Die Klischees sind durchaus nicht falsch. Viele Weintrinker bevorzugen anfangs Weißwein und entwickeln erst langsam eine Vorliebe für die Roten. Und es gibt durchaus noch den klassischen Chauvinisten, der darauf schwört, dass Frauen grundsätzlich nur Weißwein trinken.

Im Allgemeinen eignen sich Rotweine besser zum Sammeln, da sie die Auswirkungen des Alterns besser wegstecken (und oft sogar von diesem Reifeprozess profitieren). Jeder, der Wein mehr unter Anlagegesichtspunkten und nicht nur zum persönlichen Genuss kauft, hat sicherlich erheblich mehr Rotwein als Weißwein im Keller.

Gerade zur kalten Jahreszeit wird oft Rotwein bevorzugt. Ein Grund dürfte sein, dass Weißwein gekühlt serviert wird. Aber wer hat schon – mitten im Schneesturm – Lust auf etwas Kaltes. Außerdem wird im Winter viel kräftiger, gehaltvoller gegessen – Gebratenes, Geschmortes und andere herzhafte Gerichte. Und dazu passt Rotwein einfach besser. (Im Kapitel 5 geht's um die gekonnte Kombination von Rotwein und Speisen.)

## Wer hat die Nase vorn?

Falls es bereits eine Statistik gibt, wie sich der Verbrauch von Rot- und Weißwein weltweit verteilt, dann ist uns diese noch nicht bekannt. Wir sind der Meinung, der Rotwein würde in einer solchen Gegenüberstellung »gewinnen«. Sowohl Frankreich und Italien – die zusammen etwa 43 % der Weltweinproduktion auf sich vereinen – produzieren mehr Rotwein als Weißwein. Zwar wird in Deutschland, Österreich und Kalifornien traditionell mehr Weißwein gekeltert, aber die produzierte Menge zusammengenommen ist erheblich kleiner als das, was Frankreich oder Italien jeweils alleine liefern können.

Ein weiteres Indiz: Noch in den Siebzigerjahren wurde in Deutschland überwiegend Weißwein getrunken. Inzwischen hat Rotwein gewaltig aufgeholt. Seit 2001 steht's 50/50.

# Das Wie und Warum des Rotweins

Wenn's nur der kleine Unterschied wäre, den unsere Augen wahrnehmen – die Farbe des Weines –, wäre es den Weintrinkern wohl egal, was sie trinken, Weißwein oder Rotwein. Aber die Unterschiede gehen tiefer, sie gehen unter die Haut.

Es gibt Tausende von unterschiedlichen Rebsorten, die zur Weinbereitung verwendet werden. (Leute, die gerne auf Latein botanische Namen murmeln, sprechen von *vitis vinifera*.) Alle diese Trauben können zwei Gruppen zugeordnet werden, abhängig von der Farbe ihrer Schale: *weiße Trauben* oder *blaue Trauben* (auch *rote* Trauben genannt).

Rotwein ist rot, weil er aus »roten« Trauben (eigentlich sind sie blau oder violett) gemacht wird. Während des Gärprozesses färben die Farbpigmente der Schalen den Traubensaft rot – und damit den Wein, der daraus entsteht. Rotwein kann deshalb nur aus roten Trauben gemacht werden.

Außer der Tatsache, dass die Traubenschalen für die rote Farbe verantwortlich sind, sind auch die speziellen Aromen des Rotweines und seine eigenständige Textur auf die Traubenschalen zurückzuführen. Rotweine haben nicht nur eine andere Farbe, sie *schmecken* auch anders.

 Eine der Substanzen, die der Rotwein neben der Farbe aus den Beerenhäuten zieht, ist *Tannin*. Tannin ist ein Stoff, der in den Schalen von roten Trauben deutlich konzentrierter vorkommt als in weißen Beerenhäuten. (Er steckt auch in den Kernen und in den Stängeln.) Wenn Sie Tannin pur probieren könnten, dann würden Sie den Geschmack als trocken oder gar bitter bezeichnen. Der Effekt von Tannin im Rotwein kann durchaus negativ sein – zu viel davon macht einen Wein hart und *adstringierend*. Aber in der richtigen Dosierung ist der Effekt positiv. Der Wein fühlt sich in Ihrem Mund erheblich kräftiger und gehaltvoller an (mehr über die Wirkung von Tannin in Kapitel 2).

Das Vorhandensein von Tannin ist zwar nur einer der Unterschiede zwischen Rot- und Weißwein, aber ganz klar der bedeutendste, wobei der Tanningehalt sehr unterschiedlich sein kann. Bei manchem Rotwein ist er von Natur aus sehr niedrig. Ganz ohne Tannin aber würde Rotwein nur ein eingefärbter Weißwein sein.

## Weder Fisch noch Fleisch

Pinkfarbene Weine – Rosé oder auch Weißherbst genannt – fallen genau in die Mitte zwischen Rotwein und Weißwein. Sie werden ebenfalls aus roten Trauben gemacht, werden aber so gekeltert, dass sie weniger Zeit haben, Farbe und Aromen aus den roten Traubenschalen zu saugen. Ein witziges Beispiel ist der so genannte *White Zinfandel* (eine kalifornische Spezialität aus der farbintensiven Zinfandel-Traube, die wie Weißwein gekeltert wird, sich aber doch nicht weiß, sondern herrlich pink präsentiert) oder denken Sie an Klassiker wie den Weißherbst aus Baden oder einen Côtes de Provence Rosé aus Frankreich. (Dieses Buch geht nicht weiter auf die Rosé-Weine ein.)

## Die drei Stationen des Weinverkostens

Die Unterschiede zwischen Rotwein und Weißwein werden sehr leicht nachvollziehbar, wenn Sie jeden Wein mit der hier beschriebenen dreistufigen Technik der professionellen Weinverkoster probieren:

✔ **Schauen Sie sich den Wein an:** Achten Sie auf die Farbe, die Farbintensität und den Farbverlauf.

✔ **Riechen Sie an dem Wein:** Schwenken Sie ihr Glas, damit sich die Aromen des Weines besser entfalten können. Am besten lassen Sie das Glas dabei auf dem Tisch stehen und führen kreisförmige Bewegungen auf der Tischplatte aus (schließlich sollte der Wein danach noch in Ihrem Glas sein). Dann nehmen Sie einen tiefen Zug (mit der Nase ...). Versuchen Sie zu beschreiben, was Sie riechen. Am besten greifen Sie dabei auf die Ihnen bekannten Aromen von Früchten, Blumen, Kräutern, Gewürzen und was Ihnen sonst so in den Sinn kommt, zurück.

✔ **Probieren Sie den Wein:** Nehmen Sie einen Schluck und versuchen Sie, ihn etwas mit Luft zu verwirbeln (Sie dürfen dabei schlürfen und unanständige Geräusche machen). Lassen Sie den Wein etwas im Mund kreisen, beißen Sie ihn – halten Sie ihn für einige Sekunden (mindestens 10), bis Sie alle Aromen wahrgenommen haben, und überlegen Sie, wie sich der Wein anfühlt und wie er schmeckt (rau, weich, voll, leicht, süß, bitter, delikat oder abscheulich). Wenn Sie ihn runtergeschluckt haben, achten Sie darauf, wie lange der Geschmack am Gaumen bleibt. (Je länger, desto besser – vorausgesetzt, der Wein gefällt Ihnen!)

 Für mehr Hintergrundinformationen, wie man Wein verkostet, greifen Sie auf Kapitel 2 von *Wein für Dummies* zurück (herausgegeben vom mitp-Verlag)

# Granatrot, ziegelrot oder purpur

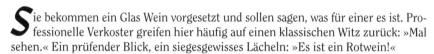

**S**ie bekommen ein Glas Wein vorgesetzt und sollen sagen, was für einer es ist. Professionelle Verkoster greifen hier häufig auf einen klassischen Witz zurück: »Mal sehen.« Ein prüfender Blick, ein siegesgewisses Lächeln: »Es ist ein Rotwein!«

Einige Lacher gibt's für diese korrekte Aussage immer (meist zusammen mit einem kollektiven Aufstöhnen), da die unterstellte Annahme – Rotwein sei gleich Rotwein – einfach lächerlich ist. Rotwein ist zwar immer das Gegenstück zu Weißwein, aber damit enden auch schon die Gemeinsamkeiten. Rotwein verfügt über viele Gesichter: Das reicht vom zarten, blumigen Leichtgewicht bis hin zu kraftstrotzenden Boliden mit sämtlichen Facetten dazwischen. Manche Rotweine sind einfach deutlich röter, wenn man so sagen darf.

## Der Weincharakter wird geboren

Man darf nicht vergessen: Wein ist ein landwirtschaftliches Produkt. Und damit hat Mutter Natur ein gewichtiges Wörtchen mitzureden, wenn es um den jeweiligen *Weincharakter (Stil)* geht: Dieser wird geprägt durch das Zusammenspiel der unterschiedlichsten Attribute wie Farbe, Aromen, Geschmack und Kraft – all jener Merkmale, mit denen Wein sich uns präsentiert.

Rot zu sein, setzt für einen Wein erst mal reife, rote Trauben voraus – und rote Trauben entwickeln sich nur in einer von der Natur verwöhnten Lage mit ausreichend warmem Klima und genug Sonnenstunden im Sommer und Herbst. Weinberge in kühleren Gegenden sind besser für Weißweinreben geeignet, die auch unter kühleren Bedingungen gedeihen.

# Wie das Klima den Charakter beeinflusst

Abhängig davon, wie warm und sonnig das Klima ist, können rote Trauben sehr reif, sehr süß und sehr aromatisch werden – oder auch nicht so sehr. Der Wein aus den jeweiligen Trauben unterscheidet sich dementsprechend. Tatsache ist: Einer der wichtigsten Faktoren für die unterschiedlichen Ausprägungen der Rotweine aus den verschiedenen Teilen der Welt ist der jeweilige Reifegrad der Trauben. (Ein weiterer wichtiger Faktor ist die Rebsorte, aber dazu kommen wir in Kapitel 3.)

Beim Reifen durchlaufen die roten Trauben – wie andere Früchte auch – verschiedene Reifeprozesse. Was passiert dabei?

✔ Die *Farbe* ändert sich von einem anfänglichen Grün in ein Violett oder Blau. Je reifer die Trauben, desto dunkler die Farbe.

✔ Die *Trauben* werden – wie alle anderen Früchte auch – süßer und weniger sauer. (Technisch ausgedrückt: Die *Säure* in den Trauben sinkt, und der natürliche Zuckergehalt steigt.)

✔ Die *Geschmackskomponenten* der Trauben – sie befinden sich besonders konzentriert in einer dünnen Schicht direkt unter der Schale – verändern sich und werden »reif«.

✔ *Tannin*, eine Substanz in den Traubenschalen und Stängeln, verändert langsam seine molekulare Struktur und wird weniger bitter.

Die Menge an Zucker und Säure zum Lesezeitpunkt und die Frage, wie weit sich die Aromen und das Tannin in den Trauben entwickeln konnten, bestimmen den Charakter des Rotweins, den man aus diesen Trauben erzeugen kann.

✔ Ein Rotwein aus nicht voll ausgereiften Trauben ist normalerweise hell in der Farbe, leicht im *Körper* (die von Ihnen wahrgenommene Fülle des Weins im Mund), hat Aromen von unreifen Früchten oder Kräutern und wirkt oft hart und adstringierend.

✔ Ein Rotwein aus sehr reifen Trauben hat normalerweise eine sehr dunkle Farbe, einen kräftigen Körper, Aromen von sehr reifen oder gar gekochten Früchten und fühlt sich im Mund weich und rund an (weiche Textur).

# Wie die Kellerarbeit den Charakter beeinflusst

Im Augenblick der perfekten Reife (ein durchaus willkürlicher Zeitpunkt!) stehen Zucker, Säure und die Tannin der roten Trauben in einem passenden Verhältnis zueinander, um einen guten Rotwein zu erhalten. Die Art des Dreiecks bestimmt den jeweiligen Charakter des Weines.

Durch den absolut natürlichen Prozess der _Gärung_ verwandelt sich der Traubensaft in Wein. Sobald die zermanschten Trauben, die _Maische_ (ein Gemisch aus Saft, Fruchtfleisch, Traubenschalen und Kernen) in einem Gärbottich oder Tank sind, beginnen die Hefen, den vorhandenen Zucker in Alkohol umzuwandeln. (Hefen existieren auf den Trauben bzw. im Keller, meist setzen die Weinmacher aber spezielle Hefestämme (Reinzuchthefe) zu, um bestimmte Aromen herauszuarbeiten.) Sobald der vorhandene Zucker in Alkohol umgewandelt ist, handelt es sich offiziell bereits um Rotwein.

 Sehr reife Trauben ergeben Weine mit höherem Alkoholgehalt, da sie mehr Zucker enthalten, der wiederum von den Hefen in Alkohol umgewandelt werden kann. In einem gewissen Umfang kann der Weinmacher den Reifegrad manipulieren und den Alkoholgehalt erhöhen. Er fügt ganz einfach dem Traubenmost noch vor der Gärung Zucker bei. (Die Hefen unterscheiden nicht zwischen den unterschiedlichen Zuckerarten.) Durch den höheren Alkoholgehalt schmeckt der Wein dichter und kraftvoller.

Während aus dem Traubensaft langsam Wein wird, saugt er Farbpigmente und Tannin aus den Beerenhäuten und den Kernen. (Die Traubenstängel, die ebenfalls viel Tannin enthalten, werden normalerweise vor der Gärung entfernt – die Trauben werden entrappt, wie man in der Fachsprache sagt.) _Wie viel_ Farbe und Tannin der Saft aufnimmt, hängt von der Weinbereitungsmethode ab.

 _Gärtemperatur_ und _Maischedauer_ – die Zeit, die der Most zusammen mit den Beerenhäuten verbringt – sind zwei Variablen, welche die Farbintensität und die Menge an Tannin im Rotwein maßgeblich bestimmen. Eine warme Gärung extrahiert mehr Farbe und Tannin aus den Trauben; ein längerer Kontakt mit den Beerenhäuten (auch Maischezeit oder Mazeration genannt) vor bzw. während der alkoholischen Gärung erhöht ebenfalls die Menge an Tannin – bis zu einem bestimmten Punkt.

Die Farbe ist in erster Linie eine Frage der Ästhetik, während die Menge an Tannin maßgeblich für den Geschmack und das Gefühl des Weins im Mund verantwortlich ist. Tannin gibt dem Wein Körper und »Struktur«. Professionelle Weinverkoster sprechen von der _Fülle_, um den positiven Effekt des Tannins im Rotwein zu beschreiben, _Geschmacksdichte_ ist ein anderer Ausdruck dafür. Zu viel Tannin allerdings kann einen Wein rau und unzugänglich machen.

 Lässt der Weinmacher den Wein in neuen, kleinen 225-Liter-Eichenfässern (Barriques) reifen, fügt das Holz dem Wein sein eigenes Tannin (_Holztannin_ genannt) hinzu und ergänzt damit das natürliche Tannin der Trauben.

Die Säure des Weins – bei Weißweinen lebenswichtig – ist bei Rotwein von zweitrangiger Bedeutung, da das Tannin eine ähnliche Funktion übernimmt. Es gibt dem

Wein Rückgrad, Struktur und macht ihn lagerfähig. Ein hoher Säurewert im Rotwein kann dagegen sehr nachteilig für die Qualität des Weines sein.

# Rot in allen Variationen

Was Sie sehen, riechen und schmecken, wenn Sie eine Flasche Rotwein öffnen und den Wein ins Glas gießen, variiert von einem Wein zum anderen – manchmal ist er ganz anständig, manchmal ist er einfach überwältigend.

## Die verschiedenen Rottöne

Rotwein kann fast schwarz bzw. dunkelviolett in der Farbe sein, oder auch rubinrot, granatrot oder ziegelrot. Die Intensität der Farbe reicht von einem blassen ziegelrot bis fast schwarz (tintig). Obwohl auch dieser Zusammenhang nicht garantiert werden kann, ist ein dunkler, farbintensiverer Wein normalerweise auch aromatischer, kräftiger und gehaltvoller. Ein heller Rotwein dagegen tendiert dazu, auch im Aroma zurückhaltender und _leichter im Körper_ (dünn) zu sein. Und dieser triviale Zusammenhang mag Ihnen auf der nächsten Party behilflich sein: je jünger der Rotwein, desto eher finden sich ein Blaustich oder violette Nuancen in seiner Farbe.

## Was Sie alles riechen

 Die am häufigsten anzutreffenden Düfte im Rotwein sind die Fruchtaromen. Die Fruchtaromen fallen meist in zwei Kategorien: rote Früchte wie Erdbeeren, Kirschen, Himbeeren und rote Johannisbeeren und schwarze bzw. dunkle Früchte wie Heidelbeeren, schwarze Johannisbeeren und Pflaumen. Man muss sich bei den Fruchtaromen im Rotwein auch noch entscheiden, ob es sich jeweils um frische oder eingemachte Früchte oder um Dörrobst handelt. (Denken Sie daran: Mehr über Weinaromen zu lernen, ist somit eine völlig neue Ausrede, um Desserts zu bestellen!)

Weitere Gerüche, die man im Wein finden kann:

✔ **Gewürze:** Zimt, Nelke, schwarzer Pfeffer und viele andere

✔ **Kräuter:** Eukalyptus, Minze, Anis, Fenchel, frische Kräuter, getrocknete Kräuter

✔ **Krautig/Vegetativ:** Grüne Bohnen, frischer Tabak, grüner Paprika

✔ **Erdige Noten:** Waldpilze, feuchtes Laub, Waldboden, Unterholz, Rauch, mineralische Gerüche, Teer, Trüffel

✔ **Animalische Noten:** Leder, Kuhmist (oft auch als Kuhstall bezeichnet), Schweiß, Fleischaromen

✔ **Holzige Aromen:** frisches oder getoastetes Holz, getoastetes Brot, Rauch, Vanille, Zedernholz

Wenn Sie nicht gewohnt sind, auf Gerüche zu achten (wie die meisten Menschen in unserer Gesellschaft), ist es im ersten Moment nicht einfach, diese Aromen im Wein zu entdecken. Aber Übung macht den Meister! Trotz Erfahrung kann man in vielen Weinen nur ein oder zwei Aromen entdecken. Die wirklich guten Weine dagegen sind in ihrer Aromafülle oft so überbordend, dass man vor lauter Schnüffeln glatt das Trinken vergisst!

 Wenn Sie dann doch einen Schluck nehmen, sollte der Wein auch so schmecken, wie er gerochen hat, denn die komplexeren Teile des Geschmacks sind einfach nur Geruchsmoleküle, die durch eine Verbindung im Rachenraum in den oberen Nasenbereich gedrückt werden. Weiterführende Informationen, wie man Wein verkostet, finden Sie in Kapitel 2 unseres Buches _Wein für Dummies_.

## _Wein, schlicht und einfach_

Im Gegensatz zu einem Koch steht den Weinmachern keine große Auswahl an Zutaten für ihr Produkt zur Verfügung. Alles, was sie haben, sind Trauben, Hefen und ein paar natürliche chemische Komponenten, um den Wein zu klären und zu stabilisieren. Jedes Aroma, jeden Geschmack, den Sie im Wein entdecken, ob Beeren, Pilze oder grüner Paprika, kommt aus den Trauben und den chemischen Veränderungen während der Gärung bzw. des Reifeprozesses. Die einzige Ausnahme ist der Holzton, der von den verwendeten Holzfässern stammt, die manche Weinmacher für ihre Weine verwenden (blättern Sie zurück zu »Wie die Kellerarbeit den Charakter beeinflusst« etwas früher in diesem Kapitel).

# _Der rote Geschmack_

Da Rotweine über Tannin verfügen und Weißwein normalerweise nicht, sind Rotweine in ihrer Struktur komplexer als Weißweine. Anders gesagt passiert eine ganze Menge in Ihrem Mund, wenn Sie Rotwein probieren. Die Säure und das Tannin im Wein signalisieren Ihrer Zunge Kraft und Festigkeit, der Alkohol macht ihn weich und gibt ihm oft einen Hauch von Süße. Je nach Wein lässt Tannin ihn auch dicker, samtiger oder herb erscheinen. Dazwischen immer wieder die Aromen von Früchten, Erde oder Holz. Kein Wunder, dass keine zwei Weine genau gleich schmecken!

**Der Geschmack des Weines**

Die Art, wie sich Wein – rot oder weiß – in Ihrem Mund entfaltet, ist das Zusammenspiel zweier Kräfte:

✔ Der *Geschmack* des Weines! Die eigentlichen Aromen, die Sie »schmecken«!

✔ Die *Struktur* des Weines! Die Kombination aus Alkohol, Süße (wenn vorhanden), Säure und Tannin – die Dinge, die Sie mit Ihrer Zunge erfühlen können.

Abhängig davon, wie diese vier *Strukturkomponenten* im jeweiligen Wein zusammenspielen, wirkt er mehr oder weniger voll, mehr oder weniger *trocken* (das heißt »nicht süß«) und mehr oder weniger samtig, herb oder weich. Die Beziehung dieser Komponenten nennt man Balance oder Ausgeglichenheit, da sich diese Bestandteile gegenseitig ausbalancieren. Säure und Tannin sorgen für einen Eindruck von Festigkeit in Ihrem Mund und schaffen damit das Gegengewicht zu Alkohol und Süße (wenn vorhanden), den Weichmachern im Wein.

Die *Textur* eines Weins – die Art, wie sich der Wein in Ihrem Mund anfühlt: samtig, seidig, dickflüssig oder dünn – reflektiert seine Struktur. (Für weitere Beiträge zum Geschmack eines Weines lesen Sie Kapitel 2 und 16 in *Wein für Dummies*.)

# Die wichtigsten Rotwein-Stile

Obwohl keine zwei Rotweine sich gleichen, teilen viele Weine gewisse Charakteristiken. Die Weine auf Grund ihrer gemeinsamen Eigenschaften – ihrem Stil – in Kategorien einzuteilen, ist gerade am Anfang eine gute Möglichkeit, sich dem Rotwein zu nähern. Und es ist die einzige Möglichkeit, etwas Licht in die unglaubliche Vielfalt des Rotwein-Universums zu bringen.

Sie denken wahrscheinlich, die Leute im Weinbusiness hätten bereits eine offizielle und allgemein verbindliche Einteilung und Beschreibung des unterschiedlichen Weinstils geschaffen. Aber eine solche Auflistung existiert nicht. Die Menschen hinter den Weinen, egal ob sie Wein machen oder mit Wein handeln, heben lieber die Einzigartigkeit ihrer Weine hervor (»Wir haben zehn verschiedene Hefestämme verwendet, um die Komplexität in unserem Cabernet herauszuarbeiten«), als diese in ein System mit vergleichbaren Weinen zu pressen. Dem Verbraucher mehr Überblick zu geben, ist eine noble Idee, aber Marketing hat in erster Linie für Umsatz zu sorgen.

Da es für Rotwein somit keine offizielle Standardklassifikation gibt, haben wir eine eigene Einteilung der Rotwein-Stile entwickelt. Wie wir meinen, sind zwei Charaktereigenschaften für die Art eines Rotweins entscheidend:

✔ Die wahrgenommene Kraft eines Weines (leicht, kräftig, voluminös)

✔ Die Struktur des Weines, entweder knackig frisch und fest am Gaumen (wenn dies unangenehm ist, spricht man auch von hart und pelzig) oder weich und samtig.

Mit Hilfe dieser Kriterien bieten wir Ihnen die folgende Einteilung in Rotwein-Stile. Nähere Informationen über die jeweiligen Weine, die wir als Beispiele anführen, finden Sie in den Kapiteln 6 bis 12.

✔ **Rotwein mit leichtem Körper, knackig:** Diese Weine schmecken trocken und knackig frisch, da ihre Säure und das Tannin (die Frische-Komponenten im Wein) mehr zu sagen haben als der Alkohol (der Weichmacher) – auch wenn der Alkohol im üblichen Rahmen, also bei etwa 12,5 % vol., liegt. Diese Weine sind mehr oder weniger aromatisch, abhängig vom jeweiligen Wein. Als Beispiel seien hier einige italienische Rote wie Bardolino, Valpolicella und die Cabernets aus dem Nordosten Italiens genannt, günstigere Spätburgunder aus Deutschland, einige Cabernets aus Chile und die meisten Weine aus dem Beaujolais.

✔ **Rotwein mit kräftigem Körper, fest:** Diese Weine haben mehr Kraft und Substanz als die erste Gruppe, sind aber immer noch eher fest und knackig als weich. Dieser Gruppe zuzuordnen sind viele Weine aus Bordeaux, die meisten Chianti, Rioja aus Spanien, die Roten aus dem Loire-Tal und die rebsortenreinen Weine aus Südfrankreich (in Kapitel 3 finden Sie eine Erklärung über Rebsorten-Weine).

✔ **Rotwein mit kräftigem Körper, weich:** Entweder durch die Reife der Trauben oder durch die verwendeten Rebsorten empfinden Sie diese Weine beim Verkosten als sehr sanft und weich. Hierzu zählen viele günstige Cabernets und Merlots, viele Spätburgunder, günstige Zinfandel aus Kalifornien, viele Burgunder, viele Shiraz-Weine aus Australien und die Weine von den Côtes du Rhône in Südfrankreich.

✔ **Voluminöse Rotweine, dicht:** Diese Weine haben entweder sehr viel Tannin, sind sehr hoch im Alkohol oder voll gepackt mit Fruchtaromen (manchmal alle drei Faktoren zusammen!). Beispiele dafür sind die teureren Cabernets, Merlots und Zinfandel aus Kalifornien, die großen Bordeaux aus guten Jahrgängen, Barolo, Barbaresco und Brunello di Montalcino aus Italien, die Roten von der nördlichen Rhône und die wirklich guten, roten Burgunder.

 Das Risiko einer jeden Verallgemeinerung – und damit auch unserer Klassifizierung der Rotwein-Stile – ist die Gefahr der zu starken Vereinfachung. In der Realität folgt der Rotwein einer stilistischen Kontinuität vom einfachsten, leichtesten Wein am unteren Ende bis zu den »größten«, dichtesten Weinen am anderen Ende. Seien Sie also nicht überrascht, wenn Sie auf einen Wein treffen, den Sie persönlich zwischen zwei Stilen einsortieren würden. Wir mussten einfach irgendwo die Grenzen ziehen.

 Diese stilistische Einteilung spiegelt sich auch in den Preisen wider. Die weniger teuren Rotweine (unter 8 € – 10 €) sind meist leicht und bestenfalls ehrliche, einfache Weine. Die teuren Weine (25 € bis 30 € aufwärts) sind meist die gehaltvollsten Weine. Die Weine der mittleren Preisklasse (10 € bis 20 €) haben entweder viel Kraft oder eine entsprechende Aromavielfalt oder dichtere Holzaromen als die günstigen Weine.

# Rotwein - ein Schlusswort

In vielen Fällen ist rot nur eine Farbe. Aber beim Wein bringt die Farbe Rot eine ganze Reihe von Aromen und Geschmackskomponenten mit sich und macht damit Rotwein zum wahrscheinlich komplexesten Getränk auf Erden.

Das Klima – und die Wachstumsbedingungen der Reben im Allgemeinen – bestimmen, wie viel »Stoff« die jeweiligen Trauben zu bieten haben. Der Weinmacher entscheidet, wie viel von diesem Stoff in seinen Wein gelangt. Das Zusammenspiel der Faktoren Klima und Kellertechnik sorgt somit für eine unüberschaubare Zahl an eigenständigen Rotweinen.

## Ist die Lagerfähigkeit ein Zeichen für Qualität?

Da die großen Weine meist dichte, körperreiche Weine sind, die mit einer gewissen Reife immer besser werden, glauben Sie vielleicht, dass alleine die Fähigkeit zu reifen bereits eine höhere Qualität bedeutet – und auf der anderen Seite, dass Rotweine, die jung getrunken werden können, einfacher zu bewerten sind.

Aber eigentlich gehen Qualität und Lagerfähigkeit nicht notwendigerweise Hand in Hand. Ob ein Wein nach ein paar Jahren Lagerung besser schmeckt oder schon jung überzeugt, ist einfach eine Frage des Stils, nicht der Qualität. Abhängig vom Stil kann die Weinqualität jedoch durch die Lagerung beeinflusst werden: Frische, fruchtbetonte, charmante Weine verlieren durch die Lagerung, da gerade diese frische Fruchtigkeit verloren geht. Kräftige, voluminöse Rote dagegen können mit dem Alter gewinnen, da mit der Zeit die harten Tannine weicher werden und sich neue Aromen im Wein entwickeln können.

# Die Rebsorte macht's

**3**

## In diesem Kapitel

▶ Nicht nur Schokoladeneis

▶ Wie die Rebsorte den Wein prägt

▶ Die wichtigsten Rotwein-Rebsorten

▶ Reinsortige Weine, Verschnitt und Cuvée

A uch wenn alle Rotweine der Welt aus derselben Rebsorte gemacht wären, schmeckte doch jeder anders. Allein die Unterschiede im Geschmack der Trauben von Weinberg zu Weinberg und dazu die unterschiedlichen Weinbereitungstechniken von einer Kellerei zur anderen garantierte dies. Aber doch ähnelten sich diese Weine so sehr, dass es bald langweilig wäre. (Stellen Sie sich vor, es gäbe nur Schokoladeneis!)

Zum Glück für uns, die Wein genießen, gibt es ausreichend viele verschiedene rote Rebsorten, um uns ein ganzes Leben lang zu beschäftigen – besonders, da ja auch dieselbe Rebsorte nie zweimal den gleichen Wein ergibt.

## Die Macht im Hintergrund

Trauben sind das Rohmaterial für Wein. Und klar, jeder Unterschied im Ausgangsmaterial ergibt einen anderen Wein. Einige Unterschiede lassen sich auf den unterschiedlichen Reifegrad der Trauben zurückführen – wie süß und komplex die Trauben zum Lesezeitpunkt sind. (Siehe auch »Wie das Klima den Charakter beeinflusst« in Kapitel 2.) Weitere, grundlegende Unterschiede sind auf die Sorte der Trauben, auf die Rebsorte zurückzuführen.

Wie viele verschiedene Rotwein-Rebsorten es auf der Welt gibt, kann keiner genau sagen. (Wenn wir sagen Hunderte, dann haben wir sicherlich noch zu niedrig geschätzt.) Jede Rebsorte ist genetisch eigenständig, auch wenn manche eng verwandt sind, vergleichbar mit Cousins. Viele wichtige Rebsorten (wie etwa Cabernet Sauvignon und Merlot) werden in vielen verschiedenen Ländern und Regionen angebaut, andere Rebsorten kommen dagegen nur in einem eng umrissenen Anbaugebiet vor.

## Warum Kenntnisse über die Rebsorten so wichtig sind

 Mit Ausnahme einiger Klassiker in Europa werden die meisten Weine der Welt nach ihrer Rebsorte benannt. Damit ist klar, wie fundamental die Traube ist. (Weine, die nach ihrer Rebsorte benannt werden, nennt man auch *rebsortenreine Weine*.) Nur ein Beispiel: Ein kalifornisches Weingut, das drei verschiedene Rotweine produziert, keltert diese aus drei Traubensorten und benennt sie auch jeweils nach dieser Rebe.

Teilweise werden auch Weinkarten im Restaurant nach Rebsorten gegliedert. *Cabernets* (Weine, die aus der Rebsorte Cabernet Sauvignon gemacht und auch so benannt werden) auf einer Seite, *Merlots* oder *Pinot Noirs* auf der nächsten. Auch im Supermarkt oder Weinladen kann man die Präsentation nach Rebsorten finden.

 Für jeden, der Wein im Restaurant bestellt oder irgendwo einkauft (oder anders ausgedrückt, jeder der gerne Wein trinkt), sind die Namen der wichtigsten Rebsorten der notwendige Schlüssel für den Zutritt in die faszinierende Welt des Weines.

## Warum es von Nachteil ist, die Rebsorten zu kennen

Wir sind sicher, dass Ralph Waldo Emerson nicht an Wein und Rebsorten gedacht hat, als er schrieb:»Halbwissen ist gefährlich«. Aber diese Aussage passt perfekt. Auch beim Wein und den Rebsorten liegt die Gefahr in der Vereinfachung.

 Die Tatsache, dass zwei Weine aus derselben Rebsorte gemacht sind, ist keine Garantie, dass sich die Weine ähneln, jedenfalls nicht mehr als zwei T-Shirts, die beide aus Baumwolle sind.

Hier nur ein paar der Gründe:

✔ Ein Wein, der laut Etikett aus einer Rebsorte gemacht wurde – so wie viele Merlots – enthalten unter Umständen bis zu 25 % von einer anderen Rebsorte, je nach entsprechender Gesetzeslage. (Beim Verschneiden werden zwei oder mehrere verschiedene Wein- oder Mostmengen zusammengegeben – in diesem Fall Most oder Wein von verschiedenen Rebsorten.) Weine aus Australien, Kanada und Europa können höchstens 15 Prozent nicht deklarierten Anteil haben. (Unter gewissen Umständen, vor allem bei höher klassifizierten Qualitätsweinen in Europa, ist das Verschneiden komplett verboten.) Dieses Verschneiden verbessert in vielen Fällen die Qualität und ist somit nicht unbedingt negativ, aber der Wein entspricht dann vielleicht nicht mehr der Vorstellung, die man mit einer gewissen Rebsorte verbindet.

✔ Ein ganz großer Unterschied in der Geschmacksintensität und anderen entscheidenden Qualitätsmerkmalen besteht zwischen industriell gefertigten Trauben, wo es um große Traubenmengen pro Rebstock (nennt man hohen Ertrag) geht und Reben, die mit der Intention, feinsten Wein zu produzieren, auf niedrigen Ertrag ausgerichtet sind – auch wenn es um dieselbe Rebsorte geht.

✔ Auch zwei Weine, die dieselben Voraussetzungen haben (die absolut gleichen Trauben), können hinterher absolut unterschiedliche Weine ergeben, je nachdem, was der Weinmacher unternimmt, um den Traubensaft in Wein zu verwandeln.

✔ Und dann unterscheidet man bei jeder Rebsorte auch noch mehrere Klone – d.h. es sind Untersorten derselben Rebsorte, die aber durchaus auch geschmacklich von der Norm abweichen können.

 Sehen Sie die Rebsorte bei der Weinauswahl nur als ein Auswahlkriterium. So laufen Sie nicht Gefahr zu denken, zwei Weine aus derselben Rebsorte müssen auch gleich schmecken, und sind somit auch nicht enttäuscht, wenn dem nicht so ist. (Unglücklicherweise wieder eine einfache Antwort weniger, wenn Sie vor der Entscheidung stehen, welchen Wein Sie kaufen sollen.)

## Warum die Individualität bei den Rebsorten so wichtig ist

Einige der Unterscheidungsmerkmale der verschiedenen Rebsorten – wie etwa die Form oder die Haarigkeit der Blätter – ist für uns Weintrinker irrelevant. Die relevanten Unterschiede von einer Sorte zur nächsten (mit anderen Worten: den Unterschied, den man schmecken kann) sind ganz einfach:

✔ Jede Rebsorte prägt den aus ihr gewonnenen Wein mit ihren Aromen und ihrem Geschmack.

✔ Manche Sorten haben mehr (oder weniger) Tannin, Säure oder Süße.

Von diesen beiden Faktoren sind die Aromen und Düfte jeder Traube erheblich wichtiger, um die daraus gemachten Weine zu verstehen. Die anderen Charakteristiken kann der Weinmacher bis zu einem gewissen Punkt manipulieren. Der Tanningehalt, die Säure oder der Alkoholgehalt (der von der Süße der Trauben herrührt) sind weniger direkt von der Veranlagung der Rebsorte(n) abhängig, aus denen der Wein gemacht wurde.

### Wo wird welche Sorte angebaut

Im Weinbau, wie in allen anderen landwirtschaftlichen Betrieben, muss der Bauer die Frucht pflanzen, welche am besten auf seinem Boden gedeiht. Im Sinne der Trauben bedeutet das, die Natur diktiert, welche Rebsorten in einem bestimmten Weinberg angebaut werden können. Auch wenn das Klima eigentlich warm genug für blaue Trauben wäre, ist es vielleicht nicht warm genug für Cabernet Sauvignon. Oder ein Weinberg ist zu warm für einen wirklich guten Pinot Noir, der ein etwas kühleres Klima als Cabernet Sauvignon bevorzugt. Ergänzend zur Wärme und der Zahl der Sonnenstunden ist die Art des Bodens im Weinberg ein entscheidender Faktor, welche Rebsorte hier am besten gedeiht.

Für weiterführende Informationen über Rebsorten und Boden lesen Sie bitte Kapitel 9 in unserem Buch *Wein für Dummies*.

## Die wichtigsten roten Sorten

Manche roten Rebsorten sind Global Player. Weintrinker auf der ganzen Welt haben von ihnen gehört, und die Weine aus diesen Sorten sind so bekannt, dass es fast unmöglich ist, sich die Weinwelt ohne sie vorzustellen. Jede dieser Hauptsorten hat so viele Weine in so vielen verschiedenen Ländern und Weinregionen hervorgebracht, dass sich die Charakteristik der Trauben – im Allgemeinen als Rebsorten-Charakter bezeichnet – sehr leicht herleiten lässt.

Andere rote Rebsorten spielen nur in der Regional-Liga. Aber auch diese Rebsorten können für eine bestimmte Weinregion eine bedeutende Rolle haben, auch wenn das Wein-Business ansonsten die Weine aus dieser Rebsorte kaum registriert. Die Charakteristik dieser Rebsorten ist eng verknüpft mit dem Klima, dem Boden und auch der Tradition des Weinmachens in der jeweiligen Region, in der diese Sorte eine wichtige Rolle spielt – deshalb ist es oft schwierig, die Charakteristik der Rebsorte aus diesem Zusammenhang zu lösen und abstrakt zu betrachten. Die meisten der elf roten Traubensorten, die wir in den nächsten beiden Abschnitten beschreiben, sind globale Akteure, aber die im ersten Abschnitt sind die mit Abstand berühmtesten.

# Die letzten Vier

Wir wollen nicht, dass Sie glauben, Sie hätten etwas verpasst, und wir wollen auch nicht den Eindruck hinterlassen, wir zäumen das Pferd von hinten auf. Der Grund, warum wir diese vier Sorten, die wir im Folgenden beschreiben,»die letzten Vier« nennen, liegt darin, dass wir – ein bisschen zynisch – durchaus eine Welt für möglich halten, in der alle Rotweine aus einer dieser Rebsorten gewonnen werden. Nicht nur, dass sich diese Rebsorten an die unterschiedlichsten Anbaubedingungen in der ganzen Welt angepasst haben, dass Darwin stolz darauf gewesen wäre, die Weine sind auch so populär, dass sie die Weine aus »einfacheren« Rebsorten bei den Verkaufszahlen regelmäßig ausstechen.

## Cabernet Sauvignon

**Spitzname:** Cabernet, Cab

**Ursprung:** Frankreich

**Ihr heutiges Vorkommen:** die Region Bordeaux und der Süden von Frankreich; Kalifornien und viele andere Weinbauregionen in den USA; Australien; Südafrika; Chile; Argentinien; einige Regionen in Spanien und Portugal; Italien; Rumänien; Bulgarien; aber inzwischen auch in Österreich und sogar in Deutschland.

**Charakteristik:** Die einzelnen Beeren der Cabernet Sauvignon sind relativ klein, ihre Schale ist relativ dick und die Kerne sind groß – alle drei Faktoren sprechen für ein hohes Saft-zu-feste-Bestandteile-Verhältnis. Dies garantiert Weine mit einer dunklen, kräftigen Farbe und einem festen Tanningerüst (siehe auch »Wie Wein schmeckt« in Kapitel 2). Reinsortige Weine aus Cabernet Sauvignon können sehr tanninlastig sein, deshalb verschneiden viele Weinmacher den Cabernet Sauvignon mit Merlot oder manchmal auch mit Cabernet Franc (eine verwandte Rebsorte). In der Region Bordeaux, dem Ursprung des Cabernet Sauvignon, ist das Cuvée (Verschnitt) die Norm.

Wenn die Trauben nicht perfekt ausgereift sind, können Cabernet-Weine ein grünes, grasiges Aroma haben. Denken Sie an den Geschmack von grünem Paprika. Voll ausgereift prägt der Cabernet seine Weine mit einem Aroma von Heidelbeeren und schwarzen Johannisbeeren. Die guten Weine aus der Cabernet Sauvignon können lange reifen und entwickeln dabei faszinierende Aromen wie Leder, Tabak, Bleistift und Zedernholz. Die Abbildung 3.1 zeigt das Etikett eines Cabernet Sauvignon aus Kalifornien.

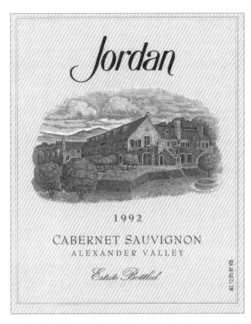

*Abbildung 3.1: Das Etikett eines Cabernet Sauvignon aus Kalifornien*

## Merlot

**Ursprung**: Frankreich

**Ihr heutiges Vorkommen:** Frankreichs Bordeaux-Region; Südwest-Frankreich; Südfrankreich; Kalifornien; Argentinien; Chile; Norditalien; Rumänien; Bulgarien; Südafrika.

**Charakteristik:** Die großen, runden, dünnhäutigen Beeren des Merlot versorgen die Weinmacher mit süßem Most, mit dem diese dunkle, weiche, relativ alkoholreiche Weine mit wenig Tannin machen können. Da Merlot-Weine weicher und weniger tanninhaltig sind als Cabernet-Weine, verwenden viele Weinmacher etwas Merlot, um ihre Cabernet weicher zu machen, und umgekehrt verarbeiten viele etwas Cabernet, um ihrem Merlot mehr Kraft und Struktur zu geben. Die Aromen und der Geschmack von Merlot tendiert zu Pflaumen und Schokolade. Ein Merlot ist normalerweise viel früher trinkreif als ein Cabernet-Wein. Die Abbildung 3.2 zeigt das Etikett eines Merlot.

Merlot wurde in den letzten Jahren bei den Weintrinkern äußerst populär, und überall auf der Welt pflanzen Winzer jetzt diese Sorte an, um davon zu profitieren.

Unglücklicherweise ist Merlot bei den Wachstumsbedingungen etwas wählerischer als Cabernet Sauvignon, und so sind einige Gegenden, in denen heute Merlot angebaut wird, nicht wirklich ideal, da es entweder zu kalt oder zu heiß oder der Boden zu sandig ist. Deshalb ist die Bandbreite an Qualitäten beim Merlot – im Gegensatz zum Cabernet – schon fast dramatisch zu nennen. Angefangen bei den vielen dünnen, grünen Merlots aus unreifem Traubenmaterial bis hin zu alkohol-lastigen, überladenen Weinen aus überreifen Trauben.

*Abbildung 3.2: Das Etikett eines Merlot aus Chile*

## Pinot Noir

**Ursprung**: Frankreich

**Ihr heutiges Vorkommen:** Die Region von Burgund in Frankreich; das Elsass; Baden, Rheingau und die Ahr (in Deutschland wird er Spätburgunder genannt); Nordost-Italien (Pinot Nero); die Schweiz; Kalifornien und Oregon; Neuseeland. Wichtig ist sie außerdem in der Champagne (Frankreich), wo sie eine wichtige Rolle bei der Champagner-Erzeugung (auch beim weißen) spielt.

**Charakteristik:** Pinot Noir ist keine Rebsorte mit viel Farbe; und so sind auch die Weine nicht besonders kräftig in der Farbe. Die Trauben, und somit auch die Weine, haben nur einen relativ niedrigen Tanningehalt. Außer der Weinmacher erhöht den Tanningehalt dadurch, dass er den Wein in neuen Eichenfässer ausbaut (so kann der Wein das Tannin des Eichenholz aufnehmen), oder er entrappt die Trauben nicht und vergärt die Trauben mit Stiel und Stängel.

Die Aromen des Pinot Noir variieren gewaltig, je nach dem, wo die Trauben angebaut werden. Am häufigsten sind lebhafte Fruchtaromen – entweder rote oder schwarze

Früchte; gerade die Spätburgunder (die deutsche Bezeichnung für Pinot Noir) aus Baden begeistern oft durch ihre herrlich frischen Kirscharomen; aber auch erdige Aromen, die mehr an trockenes Laub und Unterholz erinnern, sind zu finden. Die Aromen und der Geschmack von Pinot Noir ist so einzigartig, dass dieser fast immer sortenrein ausgebaut und nur ganz selten mit anderen Rebsorten verschnitten wird. Mit Ausnahme der feinsten (sehr teuren) Exemplare sind Pinot Noirs am besten jung zu trinken – zwischen einem und sechs Jahren.

*Abbildung 3.3: Das Etikett eines Pinot Noirs*

# Syrah

**Ursprung**: Frankreich

**Ihr heutiges Vorkommen:** das Rhône-Tal in Frankreich; Südfrankreich; Australien (hier werden die Weine Shiraz genannt); Schweiz; Südafrika (auch hier spricht man von Shiraz); Kalifornien; Israel; aber inzwischen auch immer öfter in Italien, Spanien und Portugal zu finden.

**Charakteristik:** Dunkle Farbe und viel Tannin charakterisieren die Syrah-Traube und die meisten Weine aus dieser gerade viel diskutierten Rebsorte. Die Aromen können sehr komplex und dicht sein: angefangen von ausgeprägten Fruchtnoten (Erdbeere,

Kirsche oder Brombeere) bis hin zu vegetativen Noten (gedünstete Paprika), fleischigen Tönen (geräuchertem Schinken), Gewürznoten (Lebkuchengewürzen, Zimt, schwarzem Pfeffer) oder auch unangenehmen Aromen wie etwa verbranntem Gummi. Der Stil des Syrah hängt sehr stark davon ab, wo er wächst und mit welcher Intention die Weinmacher an ihn herangehen. (Viele Weinmacher versuchen, möglichst viel Farbe und/oder Tannin aus der Syrah-Traube zu extrahieren.) Die weniger intensiven Beispiele sind sehr fruchtig, einfach zu trinkende Weine mit Aromen von kandierten oder frischen Früchten; die richtig gehaltvollen Weine sind dichte, konzentrierte Weine mit viel Frucht und vegetativen, fleischigen Noten, die man lange lagern kann. Die Abbildung 3.4 zeigt ein Etikett eines Shiraz-Weines.

*Abbildung 3.4: Das Etikett eines Shiraz (Syrah) aus Australien*

# Die Widerständler

Soziologen behaupten, dass die Welt schrumpft: Die verschiedenen Kulturen vermischen sich zu einer globalen. Zum Glück für die Rotwein-Liebhaber ist diese globale Homogenität bei den Weinen noch nicht in Sicht – bis jetzt. Obwohl Cabernet Sauvignon, Merlot, Pinot Noir und Syrah bereits in Teilen der Welt aufgetaucht sind, wo man vor 15 Jahren noch nichts von ihnen gehört hatte, lassen sich die wichtigsten einheimischen Rebsorten doch nicht unterkriegen.

Die meisten Rebsorten, die wir im folgenden Abschnitt beschreiben, kommen aus Europa und haben auch hier in Europa ihren Rückhalt. Da europäische Weine meist nach der Region und nicht nach der Rebsorte benannt werden – kann es gut sein, dass Sie von manch einer Sorte noch nie gehört haben – auch wenn Sie den Wein vielleicht schon oft genossen haben. Da aber die Weinmacher in anderen Teilen der Erde beginnen, sich für diese Rebsorten zu interessieren und die Namen auf dem Etikett verwenden, werden auch diese Rebsorten unter Weintrinkern bald bekannter sein.

Und wir starten gleich mit einer Ausnahme: eine Rebsorte, die fast ausschließlich in Kalifornien wächst und deren Name sowohl USA-Reisenden (wegen des berühmten White Zinfandel, einem pinkfarbenen, sehr fruchtbetonten Rosé) als auch Rotwein-Freaks (wegen der extrem gehaltvollen, dichten Rotweine) geläufig ist.

# Zinfandel

**Spitzname:** Zin

**Ursprung:** bis vor kurzem unbekannt (kein Witz), aber inzwischen durch Genanalysen auf die Primitivo aus Apulien zurückgeführt. Somit kam er höchstwahrscheinlich im Gepäck von italienischen Einwanderern nach Kalifornien.

**Wo angebaut:** Kalifornien

**Charakteristik:** Der Zinfandel prägt seine Weine mit viel Farbe, intensiven Brombeer-Aromen und einer würzigen, kraftvollen Struktur. Die Dichte in den Aromen hängt davon ab, wo die Trauben wachsen und wie alt die Rebstöcke sind; manche sehr alten Weinberge (80 bis 100 Jahre) ergeben extrem voluminöse Weine, die vor Frucht fast platzen. Häufiger findet man Zinfandel mit mittlerem Körper, saftiger Frucht und weichem Tannin.

# Gamay

**Ursprung:** Frankreich

**Wo angebaut:** Die Region Beaujolais in Frankreich, die Weinregionen im französischen Loire-Tal

**Bekannte Weine aus dieser Rebsorte:** Beaujolais, Anjou Gamay, Gamay de Touraine

**Charakteristik:** »Traubig« ist ein Ausdruck, der oft mit der Gamay-Traube assoziiert wird, da die meisten Weine aus dieser Rebsorte (wie etwa der Beaujolais) getrunken werden, wenn sie noch so richtig jugendlich, frisch und saftig sind.

Die Gamay ergibt Weine, die normalerweise niedrig im Alkohol und leicht im Körper sind (manche Weinmacher bauen mehr Alkohol ein, indem sie dem Most Zucker zusetzen), eine kräftige Säure und ein mittleres Tanningerüst haben. Manchmal haben Gamay-Weine dezente florale Noten, sehr ungewöhnlich für Rotweine, und sie haben oft die Aromen von kandierten Früchten, ein Ergebnis einer speziellen Gärtechnik, die speziell für Weine verwendet wird, die sofort ganz jung trinkbar sein sollen. Die Abbildung 3.5 zeigt einen Klassiker aus der Gamay-Traube.

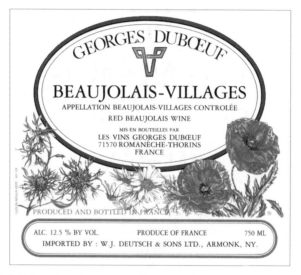

*Abbildung 3.5: Etikett eines Beaujolais-Village, ein Klassiker aus 100% Gamay-Trauben*

## Sangiovese

**Ursprung:** Italien

**Wo angebaut:** Mittelitalien, Kalifornien, Argentinien

**Bekannte Weine aus dieser Rebsorte:** Chianti, Chianti Classico, Rosso di Montalcino, Brunello di Montalcino, Vino Nobile di Montepulciano, Morellino di Scansano, Carmignano und viele der berühmten Super-Tuscans

**Charakteristik:** Prägend für Sangiovese-Weine ist die für Rotwein relativ hohe Säure, dazu nur wenig bis mittleres Tannin und relativ geringe Farbintensität. In der Nase meist schöne Kirscharomen, Veilchen und staubige Noten. In Italien unterscheidet man verschiedene Untersorten, die feinste davon, *Sangiovese grosso,* ist für Brunello di Montalcino und viele der teureren, sehr aromatischen Chianti und Super-Tuscans verantwortlich. Sangiovese wird sehr oft reinsortig verwendet, aber gerade beim traditionellen Chianti wird er mit Canaiolo (einer lokalen roten Sorte) und zwei Weißwein-Sorten verschnitten. Heutzutage wird Sangiovese auch oft mit Cabernet oder Merlot kombiniert. Abbildung 3.6 zeigt das Etikett eines Sangiovese.

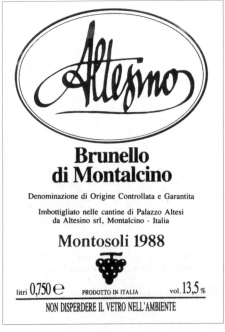

*Abbildung 3.6: Etikett eines Brunello di Montalcino, ein Klassiker aus Sangiovese-Trauben*

# Nebbiolo

**Ursprung:** Italien

**Wo angebaut:** Nordwest-Italien (die Region Piemont und Lombardei), Kalifornien

**Bekannte Weine aus dieser Rebsorte:** Barolo, Barbaresco, Nebbiolo d'Alba, Gattinara

**Charakteristik:** Wenn die Nebbiolo-Trauben, eine spät reifende Sorte, die perfekten Bedingungen zum Ausreifen haben, ergeben sie Weine, die nach reifen Erdbeeren in einer Melange mit Kräutern und erdigen Aromen duften und schmecken. Sie finden Eukalyptus, Minze, Teer und den wundervollen Duft von weißen Trüffeln, die in der gleichen Region wachsen. Die feinsten Nebbiolo-Weine haben eine kräftige Säure, viel Tannin und meist einen hohen Alkoholgehalt – Monster-Weine, die lange Jahre zum Reifen brauchen. Gerade die guten Barolo und Barbaresco zählen zum Feinsten, was Italien zu bieten hat. Nebbiolo aus einfacheren Weinlagen präsentieren sich mit deutlich leichterem Körper, wenig Tannin und sind bereits jung zu trinken.

## Italiens Reichtum an Rebsorten

Sangiovese, Nebbiolo und Barbera stellen nur die Spitze des Eisbergs der typisch italienischen Rebsorten dar. Weitere wichtige rote Rebsorten aus Italien – um nur ein paar zu nennen:

✔ **Aglianico:** Eine qualitativ hochwertige Rebsorte aus Süditalien, die sehr kräftige, gehaltvolle Rotweine wie Taurasi und Aglianico del Vulture zu verantworten hat.

✔ **Corvina:** Die wichtigste und feinste Rebsorte aus Venetien, die zusammen mit einigen anderen lokalen Sorten Weine wie Valpolicella, Bardolino und den Amarone della Valpolicella ergibt.

✔ **Dolcetto:** Eine Sorte, aus der man im Piemont herrliche Alltagsweine erzeugt.

✔ **Lambrusco:** Die Rebsorte des sehr populären Weines gleichen Namens aus der Emilia-Romagna (Mittelitalien).

✔ **Montepulciano:** Eine einfache Rebsorte mit wenig Tannin, die für riesige Mengen von einfachsten Tischweinen aus den südlichen Abruzzen verantwortlich ist. (Vorsicht: Hat nichts mit dem Ort Montepulciano in der Toskana zu tun. Dort wird für den Vino Nobile di Montepulciano ausschließlich Sangiovese grosso verwendet.)

# Barbera

**Ursprung:** Italien

**Wo angebaut:** Nord-West Italien (der Schwerpunkt liegt ebenfalls im Piemont und der Lombardei), Kalifornien, Argentinien, Brasilien

**Bekannte Weine aus dieser Rebsorte:** Den besseren Barbera-Weinen aus Italien wird die Region ihrer Herkunft angehängt wie etwa Barbera d'Alba oder Barbera d'Asti.

**Charakteristik:** Weine aus der Barbera-Rebe sind gewöhnlich kräftig in der Farbe, haben einen hohen Säuregehalt und sehr wenig Tannin. Im Duft finden sich oft würzige und fruchtige Noten. Da die Trauben wenig Tannin haben, sind die Weine weich und unkompliziert zu trinken. Um den Mangel an Tannin auszugleichen, lassen manche Winzer den Barbera in neuen Eichenfässern reifen, damit der Wein das Tannin des Holzes aufnehmen kann. Diese im Barrique gereiften Barbera sind deutlich teurer. Abbildung 3.7 zeigt das Etikett eines Barbera-Weines.

*Abbildung 3.7: Etikett eines Barbera d'Alba aus dem Piemont*

## Tempranillo

**Ursprung:** Spanien

**Wo angebaut:** Spanien, Portugal, Argentinien

**Bekannte Weine aus dieser Rebsorte:** Rotweine aus Rioja, Navarra und Ribera del Duero (Spanien) und Rotwein aus Douro in Portugal (dort heißt er *Tinta Roriz, Aragones* ist eine weitere portugiesische Bezeichnung für Tempranillo).

**Charakteristik:** Die dickschaligen Tempranillo-Trauben ergeben Weine mit kräftiger Farbe, moderatem Tannin und niedriger bis mäßiger Säure. Tempranillo hat kein besonders hervorzuhebendes eigenes Aroma. Tatsächlich erkennen professionelle Weinverkoster einen Rioja nicht am speziellen Aroma-Spektrum der Tempranillo, sondern an der speziell in Rioja verwendeten Eichensorte, die für die Fässer verwendet wird (siehe auch Kapitel 8). Eine weitere Hürde zum Ergründen seines speziellen Geschmacks ist, dass der Tempranillo selten reinsortig, sondern im Cuvée, meist mit Garnacha (Grenache), verarbeitet wird.

## Die spinnen, die Winzer!

Einige der kuriosesten Rebsorten der Welt haben herrlich bildhafte Namen. In Griechenland gibt es beispielsweise eine Sorte mit dem Namen *Xynomavro*, was soviel wie die »bittere Schwarze« bedeutet – wahrscheinlich aber nicht mit der *Negro Amaro* aus Italien verwandt ist, obwohl diese genauso zu übersetzen wäre. Die Portugiesen haben eine Rebsorte, die *Bastardo* heißt, wofür wohl keine Erklärung notwendig ist, und eine weiße Sorte, *Esgana Cao*, die übersetzt »Hundewürger« bedeutet. Italien hat noch die *Piedirosso* (»rote Füße«), die weiße Sorte *Coda di Volpe* (»Fuchsschwanz«) und die *Pagadebit* (»zahlt die Rechnung«) zu bieten. Unser Liebling unter den bildhaften Sorten-Namen ist die *Dolcetto* (»kleines süßes Ding«) aus dem Piemont. Sie ergibt keine süßen Weine, sondern es sind die einzigen Trauben in dieser Region, die man direkt vom Rebstock naschen mag. Uns hat der Name so gut gefallen, dass wir eine unserer Katzen danach benannt haben.

# Grenache

**Ursprung:** Spanien (wo sie Garnacha heißt!)

**Wo angebaut:** Spanien, im Rhône-Tal und im Süden Frankreichs, Kalifornien, Australien

**Bekannte Weine aus dieser Rebsorte:** Châteauneuf-du-Pape, Côtes du Rhône, Rioja, Priorato und die Rhône-style-Weine aus Kalifornien

**Charakteristik:** Grenache-Trauben erreichen einen sehr hohen Zuckerwert und ergeben somit sehr alkoholreiche Weine. Die anderen Eigenschaften hängen sehr stark davon ab, unter welchen Bedingungen die Reben gedeihen. Wenn sie industriell angebaut wird, mit sehr hohen Traubenmengen pro Rebstock, geht die Farbe oft ins Orangenfarbene und ist sehr hell, die Aromen sind ledrig und nicht sehr ausgeprägt.

Bei sorgfältiger Arbeit, d.h. geringe Erträge bzw. alte Rebstöcke, bekommt man Weine mit kräftiger roter Farbe, intensiven Aromen und dem Geschmack von Himbeeren und schwarzem Pfeffer. Sie haben aber in beiden Fällen nicht viel Tannin. Grenache findet man selten pur, sondern normalerweise im Duett – in Spanien oft mit Tempranillo kombiniert, in Frankreich und Kalifornien mit Syrah und anderen Rebsorten.

# Die sieben klassischen Rotwein-Stile

# 4

## In diesem Kapitel

▶ Die weltweit wichtigsten Rotwein-Stile

▶ Der Geschmack von Beaujolais, Rioja und kalifornischen Cabs

▶ Die großen Namen aus Bordeaux, Burgund und Chianti

▶ Der Code, um Weinetiketten zu entziffern

***E**s ist beim Wein nicht anders als in der Literatur, beim Film und in der Kunst. Jeder, der sich wirklich auskennen will, muss zuerst die Klassiker studieren. Wir verbringen das gesamte Kapitel damit, sieben klassische Stile zu beschreiben und zu definieren, da diese Weine die Grundlage darstellen, um alle anderen Weine zu verstehen. Wenn Sie mit diesen sieben Weinstilen vertraut sind, verstehen Sie fast alles in der Rotwein-Welt.

## Wer hat das Zeug zum Klassiker?

Die klassischen Rotweine der Welt sind einzigartige Typen von Wein, die ihren Charakter einer speziellen Rebsorte (oder einer Kombination von Sorten) verdanken, die an einem bestimmen Ort gedeiht. Diese Weine sind Vorbilder, die Weinmacher in anderen Teilen der Welt inspirieren und zum Nachahmen animieren.

Einige der klassischen Rotweine der Welt – wie etwa die roten Bordeaux oder die roten Burgunder – existieren bereits seit ein paar hundert Jahren, aber andere wie die inzwischen legendären Cabernet Sauvignons aus Kalifornien, sind erstaunlich neuen Datums. Ob alt oder jung, diese klassischen Weintypen sind nicht festgelegt. Auch ihr Stil passt sich der Zeit und dem jeweiligen Geschmack an. Und trotzdem bleibt jeder dieser Weintypen ein Meilenstein.

Der Stil, mehr als die Qualität, ist der Ausgangspunkt für unsere Diskussion über die klassischen Rotwein-Typen. Es stimmt, einzelne Beispiele dieser klassischen Weine besitzen eine Qualität, mit der sie jederzeit zu den größten Rotweinen der Welt zu zählen sind. Aber wir glauben, dass diese sieben Weintypen, die wir Klassiker nennen, in ihrer Vorbildfunktion für bestimmte Rebsorten und spezielle Wachstumsbedingungen noch bedeutender sind als in ihrer Qualität. Im Ernst, wir glauben, dass jeder dieser Klassiker so einzigartig ist, dass er bereits seine eigenen Regeln geschaffen hat, nach denen er – und nicht nach externen Qualitätskriterien – auch beurteilt und bewertet werden muss.

## »Terroir« oder »Was einen Wein zu dem macht, was er ist«

Die Qualität und der Stil eines jeden Weines ist das Ergebnis eines komplexen Zusammenspiels von Einflüssen, die sich im Wein von der Grundidee bis zur Knospe am Weinstock widerspiegeln. Diese Einflüsse umfassen (sind aber keinesfalls darauf beschränkt):

✔ Die Rebsorte selbst

✔ Die feststehenden Charakteristiken des Ortes, an dem die Trauben wachsen (Boden, Hang, Höhe, die Ausrichtung des Weinbergs zur Sonne, typische Klimabedingungen der Region, die Pflanzdichte des Weinbergs und so weiter)

✔ Die variablen Einflüsse des Ortes, an dem die Trauben wachsen (das Wetter in dem speziellen Jahr, wie viele die Rebstöcke im jeweiligen Jahr tragen, wie der Weinberg gepflegt wurde, wie und wann die Trauben gelesen wurden und so weiter)

✔ Die Kellerarbeit (die Liste an Variationsmöglichkeiten im Keller ist nahezu unendlich)

Glücklicherweise gibt's für dieses ganze Bündel an Einflüssen einen zusammenfassenden Ausdruck – selbstverständlich aus dem Französischen. Dieses Wort ist *terroir*.

Unglücklicherweise hat jeder, der über Wein spricht oder schreibt, eine etwas andere Vorstellung, welche Einflussfaktoren in dem Begriff *terroir* zusammengefasst werden dürfen. Bei manchen umfasst *terroir* sämtliche Einflüsse auf den Wein, andere nutzen *terroir* als Synonym für die Wachstumsbedingungen (die vorgegebenen und die variablen) der Reben. In diesem Buch verwenden wir den Ausdruck *terroir* in diesem eingrenzenden Sinne: die Wachstumsbedingungen der Rebe, die den Wein aus diesen Trauben beeinflussen.

# Bordeaux, toujours Bordeaux

Die Gründe, warum der rote Bordeaux zu den klassischen Rotweintypen zählt sind leicht zu verstehen. Die besten Weine aus Bordeaux sind langlebige Weine (20 bis 40 Jahre ist ein typisches Lebensalter), die mit dem Alter besser und besser werden. Die großen Bordeaux sind die ultimativen Sammlerstücke. Und noch nicht genug, diese Weine sind unter Genießern bereits seit über zwei Jahrhunderten berühmt und geliebt. (Legendär ist die Einkaufsliste von Thomas Jefferson, dem späteren amerikanischen Präsidenten aus dem Jahre 1784.)

 Die Bordeaux Weine kommen aus der Region Bordeaux im Südwesten Frankreichs – Frankreichs größter Weinbauregion (siehe auch *Wein für Dummies*, Kapitel 10). In dieser Region nennen sich die Weingüter *châteaux* (die Einzahl ist *château*), und die Namen der Weine lauten meist Château sowieso (mit ein paar Ausnahmen, vor allem bei den weniger teuren Weinen) – siehe Abbildung 4.1 für ein Beispiel.

Die große Region Bordeaux ist unterteilt in einzelne Gebiete und Gemeinden (in Frankreich *communes* genannt). Ergänzend zum Hausnamen findet man auf jedem Bordeaux entweder die Gemeinde, in der er wächst (wie etwa St. Julien oder Pomerol), das Gebiet (wie etwa Médoc oder Haut-Médoc) oder gleich die große Region selbst: Bordeaux. (Je genauer die geografische Herkunft bezeichnet wird, desto besser ist der Wein. So jedenfalls die Theorie!)

## Die Vielfalt an Sorten, Böden und Weinen

Durch die Erfahrung von Jahrhunderten haben die Winzer von Bordeaux den Anbau auf fünf rote Rebsorten beschränkt. Drei davon sind wirklich wichtig. Die fünf Sorten in der Reihenfolge ihrer Bedeutung sind:

✔ Cabernet Sauvignon

✔ Merlot

✔ Cabernet Franc

✔ Petit Verdot

✔ Malbec

Alle roten Bordeaux-Weine sind ein Zusammenspiel aus mindestens zwei, meist drei Rebsorten von dieser Liste.

Da sich die Region Bordeaux an der französischen Atlantikküste befindet und damit unberechenbaren Wettereinflüssen unterliegt (wie etwa Regen mitten im Sommer oder zur Lesezeit und kaltem, feuchten Meerwind), reifen die Trauben von Jahr zu Jahr sehr unterschiedlich. Hin und wieder bringt ein warmer, sonniger Sommer und ein trockener Herbst die perfekte Reife und dichte, voluminöse Weine. Die Norm jedoch sind durchaus wechselhafte Wetterbedingungen und eine moderate Reife und damit Weine mit einem mittleren Körper.

*Abbildung 4.1: Der Name des Château ist normalerweise der herausgehobene Begriff auf einem Bordeaux-Etikett.*

Da der Cabernet Sauvignon eine der wichtigen Rebsorten in den meisten Bordeaux-Weinen ist, können die Weine entsprechend tanninlastig sein (siehe auch Kapitel 2). Die Menge an Tannin variiert stark, je nach dem Reifegrad der Trauben und der jeweiligen Zusammenstellung der Rebsorten im jeweiligen Wein. (Merlot ist nicht so tanninhaltig. Mehr Merlot im Cuvée ergibt damit einen weicheren Wein.)

Bordeaux ist eine große Region, und damit ändern sich sowohl Boden, als auch die anderen Einflüsse des *terroir* (Wachstumsbedingung) von einem Gebiet zum nächsten und von Gemeinde zu Gemeinde (sogar von Weingut zu Weingut). In den besten Weinlagen reifen die Trauben besser aus und die Weine sind kräftiger und gehaltvoller als die Weine aus weniger bevorzugten Lagen. Das ist der Hauptgrund, warum sich die Preise für rote Bordeaux so gewaltig unterscheiden: von 4 € bis hin zu 600 € für einen aktuellen Jahrgang. (Die besten Weine steigen im Preis, je älter sie werden.)

## Rote Bordeaux auf einen Blick

**Von wo:** Die Region Bordeaux in Südwest-Frankreich

**Rebsorten:** Ein Cuvée aus Cabernet Sauvignon und Merlot, mit Cabernet Franc und manchmal eine oder zwei Würzrebsorten (Petit Verdot und Malbec).

**Weinstil:** Kräftiger Körper, trocken, ziemlich tanninhaltig und hart, mit zurückhaltenden, komplexen Aromen und dem Geschmack von schwarzen Johannisbeeren, Pflaumen, Kräutern, Gras und Zedernholz.

**Preisspanne:** 5 € bis zu mehr als 400 € die Flasche

**Aktuelle, gute Jahrgänge** (die feinsten Jahrgänge sind fett gedruckt): 2001, **2000**, 1998 (für St. Emilion und Pomerol), 1996 (für Medoc und Graves), **1995**, **1990**, **1989**, **1986**

**Wo finden sich weiterführende Informationen:** Der Abschnitt »Bordeaux – Frankreichs Rotwein-König« in Kapitel 6)

# Die Auswahl an Bordeaux-Stilen

All diese Variablen im Wetter, der Traubenzusammensetzung, dem *terroir*, der Qualität und des Preises machen es etwas schwierig, den Stil des roten Bordeaux genau zu definieren. Eigentlich umfasst roter Bordeaux eine breite Auswahl an Weinen mit vielen verschiedenen Qualitäten, Ausdrucksmöglichkeiten und Preisen. Die äußeren Enden dieser Bandbreite setzen die stilistischen Parameter des roten Bordeaux.

Am einen Ende des Spektrums finden sich dunkle, konzentrierte, absolut trockene Weine mit reifer Frucht, aber ebensoviel kräftigem Tannin und viel neuem Holz. Jung werden diese Weine von folgenden Aromen und Düften geprägt: schwarze Johannisbeere, Pflaume, Gewürze und Kräuter. Mit dem Alter entwickeln sie dann Aromen von Zeder, Tabak und Leder. Am anderen Ende des Spektrums finden sich leichte, geschmeidige, weiche Rotweine mit dezenten Aromen wie fruchtig, würzig oder grasig.

Die goldene Mitte – der typische rote Bordeaux – ist ein trockener, fester, etwas strenger Rotwein mit mittlerem Körper mit komplexen, aber nicht zu intensiven Aromen von schwarzen Johannisbeeren, Pflaumen, Kräutern, Gras und Zedernholz. Etwas kreativer ausgedrückt könnten wir den roten Bordeaux als einen geschliffenen, eleganten Wein beschreiben, der sich etwas reserviert und zurückhaltend (vor allem in seiner Jugend) präsentiert. Aber dahinter verbirgt sich eine subtile Komplexität, die jene Weintrinker fasziniert, die ihm entsprechende Beachtung schenken. (Unser liebster Vergleich ist ein gut erzogener, intelligenter, aber etwas reservierter junger Bursche, direkt aus dem Internat.)

Für spezielle Empfehlungen an rotem Bordeaux, die Sie probieren sollten, blättern Sie in Kapitel 6.

## Burgund, die Schöne

Zusammen mit Bordeaux sind die roten Burgunder die Grundlage, auf der das weltweite Image und die Reputation der französischen Weine beruht. Doch Burgunder sind völlig andere Weine als Bordeaux. Wenn Bordeaux ein wohlerzogener, reservierter Bursche ist, dann ist der Burgunder eine sinnliche, derbe, aber kapriziöse Schönheit, die, wenn sie richtig gut ist, alle verzaubert, die sich an sie herantrauen.

Rote Burgunder kommen aus der Region Burgund im Osten von Frankreich. Die Weingüter in dieser Region sind sehr viel kleiner und weniger protzig als in Bordeaux. Statt Château Sowieso steht auf einem Burgunder-Etikett die Weinherkunft im Vordergrund. Den eigenen Namen setzen die Winzer, oft in kleiner Schrift, ans untere Ende des Etiketts, als ob es etwas Unwichtiges wäre. (*Domaine* ist der Ausdruck, der hier für Weingut verwendet wird.) Ein Beispiel: Musigny, die Herkunft, erscheint mittig auf dem Etikett in 24-Punkt-Schrift und deutlich darunter in 12-Punkt-Schrift der Winzer oder Produzent, Domaine Irgendwer.

## Lagennamen, Lagencharakter

Der Name eines roten Burgunder beruht auf dem Namen des Ortes, an dem die Trauben wachsen. Diese Herkunftsbezeichnung ist manchmal nur die Region selbst, Burgund (in Französisch: *Bourgogne*) – aber in vielen Fällen ein bestimmtes Gebiet, ein Dorf oder gleich ein einzelner Weinberg. Es gibt ungefähr 380 mögliche Herkunftsbezeichnungen für rote Burgunder. Ein Winzer hat vielleicht fünf oder zehn (oder auch mehr) verschiedene Weine, und jeder wird nach seiner Herkunft bezeichnet.

Die Winzer aus Burgund machen deshalb ein so großes Aufheben von der Herkunft der Trauben, da die Herkunft maßgeblich den Geschmack der Trauben und damit des

Weines bestimmt. Selbstverständlich beeinflusst die Weinlage (und der Boden und das spezielle Mikroklima der Lage) überall den Geschmack der Trauben – aber im Burgund ganz besonders.

Die Unterschiede von einem Weinberg zum nächsten sind hier aber auch von besonderer Bedeutung, da nur eine einzige Rebsorte in den 380 Herkunftsgebieten angebaut wird. Diese Sorte ist Pinot Noir (siehe auch Kapitel 3).

## Der Stil der roten Burgunder

Da die Pinot Noir keine sehr tanninhaltige Rebsorte ist, sind die meisten roten Burgunder ebenfalls sehr zurückhaltend im Tannin, außer der Winzer setzt entsprechende Techniken ein, um den Tanningehalt zu erhöhen. (Den Wein in neuen Eichenfässern reifen zu lassen, ist eine der möglichen Techniken, die Trauben mit ihren Stielen und Stängeln zu vergären eine andere.) Neben dem geringen Tanningehalt neigen die roten Burgunder dazu, einen hohen Alkoholgehalt, eine ausgeprägte Säure und viel weniger Farbe zu haben als die Weine aus Bordeaux.

Die Dichte der Aromen und des Geschmacks im roten Burgunder hängt sehr stark vom Jahrgang, der Weinbergslage, dem Alter und der Qualität des Weines ab. Auch die Art der Aromen und Geschmäcker sind sehr unterschiedlich. Manche Weine verströmen einen frischen, fruchtigen Charakter, der an Beeren erinnert (alle Sorten Beeren von Himbeeren, Kirschen, wilden Erdbeeren bis zu Brombeeren). Andere Weine haben nur eine zurückhaltende Beerennote zusammen mit einem erdigen Charakter – wie etwa holzige Noten oder feuchtes Laub, Rauch oder mineralische Noten.

Zusammenfassend könnte man den Stil der Burgunder (soweit eine Verallgemeinerung möglich ist) als einen doch körperreichen, ausladenden Wein mit moderaten Aromen von Beeren und erdigen Noten beschreiben.

Obwohl der rote Burgunder eigentlich ein sehr gradliniger Wein ist (eine Rebsorte, eine Region und – als das Wichtigste – *eine* traditionelle Art, Wein zu machen), weisen die einzelnen Weine große Unterschiede in der Qualität und im Stil auf (innerhalb der stilistischen Bandbreite der roten Burgunder). Neben der Differenzierung, wo die Trauben wachsen, variieren die Qualitäten von Winzer zu Winzer gewaltig, je nachdem wie viel Sorgfalt der einzelne bei der Pflege seiner Trauben bzw. beim Übersetzen der Trauben in Wein aufbringt. Dazu kommen noch die persönlichen, stilistischen Vorlieben des jeweiligen Weinmachers. Der Wein eines Spitzen-Winzers aus einer Spitzen-Lage und einem Spitzen-Jahrgang kann einer der Weine sein, die Ihnen ewig im Gedächtnis bleiben. Ein gewöhnlicher *Bourgogne* von einem normalen Winzer aus einem durchschnittlichen Jahr kann auf der anderen Seite durchaus enttäuschend sein.

Unsere Diskussion über rote Burgunder in Kapitel 7 erklärt, wie Sie die besseren Weinlagen erkennen, und führt etliche gute Winzer auf.

### Rote Burgunder auf einen Blick

**Von wo:** Die Region Burgund im Osten von Frankreich

**Rebsorten:** Pinot Noir

**Weinstil:** Viel Körper, ausladend und offen, mit etwas höherem Alkoholgehalt, wenig bis moderates Tannin und ausgeprägte Aromen von Beeren und erdige Noten.

**Preisspanne:** 10 € bis zu mehr als 800 € die Flasche

**Aktuelle, gute Jahrgänge** (die feinsten Jahrgänge sind fett gedruckt): **2002**, 2000, 1999, 1998, **1996**, 1995, 1993, **1990**

**Wo finden sich weiterführende Informationen:** Der Abschnitt »Der Zauber des Burgunder« in Kapitel 7)

# Il Magnifico Chianti

Der Chianti ist mit Abstand der populärste Wein Italiens. 600 Jahre Geschichte und seine immer wiederkehrenden Erfolge auf den Exportmärkten überall auf der Welt haben den Chianti für viele Menschen zu dem Symbol für italienischen Wein werden lassen.

Zuerst haben wir den Chianti meist vor vielen Jahren als einen Pizza-Wein kennen gelernt, leicht und oh, so locker zu trinken. Dies alles hat der Chianti immer noch. Aber mehr und mehr tritt die ernsthafte Seite des Chiantis in den Vordergrund: hochbewertete, dichte Weine, die jeden Cent ihrer 15 € oder noch höheren Preisschilder wert sind.

Der Chianti kommt aus der Region Chianti in der Toskana, Mittelitalien. Das große Gebiet, in dem die Trauben für den Chianti angebaut werden dürfen, wird in verschiedene Anbauzonen unterteilt. Auf jedem Chianti-Etikett findet sich die Angabe der Anbauzone, in der seine Trauben gewachsen sind. Die einfacheren Weine werden meist nur als Chianti tituliert, bei den besseren findet man die entsprechende Unterzone wie Chianti Classico oder Chianti Rufina auf dem Etikett.

Chianti ist ein DOCG-Wein, das bedeutet, er ist in der höchsten italienischen Qualitätswein-Kategorie eingestuft. (DOCG steht für *Denominazione di Origine Controllata e Garantita*, übersetzt etwa »von geprüfter und kontrollierter Herkunft«. Siehe Kapitel 8 in *Wein für Dummies* mit einer kompletten Darstellung des Weinbezeichnungs-Systems in Italien und dem restlichen Europa.

## Von Winzern und ihren Trauben

Ein Weingut im Chianti wird oft als *Castello* oder *Villa* bezeichnet. Somit heißen Chiantis oft Castello Sowieso oder Villa Irgendwieanders – auf der anderen Seite tragen viele berühmte Chiantis nur den Namen einer Familie wie Antinori oder Frescobaldi. Die meisten Winzer machen mindestens zwei verschiedene Chiantis:

✔ Einen leichten Chianti zum jung Trinken

✔ Eine ernsthaftere Version, die mit Chianti *Riserva* bezeichnet wird (siehe Abbildung 4.2)

*Abbildung 4.2: Der Riserva ist die etwas ernsthaftere Variante eines Chianti.*

Manche Produzenten füllen auch einen Chianti aus einer *Einzellage*, der nur aus den Trauben eines einzigen Weinbergs gekeltert wird – im Gegensatz zu den anderen Chiantis, die aus den Trauben verschiedener Weinlagen zusammengestellt werden.

Der Chianti wird traditionell aus verschiedenen Rebsorten komponiert. Der Hauptbestandteil ist die Sangiovese (in Kapitel 3 beschrieben), zusammen mit einer lokalen roten Sorte, die Canaiolo, und dazu ein kleiner Anteil zweier weißer Rebsorten, Trebbiano und Malvasia. So jedenfalls das traditionelle Rezept, aber die besten Chiantis, speziell die aus der Unterzone Chianti Classico, enthalten kaum oder gar keinen Weißwein-Anteil, manche werden sogar komplett aus der vornehmen Sangiovese gemacht. (Manche der Spitzenweine haben sogar einen Anteil an Cabernet Sauvignon.) Die Weine ohne Weißwein-Anteil sind selbstverständlich kräftiger und voller als diejenigen mit einer Beimischung von weißen Trauben.

## Trocken, knackig und harmonisch

Einerseits bedingt durch die etwas höhere Säure der Sangiovese-Traube und andererseits durch die italienische Überzeugung, dass Wein zum Essen getrunken wird, ist der Chianti ein vielseitiger Begleiter von Speisen. Er ist eher elegant (die weniger teuren Weine können auch sehr leicht sein), hat wenig Tannin und einen hellen Teint, außer der Weinmacher verwendet Cabernet Sauvignon im Cuvée oder baut den Wein im neuen Eichenfass aus (ein hoher Preis ist oft ein Hinweis auf diesen Stil).

Chianti wird immer trocken ausgebaut. Chianti zählt sicherlich zu den trockensten Rotwein-Stilen überhaupt. Nichts im Chianti weist auf eine gewisse Süße oder Fruchtigkeit hin (ein perfekter Begleiter zu sehr vielen Speisen). Die besten Chiantis überzeugen mit einer perfekten Harmonie und Eleganz.

Die Aromen und der Geschmack des Chianti sind eher zurückhaltend und zart und weniger kraftvoll: oft ein Hauch von Kirschen, meist Sauerkirschen, ein nussiger Charakter und ein staubiger Ton, wie wir ihn nennen, der an trockene Erde erinnert. Die Italiener behaupten, der Chianti rieche nach Veilchen, aber wir konnten das selber noch nie nachvollziehen.

Die einzelnen Chiantis unterscheiden sich oft gewaltig. Das Anbaugebiet ist groß, das Klima und der Boden ändern sich von einer Unterzone zur anderen, und die Weinmacher sind sich über den exakten Stil des Chiantis durchaus nicht einig. Jeder hat seine Vorlieben. Die Chiantis reichen von hellen, leichten, nichts sagenden Weinen für weniger als 5 € die Flasche bis zu konzentrierten, gehaltvollen Riservas oder Einzellagen-Chiantis, die bis zu 40 € kosten. Die besseren Chiantis eines guten Produzenten und eines guten Jahrgangs profitieren von ein paar Jahren Flaschenreife. Aber die meisten Chiantis können und sollten jung getrunken werden, solange sie noch frisch sind, pulsierend, schön, erfrischend, locker zu trinken und … Warte, ich glaube wir haben gleich einen Korkenzieher-Notfall.

Wenn Sie selbst Lust haben, eine Flasche Chianti zu öffnen, blättern Sie erst zu Kapitel 8, da haben wir unsere Lieblingswinzer aufgelistet.

## Chiantis auf einen Blick

**Von wo:** Das Chianti-Gebiet in der Toskana, Mittelitalien

**Rebsorten:** Hauptsächlich Sangiovese, entweder allein oder mit Canaiolo oder kleinen Anteilen anderer Rebsorten und/oder zwei Sorten von weißen Trauben in sehr kleinen Mengen.

**Weinstil:** Leicht bis mittelgewichtig, mit erfrischender Säure, niedrigem bis dezentem Tannin, sehr trockener Textur und zurückhaltenden Aromen von Kirschen und Nüssen.

**Preisspanne:** 4 € bis zu mehr als 50 € die Flasche

**Aktuelle gute Jahrgänge** (die feinsten Jahrgänge sind fett gedruckt): **2001**, **1999**, **1997**, 1996, **1995**, **1990**, **1988**

**Wo finden sich weiterführende Informationen:** Der Abschnitt »Toskana, die Heimat des Chianti« in Kapitel 8)

# Rioja - Spaniens Klassiker

Rioja ist die spanische Antwort auf den Chianti: Es ist der bekannteste und beliebteste Wein Spaniens und auch der einzige Rotwein aus Spanien, der überall auf der Welt sein eigenes Kapitel in den Weinkarten und seinen eigenen Bereich in den Verkaufsregalen hat.

Der Rioja kommt aus dem Rioja-Gebiet im Nordosten Spaniens. Hier gibt es drei Unterzonen, und das Klima und der Boden der verschiedenen Anbaugebiete prägen den Charakter und die Qualität der jeweiligen Trauben. Die meisten Rioja werden aus den Trauben von mindestens zwei Unterzonen komponiert, nur wenige *bodegas* (wie in Spanien die Weingüter genannt werden) keltern ihre Weine aus den Trauben nur eines Gebietes – aber auch dann wird das Gebiet normalerweise nicht auf dem Etikett genannt.

Rioja ist nicht nur ein Verschnitt im geografischen Sinne, sondern auch im Hinblick auf seine Rebsorten. Die Rebsorte, die am meisten mit rotem Rioja in Verbindung gebracht wird, ist der Tempranillo, der die Grundlage für die feinsten Rioja darstellt. Meistens aber wird die Tempranillo mit Grenache (in Spanien Garnacha genannt) und zwei weiteren lokalen Rebsorten, Mazuelo (sonst auch als Carignan bekannt) und Graciano verschnitten. Manche Rioja sind auch fast ausschließlich aus Grenache-Trauben gekeltert (siehe Kapitel 3 für die Beschreibungen von Tempranillo und Grenache).

Abhängig davon, welche Rebsorten in welchem Verhältnis im Rioja verwendet werden und in welchem der Gebiete die Trauben wachsen, kann der Stil des Rioja variieren. Die Weine mit einem hohen Anteil an Grenache beispielsweise sind meist höher im Alkohol, niedriger im Tannin und weniger fruchtbetont als die mit wenig Grenache.

 Die Rioja unterscheiden sich auch gewaltig darin, wie lange sie im Keller reifen, in Eichenfässern oder in der Flasche, bevor sie in den Verkauf kommen. Die Traubenzusammensetzung und die genaue Herkunft der Trauben kann man zwar normalerweise nicht auf dem Etikett finden, dafür aber die Art und Länge der Lagerung:

✔ Rioja, die mindestens zwei Jahre im Weingut reifen werden als *crianza* bezeichnet (oft finden Sie diesen Begriff nicht auf dem Etikett, sondern auf einem bunten Aufkleber auf der Rückseite der Flasche).

✔ Weine mit mindestens drei Jahren Lagerung tragen die Bezeichnung *reserva*.

✔ Weine mit mindestens fünf Jahren Lagerung dürfen die Bezeichnung *gran reserva* tragen.

Je länger die Weine im Keller reifen, desto weniger frisch und fruchtig präsentieren sie sich. Mit dem Alter werden die Weine komplexer und vielschichtiger mit Aromen von Leder und Tabak und anderen nichtfruchtigen Charakteristiken.

Die Produzenten von roten Rioja sind sich durchaus nicht einig (um es dezent auszudrücken), wie die Weine ihrer Heimat gemacht werden sollen, und als Ergebnis ihrer unterschiedlichen Vorstellungen gibt es eben auch sehr unterschiedliche Weine unter dem Oberbegriff Rioja – auch innerhalb einer Alterskategorie. Als ein Extrem finden Sie sehr dunkle Weine, die äußerst konzentrierte Fruchtaromen kombiniert mit viel Holz zeigen, andererseits finden sich Weine, die ihre jugendliche Fruchtigkeit verloren haben, aber dafür in eine komplexe, samtige Dimension vorgestoßen sind.

Rioja in seiner traditionellen Manifestation ist ein mittelgewichtiger, weicher und runder Weintyp mit nur moderatem Tannin. Er hat wundervolle Vanille- und Holzaromen aus den Fässern, in denen er ausgebaut wurde. Und abhängig davon, wie gereift der Wein ist, hat er eben diese Reifearomen wie Leder oder feuchtes Laub oder die mehr jugendlichen Aromen von getrockneten roten Früchten. Dieser Nuancenreichtum ist ein Hauptmerkmal des klassischen, roten Riojas.

Im Kapitel 8 finden Sie eine Liste mit verschieden Rioja-Produzenten, deren Weine wir empfehlen.

## Rote Rioja auf einen Blick

**Von wo:** Die Region Rioja im Nordosten Spaniens

**Rebsorten:** Tempranillo, oft mit Grenache kombiniert und manchmal auch Mazuelo (Carignan) und Graciano – ursprünglichen spanischen Rebsorten.

**Weinstil:** Mittelgewichtig, weich und samtig, mit wenig Tannin. Seine Aromen und sein Duft (Vanille und Gewürze) werden oft stärker vom Holzfassausbau als von den Rebsorten dominiert.

**Preisspanne:** 5 € bis 50 €

**Aktuelle, gute Jahrgänge** (die feinsten Jahrgänge sind fett gedruckt): **2001**, 1998, 1996, **1995**, **1994**, 1991, 1987

**Wo finden sich weiterführende Informationen:** Der Abschnitt »Die spanischen Rotweine« in Kapitel 8)

# Beaujolais, der Sorglos-Wein

Das Herz auf der Zunge, zugänglich, freundlich, bescheiden, einfach zum Gernhaben.

Wäre der Beaujolais eine Person, gäbe er den perfekten Nachbarn ab (vor allem, wenn er auch noch handwerklich begabt wäre). Als ein Typ von Wein ist der Beaujolais eine Allzweckwaffe, ein Vergnügen, das immer mit beiden Beinen auf dem Boden bleibt.

Beaujolais kommt aus dem Beaujolais-Gebiet im Osten Frankreichs zu uns. Technisch gesehen ist dieses Gebiet ein Teil des Burgund, aber der Beaujolais ein völlig anderer Typ von Wein. Einer der Gründe dafür ist, dass er aus einer völlig anderen Rebsorte gemacht wird: Gamay (siehe Kapitel 3). Diese Sorte weckt nirgends auf der Welt die Neugierde der Winzer, aber im Beaujolais glänzt sie.

Obwohl alle (roten) Beaujolais aus Gamay-Trauben gemacht werden, gibt es drei Arten von Beaujolais, je nachdem, auf welchem Boden die Trauben wachsen und wie diese verarbeitet werden.

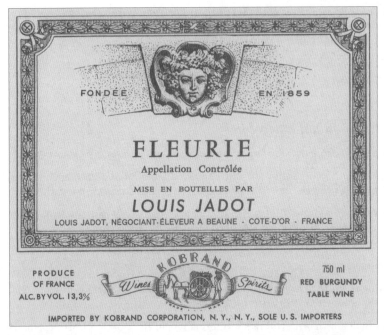

*Abbildung 4.3: Das Etikett eines Beaujolais aus der Dorflage Fleurie*

Trauben von schweren, lehmigen Böden, die einen leichteren Wein ergeben, sind entweder für den einfachen Beaujolais oder für den Beaujolais Nouveau bestimmt, ein extrem junger Wein, der bereits ein paar Wochen nach der Lese Ende November in den Handel kommt. Beaujolais Nouveau ist der leichteste, frischeste und am wenigsten ernst zu nehmende Beaujolais-Stil. Eine spezielle Gärführung macht den Wein sofort trinkbar und durchaus delikat.

Die Trauben aus dem nördlichen Teil des Beaujolais-Gebiets, wo Granit und Schiefer für deutlich mehr Dichte und Konzentration im Wein sorgen, werden zu Beaujolais-Villages: mittelgewichtigen Beaujolais-Weinen mit mehr Charakter als die normalen Beaujolais oder Nouveau-Weine.

 Die feinsten Beaujolais kommen aus zehn Dörfern und ihren Weinlagen im Norden des Beaujolais-Gebiets. Diese Weine führen nicht mal den Namen Beaujolais im Etikett. Sie werden nach der geografischen Herkunft – dem Dorf, aus dem die Trauben sind – wie etwa Fleurie oder Chiroubles benannt. Diese Crû-Lagen des Beaujolais, wie sie auch genannt werden, sind die vollsten, konzentriertesten und dichtesten Versionen des Beaujolais. (Für eine komplette Liste der zehn Crûs und allgemeinen Informationen, wie Beaujolais zu genießen ist, blättern Sie bitte zu Kapitel 7. Eine Beschreibung für jede einzelne der zehn Lagen des Beaujolais finden Sie in unserem Buch *Wein für Dummies*, Kapitel 10.)

Auch in seiner kräftigsten Ausführung ist der Beaujolais nie ein großer, körperreicher Wein. Beaujolais sind leichte bis mittelgewichtige Weine mit einer frischen Säure und wenig Tannin. Seine Aromen sind frisch und traubig und selten vom Holz geprägt (ausgenommen einige Beaujolais-Crûs). Obwohl die Weine des Beaujolais sehr fruchtig und unkompliziert zu trinken sind, sind sie immer trocken.

## Beaujolais auf einen Blick

**Von wo:** Das Beaujolais-Gebiet im südlichen Teil des Burgund, im Osten von Frankreich

**Rebsorten:** Gamay

**Weinstil:** Leichte bis mittelgewichtige, trockene Weine mit einer erfrischenden Säure und niedrigem bis moderatem Tanningehalt, ausgeprägten Fruchtaromen, normalerweise ohne Holz.

**Preisspanne:** 5 € bis 15 € die Flasche

**Aktuelle, gute Jahrgänge:** 2002, 2000, 1999

**Wo finden sich weiterführende Informationen:** Der Abschnitt »Beaujolais, einfach zu trinken und günstig« in Kapitel 7)

# Kaliforniens Cabernet Sauvignon

Wenn man berücksichtigt, dass die meisten Weingüter in Kalifornien höchstens 20 Jahre alt sind, finden Sie es vielleicht etwas voreilig, wenn wir den kalifornischen Cabernet Sauvignon zu den klassischen Wein-Charakteren dieser Welt zählen. Aber in der kurzen, modernen Geschichte des kalifornischen Weinbaus haben es die Winzer Kaliforniens geschafft, einen eigenständigen Weinstil zu entwickeln – und er ist so gut, dass sich Weinmacher auf der ganzen Welt von diesem Stil beeinflussen lassen.

Technisch betrachtet ist jeder Wein aus Cabernet-Sauvignon-Trauben (siehe Kapitel 3), die in Kalifornien gewachsen sind, ein kalifornischer Cabernet Sauvignon. Das ist eine riesige Menge an Wein, und nicht alles davon ist wirklich gut. Was wir hier als

Klassiker betrachten wollen, sind die besseren davon – grob gesprochen, die, die 15 € und mehr kosten.

Die US-Gesetze erlauben den Winzern den Anteil an Cabernet Sauvignon auf 75 % herunterzufahren. Der übliche Verschnitt-Partner für den Cabernet Sauvignon ist der Merlot (… und – Überraschung, Überraschung! – der übliche Partner in Merlot-Weinen ist der Cabernet Sauvignon). Wie die Weinmacher in Bordeaux bereits vor ewigen Zeiten entdeckt haben, ergänzen sich Merlot und Cabernet aufs Wundervollste.

## Die Top-Regionen und Gebiete

Kalifornien ist groß (30 % größer als Italien) mit einer entsprechenden Vielfalt an Mikroklimata und Bodentypen. Der beste Cabernet Sauvignon wächst in Gebieten, die warm, aber nicht zu warm sind, wo klimatische Besonderheiten wie Morgennebel oder kalte Nächte die Trauben nicht zu schnell ausreifen lassen. Reif ja, aber nicht zu schnell, sonst verlieren sie ihre frischen Fruchtaromen.

Napa Valley ist so ein Gebiet – oder vielleicht sollten wir besser sagen: sind solche Gebiete, da dort verschiedene, für den Cabernet ideale *terroirs* existieren. Diese Regionen umfassen die folgenden:

✔ Den Stags Leap District im östlichen Napa (siehe Abb. 4.4)

✔ Die Gebiete Rutherford und Oakville im Talgrund

✔ Howell Mountain im Osten

✔ Spring Mountain und Diamond Mountain im Westen

Die idealsten Regionen in Sonoma Valley (das Nachbar-Tal von Napa) sind Sonoma Mountain und Alexander Valley. Die Weinberge in den Bergen von Santa Cruz (südlich von San Fransisco) sind eine weitere wichtige Quelle für hochqualitative kalifornische Cabernet-Sauvignon-Trauben.

Gute kalifornische Cabernet Sauvignon wachsen auch noch in den warmen Ecken im Landesinneren von Mendocino County und dem Gebiet von Paso Robles im Santa Barbara County (nördlich von Los Angeles).

Auch in Kalifornien unterscheidet man verschiedene Stile, je nachdem wo die Trauben genau gewachsen sind. Die Weine aus manchen Regionen (wie etwa der Stags Leap District) haben beispielsweise sehr weiche Tannine. Die Weine aus anderen Regionen (wie etwa die verschiedenen Berglagen) sind mit ihrem festen Tanningerüst deutlich rauer.

*Abbildung 4.4: Der Stags Leap District ist eine der Regionen im Napa-Valley mit bestem* terroir *für Cabernet Sauvignon.*

## Der gemeinsame Klang

Die meisten kalifornischen Cabernet Sauvignon haben folgende Charakteristiken gemeinsam: dunkle, kräftige Farbe, intensive Aromen (meist nach reifen, schwarzen Johannisbeeren), einen kräftigen, frischen Geschmack von reifen Beeren und Pflaumen (meist mit Holzaromen gewürzt). Der voluminöse Körper kommt durch den hohen Alkoholgehalt und die Tannine. Sie hinterlassen ein rundes, samtiges Gefühl im Mund.

Viele der richtig guten kalifornischen Cabernets sind so voller Frucht, dass sie bereits jung absolut fantastisch sind, auch wenn die Weinkritiker und Weinmacher immer betonen, die Weine brauchen Zeit, bis sie ihren Genusshöhepunkt erreichen. Das Erkennungsmerkmal für kalifornische Cabernet Sauvignon ist genau diese unwiderstehliche, köstliche Frucht. Dieser intensive Fruchtcharakter ist es, der Weinmacher von überall her veranlasst, über ihre eigenen Weine nachzudenken – und der damit den kalifornischen Cabernet Sauvignon zu einem Klassiker werden ließ.

Wenn Sie kalifornische Cabs kaufen wollen, dürfen Sie unsere praktischen Hinweise und die Liste empfohlener Weine in Kapitel 9 nicht versäumen.

## Kalifornische Cabernets auf einen Blick

**Von wo:** Kalifornien in den USA

**Rebsorten:** Cabernet Sauvignon, oft mit einem gewissen Anteil an Merlot oder manchmal auch Cabernet Franc.

**Weinstil:** Körperreiche Weine mit intensiven Fruchtaromen und einer dicken, samtigen Textur.

**Preisspanne:** 6 € bis 150 € (von klassischen Cabs kann man meist erst bei einem Preis von 15 € und mehr sprechen)

**Aktuelle, gute Jahrgänge** (die feinsten Jahrgänge sind fett gedruckt): **2001**, **1999**, **1997**, 1996, **1995**, **1994**, **1991**, **1990**

**Wo finden sich weiterführende Informationen:** Kapitel 9

# Hermitage und Côte Rôtie

Wir sind nicht überrascht, falls Sie noch nie einen dieser klassischen Weine probiert haben. Im Gegensatz zu all den anderen klassischen Rotweinen sind Hermitage und Côte Rôtie unbekannte Weintypen mit einer kleinen Produktion. Sie umfassen nicht – wie Bordeaux, Burgund oder Chianti – eine ganze Bandbreite an Qualitäten und Preisen. Die beiden stehen nur für zwei Qualitäten: sehr gut und noch besser, und nur für zwei Preiskategorien: teuer und noch teurer.

Die Weine von Hermitage und Côte Rôtie sind beide nach einer Weinregion im nördlichen Rhône-Tal benannt. Côte Rôtie ist die größere der beiden, und trotzdem ist die Anbaufläche 133mal kleiner als im Beaujolais.

Das nördliche Rhône-Tal ist eine lange, schmale Weinregion entlang der Rhône im südöstlichen Frankreich, südlich von Beaujolais und Burgund. Die Weinlagen bedecken steile Hänge mit kargem Boden. Die Hitze, die in diesen Lagen steht, und der günstige Einfallswinkel der Sonnenstrahlen unterstützen den Reifeprozess der Trauben. Die einzige Rebsorte in diesen Weinbergen ist die Syrah (siehe Kapitel 3).

Unter diesen Umständen produziert die Syrah-Traube sehr tanninlastige, robuste Weine mit Aromen und Geschmäckern, die sehr stark von dem jeweiligen Boden und der speziellen Sonneneinstrahlung der einzelnen Lage abhängen. Nicht nur, dass sich der Syrah aus der Côte Rôtie von dem aus Hermitage unterscheidet, nein, auch die Unterschiede zwischen verschiedenen Lagen der Côte Rôtie (oder von Hermitage) sind gewaltig.

Sowohl Côte Rôtie als auch Hermitage basieren auf der Syrah-Traube, wobei es noch Winzer an der Côte Rôtie gibt, die dem traditionellen Rezept folgen und 10 Prozent Viognier (eine weiße Rebsorte) beifügen, um den Syrah etwas weicher zu machen und ihm mehr Bukett zu verleihen. Aus diesem Grund sind (neben der Herkunft aus unterschiedlichen Weinregionen) Côte Rôtie und Hermitage zwei unterschiedliche Weintypen.

Hermitage ist der dunklere, wuchtigere von beiden, mit mehr Tannin und Konzentration. Der Côte Rôtie ist etwas weicher und eleganter (aber immer noch ein voluminöser Wein). In beiden finden sich oft die Aromen von gegrilltem Gemüse, Pfeffer und die so typische Rauchnoten des Syrah. Der Côte Rôtie zeichnet sich mehr durch sein eigenwilliges Aroma von grünen Oliven aus. Beide sind sehr komplex und können über Jahrzehnte reifen. In Kapitel 7 finden Sie eine Liste mit empfohlenen Produzenten in Côte Rôtie und Hermitage.

## Côte Rôtie und Hermitage auf einen Blick

**Von wo:** Die kleinen Weinregionen Côte Rôtie und Hermitage im nördlichen Rhône-Tal im Südosten Frankreichs.

**Rebsorten:** Syrah (Côte Rôtie kann bis zu 20 Prozent Viognier enthalten, einer weißen Rebsorte. Dies ist aber inzwischen selten der Fall.)

**Weinstil:** Tief dunkel, viel Körper, viel Tannin, mit konzentrierten Aromen von gedünstetem Gemüse und geräuchertem Speck. Sehr lagerfähig.

**Preisspanne:** 25 € bis 75 € die Flasche

**Aktuelle, gute Jahrgänge: 1999**, 1998, 1996, 1995, **1991, 1990, 1989**

**Wo finden sich weiterführende Informationen:** Der Abschnitt »Die majestätischen Roten von der nördlichen Rhône« in Kapitel 7.

# Rotwein zum Fleisch -
# Weißwein zum Fisch

**5**

## In diesem Kapitel

▶ Speisen und Wein – was passt, was beißt sich

▶ Die Wirkung von Tannin

▶ Rotwein zum Fisch

▶ Rotwein – von Vegetariern geliebt

*Jack Sprat could eat no fat,*
*His wife could eat no lean.*
*But with a glass of good red wine,*
*They licked their platters clean.*

*W*ir kennen kein deutsches Gegenstück zu diesem Kinderreim, obwohl es wohl auch hierzulande das Problem in vielen Partnerschaften gibt. Der eine soll oder mag nicht fett essen, der andere findet die fettarme Kost geschmacklos. Jeweils ein gutes Glas Rotwein zu den Mahlzeiten, ob fett oder fettarm, ist die perfekte Lösung für gemeinsame Mahlzeiten. Rotwein macht das Essen aromatischer (im Fall von fettarmer Kost) und macht es leichter verdaulich (bei kräftiger Kost).

Haben Sie auch so Ihre Eigenheiten beim Essen? Lesen Sie weiter. In Zukunft haben Sie auch ein Glas Rotwein neben Ihrem Teller stehen.

## Wein und Speisen -
## Die grundlegenden Prinzipien

Wenn jemand einen Wein zu einem speziellen Essen aussucht oder ein Gericht zu einem bestimmten Wein kreiert, liegt der Sinn darin, dass das Essen und der Wein zusammen besser munden als die einzelnen Anteile. Es gibt diese Momente des Glücks, wenn einem die perfekte Symbiose gelingt. Meistens ist die Kombination von Essen und Wein zwar ganz akzeptabel und sie tun sich gegenseitig nicht weh, aber die Kombination ist auch nicht sonderlich spektakulär.

Essen und Wein zu kombinieren ist nicht gerade eine präzise Wissenschaft. Wein alleine ist ein sehr komplexes Elixier mit unterschiedlichsten Aromen. Und auch jedes Gericht ist sehr vielfältig – man denke nur an die Sauce oder die Gewürze, zusammen mit dem eigentlichen Geschmack der Lebensmittel. Aber das Schwierigste ist, dass Sie Ihre Entscheidungen nur mit Hilfe Ihrer Vorstellungskraft, mit Hilfe Ihres inneren Gaumens treffen müssen. Sie kombinieren Speisen und Wein, lange bevor Sie das Gericht kosten und an dem Wein nippen können. Kein Wunder, dass bereits die friedliche Koexistenz von Speisen und Wein als erfolgreiche Hochzeit betrachtet wird!

 Zwei Strategien sind beim Kombinieren von Wein und Speisen bestimmend. Die erste ist, einfach einen Wein auszusuchen, der einen ähnlichen Charakter wie das entsprechende Gericht hat. Die beiden harmonieren. Die zweite Möglichkeit ist der Kontrast. Suchen Sie einen Wein aus, der einen Kontrapunkt zum Gericht darstellt. Die Eigenschaften eines Weines, die entweder passend oder gegensätzlich sein können, sind:

✔ **Die Aromen des Weines**: erdige Noten, Kräuter, fruchtig, krautig/vegetatives und so weiter

✔ **Die Dichte des Wein**: zurückhaltend, dezent aromatisch, unheimlich dicht

✔ **Die Textur des Weins**: frisch und knackig oder weich und samtig

✔ **Die Kraft des Weins**: leicht, kräftig oder vor Kraft strotzend

Jedes Gericht hat wie auch jeder Wein seine eigenen Aromen, seine Aromenintensität, seine jeweilige Beschaffenheit und die Kraft. Entweder kommen die Eigenschaften des Essens und des Weins aus derselben Schule oder Sie setzen darauf, dass sich die Gegensätze anziehen (nur ein Beispiel: zu einem weichen, cremigen Gericht wird ein knackig frischer Wein serviert). Dies sind die beiden Möglichkeiten, wie Sie Essen und Wein normalerweise ganz gut zusammenbringen können.

## Die Besonderheiten von Rotwein

Da so viele verschiedene Rotweine auf der Welt (und im Regal Ihres Weingeschäftes) existieren, deckt er die gesamte Bandbreite von Kombinationsmöglichkeiten ab. Rotwein gibt's in allen Gewichtsklassen, Intensitätsstufen und unterschiedlichen Beschaffenheiten. Die einzigen, nicht von Rotwein abgedeckten Bereiche sind Aromen, die man oft in Weißweinen findet – speziell die von Zitrusfrüchten, tropischen Früchten, Butter und Karamell.

Die Tabelle 5.1 macht Vorschläge, welche Weine in welche Kategorie einzuordnen sind, je nach Kraft, Beschaffenheit, Aromen und Intensität. Um möglichst viele Weintypen zuordnen zu können (so kann jeder nach seinen Präferenzen auswählen), wird jeder nur in einer Kategorie aufgeführt, auch wenn jeder in bis zu vier Kategorien passen würde. Bardolino, zum Beispiel, haben wir unter »leichter Körper« eingetragen. Wir hätten ihn auch unter »zurückhaltende Aromenintensität« und unter »knackig« aufführen können. Haben wir aber nicht, einfach um mehr Weine auflisten zu können. Nähere Informationen zu jedem Wein finden Sie in den jeweiligen Weinbeschreibungen und den Speisenvorschlägen in den Kapiteln 6 bis 12.

| Körper: | Leicht | Kräftig | Voluminös |
|---|---|---|---|
| | Bardolino | Rioja | Barolo/Barbaresco |
| | Beaujolais | Crû Beaujolais | Bessere Cabernets aus Übersee |
| | Valpolicella | Spätburgunder | |
| **Aromaintensität:** | Zurückhaltend | Moderate Aromen | Sehr aromatisch |
| | Günstige Chianti | Bordeaux | Zinfandel |
| | Valpolicella | Chianti Classico | Australische Rotweine |
| | Günstige Bordeaux | | |
| **Textur (Gefühl):** | Hart | Weich | Sehr weich |
| | Barbera | Burgunder | Kalifornische Merlot |
| | Chinon | Chilenische Cabernets und Merlots | Viele Zinfandel |
| | | Portugiesische Rotweine | Australische Shiraz |
| **Geschmack:** | Fruchtig | Würzig | Erdig |
| | Kalifornische Cabernet | Rotweine von der nördlichen Rhône | Rotweine von der südlichen Rhône |
| | Beaujolais | Kalifornische Syrah | Rote aus Süditalien |
| | | | Pinotage |

*Tabelle 5.1: So kann man Rotweine je nach Körper, Aromaintensität, Textur oder Geschmack einteilen.*

## Dekantieren oder nicht dekantieren - das ist die Frage

Eines der am meisten mit Geheimnissen umwobenen Rituale in der gesamten Weinwelt, das Dekantieren, ist eine Bastion der Rotwein-Liebhaber. Wenn Sie gute Rotweine trinken, werden Sie früher oder später einem Dekanter (Karaffe), einem Dekanter (eine Person, die diese Prozedur durchführt, vielleicht Sie selbst) oder einem Wein, der dekantiert werden muss, begegnen.

*Dekantieren* ist der Vorgang, einen Wein aus einem Behältnis (normalerweise der Flasche) in ein anderes (eine Karaffe, einen Krug oder einen feinen Kristalldekanter) umzufüllen. Es gibt zwei mögliche Gründe fürs Dekantieren:

✔ Der Wein ist jung und tanninhaltig, und der Luftkontakt beim Dekantieren macht seine harten Tannine etwas weicher.

✔ Es ist ein älterer Wein (mehr als 8 Jahre alt), und mit dem Vorgang des Dekantierens trennen Sie den Bodensatz (feste Bestandteile, die sich am Flaschenboden abgesetzt haben) vom Wein.

Bei vielen Rotweinen gibt es keinen Grund, sie zu dekantieren, aber manche profitieren davon. Im Allgemeinen brauchen junge, günstige (unter € 10) und/oder helle, leichtgewichtige Rotweine nicht dekantiert werden, da sie kein Depot haben und von dem Luftkontakt nicht besonders profitieren. Junge, dunkle Rotweine – wie rote Bordeaux, die besseren Rhône-Weine (über € 15), die besseren Cabernet Sauvignons (über € 15) und alle Syrah/Shiraz – haben zwar vielleicht noch kein Depot, aber gewinnen mit dem Luftkontakt durch das Dekantieren. Manchmal ist sogar *mehrfaches Dekantieren* sinnvoll: das mehrfache Umgießen des Weines von einer Karaffe in eine andere.

Ist Ihr Rotwein älter als 8 Jahre und ein Weintyp, der gerne Sedimente entwickelt – Bordeaux ist besonders anfällig dafür, aber Barolo, die Rhône-Weine und die kräftigeren Cabernet Sauvignon aus Kalifornien, Chile oder Australien sind weitere Beispiele dafür –, dann werden Sie ihn dekantieren, um ihn von seinem Depot zu trennen.

So geht's:

✔ Stellen Sie die Flasche ein paar Tage, bevor Sie den Wein trinken wollen, aufrecht, damit sich die Sedimente am Flaschenboden setzen können.

✔ Bereiten Sie Ihren Arbeitsplatz sorgfältig vor. Stellen Sie eine kräftige Taschenlampe aufrecht auf einen Tisch oder Tresen, so dass der Lichtkegel an die Decke leuchtet. (Eine Kerze passt eigentlich besser zur Stimmung dieser Zeremonie und geht selbstverständlich auch, aber eine Taschenlampe ist praktischer.) Halten Sie einen zweiten Behälter griffbereit, in den Sie den Wein umfüllen wollen. Entfernen Sie die Kapsel, in diesem Falle ganz, ohne die Flasche zu bewegen. Entkorken Sie die Flasche möglichst ohne Erschütterung oder diese gar hochzuheben.

✔ Nehmen Sie die geöffnete Flasche vorsichtig hoch und kippen Sie die Flasche so über den Lichtkegel, dass der Wein im Flaschenhals von unten beleuchtet wird, und beginnen Sie, langsam den Wein in die Karaffe umzugießen.

✔ Stoppen Sie sofort, wenn im Hals dunkle Partikel erscheinen oder der Wein wolkig und trüb wird. Voilà! Sie haben Ihren Wein erfolgreich dekantiert.

Quer durch alle Typen von Rotwein – etwa Chianti, Beaujolais oder kalifornische Cabernet – können die unterschiedlichen Marken bzw. Weingüter je nach Herkunft der Trauben und der eingesetzten Kellertechnik stark variieren (siehe auch »Wie das Klima den Charakter beeinflusst« und »Wie die Kellerarbeit den Charakter beeinflusst« in Kapitel 2). Sind Sie unsicher, was den Stil eines bestimmten Weines betrifft, lassen Sie sich von Ihrem Weinhändler beraten.

Wir wünschten, wir könnten sagen, dass unsere Aufstellung jedes Problem beim Kombinieren von Rotwein und Essen lösen kann, dem Sie begegnen. Es ist nur eine grobe Orientierung – eine Blaupause, und auch da nur von der Hälfte der Gleichung (der Wein-Hälfte). Sie müssen auch noch entscheiden, in welche Kategorie Ihr Menü bzw. Gericht fällt, und welche Eigenschaft Sie aufgreifen wollen: entweder Kontrast oder zueinander passend. Glücklicherweise liegt der Spaß im Experimentieren.

Als Einführung, wie man Wein und Speisen kombiniert, oder um Ihrer Vorstellungskraft etwas auf die Sprünge zu helfen, können Sie auf einige klassische Kombinationen zurückgreifen. In »Die sanfte Verführung eines älteren Weins«, Kapitel 18 unseres Buches *Wein für Dummies,* finden Sie eine Aufzählung dieser Klassiker.

## Streitpunkt Tannin

Das Vorhandensein von Tannin in den meisten Rotweinen bringt Streitfragen auf den Tisch, die weit über die einfachen Grundregeln ob der ergänzenden oder gegensätzlichen Charakteristiken hinausgehen. Manche Gerichte haben eine höchst ausgefeilte Art im Umgang mit Tannin, andere wiederum gehen damit höchst unfreundlich um (siehe auch Kapitel 2 mit mehr Informationen über Tannin).

Einfache Gerichte, die reich an Proteinen sind (wie etwa ein kräftiges Steak oder ein klassischer Braten), und Hartkäse wie Cheddar oder Gruyère lassen das Tannin im Rotwein weicher erscheinen oder gleich ganz verschwinden. Dieser Effekt kann sehr erfreulich sein, vor allem, wenn der Wein zu tanninlastig ist, um ihn so zu trinken (etwa, wenn er zu jung ist und seine Tannine noch nicht reifen konnten, da die Zeit fehlte).

 Auf molekularer Ebene haben Proteine und Tannin eine gewaltige Anziehungskraft aufeinander. (Protein-Moleküle haben eine positive elektrische Ladung, und Tannin hat eine negative elektrische Ladung – und Sie wissen was man über Gegensätze sagt!) Wenn Sie Proteine essen und dazu einen tanninlastigen Rotwein genießen wie etwa einen jungen Cabernet-basierten Wein oder einen Barolo, dann bindet das Protein das Tannin, so dass dieses kaum noch wahrnehmbar ist. Ist der Wein zu tanninlastig – der Wein hat einfach zu viel Tannin aus den Barriques gesaugt oder ist noch zu jung –, gibt es nur eine Gelegenheit, ihn zu trinken: zusammen mit einem Steak oder Käse. (Wenn professionelle Weinverkoster junge Tanninbomben beurteilen sollen, kauen sie manchmal rohes Roastbeef zwischen den Verkostungsreihen, um ihren Gaumen vom Tanninbelag zu befreien.)

Hier noch weitere Kombination mit Tannin, die zu beachten sind:

✔ Wenn ein Gericht eine gewisse Süße mitbringt (auch wenn es sich nur um süße Barbecue-Sauce oder Tomatenketchup handelt), vermindert das Tannin im Wein den Eindruck von Süße im Essen. Dieser Effekt kann positiv oder negativ sein, je nachdem, was Ihr eigener Geschmack zu Süße im Essen sagt.

✔ Salzige Gerichte schmecken zusammen mit tanninlastigen Weinen unangenehm.

✔ Tanninhaltige Speisen wie etwa Walnüsse zusammen mit Tannin im Wein schmecken fürchterlich, außer der Wein ist süß (wie etwa Dessertweine wie Port, die wir hier im Buch nicht behandeln) oder andere Elemente im Gericht setzen das Tannin außer Gefecht.

✔ Säurebetonte Speisen wie etwa Tomaten lassen den tanninlastigen Rotwein meist sehr adstringierend und hart wirken. Oft aber enthalten Gerichte aus säurehaltigen Produkten noch andere Zutaten, die diese Säure puffern. (Köche geben oft etwas Zucker an die Tomatensoße, um damit deren Säure zu kappen.)

Nachfolgend einige Weine, die in ihrem Tanningehalt relativ niedrig sind:

✔ Barbera

✔ Einfache Beaujolais

✔ Pinot Noir

✔ Günstige Burgunder

✔ Bardolino und Valpolicella

✔ Günstige Merlot

Und hier einige Rotweine, die viel Tannin haben:

✔ Bessere Weine aus Cabernet-Sauvignon-Trauben

✔ Hermitage und Côte Rôtie

✔ Teure Zinfandel

✔ Barolo und Barbaresco

✔ Die Super-Tuscans

✔ Chianti Classico Riserva

### Der Wunderknabe ohne Tannin

Ein Rotwein, der als Wunderknabe im Umgang mit schwierigen Gerichten zu gelten hat, ist der italienische Barbera (siehe Kapitel 8). Die Barbera-Traube enthält fast kein Tannin. Wenn der Weinmacher den Barbera also nicht im Barrique ausbaut, hat auch der Wein nur ganz wenig Tannin. (Sie können die im Barrique ausgebauten Weine leicht am Preis identifizieren, da sie sehr viel teuerer sind als normale Barbera: 20 € – 40 € im Vergleich mit 5 € – 16 € für einen »normalen« Barbera.) Von der Struktur ähnelt der Barbera mehr einem Weißwein als einem Rotwein, denn seine Kraft kommt aus der hohen Säure und nicht aus dem Tannin. Es ist unser bevorzugter Wein zu allen Gerichten mit Tomaten, und er passt auch sonst immer dann, wenn Sie einen Rotwein wollen, aber kein Tannin.

## Rotwein zum Fisch

Die traditionelle Regel »Rot mit Fleisch, Weiß mit Fisch« ist zwar nicht falsch, aber trotzdem können Sie Rotwein zum Fisch trinken. Die erfolgreiche Kombination von Rotwein und Fisch hängt davon ab, welcher Fisch und welcher Wein.

Lachs mit Spätburgunder ist eine wundervolle Kombination, die passt, da der Lachs ein sehr fetter, aromatischer Fisch ist und der Spätburgunder fast kein Tannin hat.

Probieren Sie den Spätburgunder mit gedünsteter Seezunge, und Sie werden wahrscheinlich enttäuscht sein, da der Wein den Fisch nicht zur Geltung kommen lässt. Probieren Sie den Lachs mit einem kräftigen, tanninlastigen Cabernet: Durch den Fisch schmeckt der Wein auf einmal metallisch.

Fische, die gut von einem Rotwein begleitet werden können, sind neben dem Lachs auch ein frischer Thunfisch, Schwertfisch und Marlin. Rotwein passt durchaus auch zu leichteren Fischsorten, vorausgesetzt er ist Bestandteil eines aromatischen Gerichts mit einer Sauce oder anderen Zutaten, die rotweinfreundlich sind (wie etwa eine Rotwein-Sauce!) – und achten Sie darauf, dass der Wein nicht zu schwer ist und möglichst wenig Tannin hat.

Wir können uns nicht vorstellen, dass Rotwein jemals zu Shrimps passen kann – desgleichen gilt für Hummer, Austern und Jakobsmuscheln.

Beim Kombinieren von Rotwein mit Fisch gibt es einen einfachen Anhaltspunkt. Wählen Sie feste, geschmacksintensive Fische oder eine entsprechende Zubereitungsart und dazu einen leichten oder vielleicht noch mittelgewichtigen Rotwein mit wenig Tannin (siehe Tabelle 5.1 für Vorschläge von leichten Weinen, und im Abschnitt »Streitpunkt Tannin« finden Sie Vorschläge für Weine mit wenig Tannin).

## Vegetarische Genüsse

Ironischerweise ist Rotwein – obwohl so perfekt zu Fleisch – ebenso wundervoll zu vegetarischen Gerichten. Bohnen, Käse, Risotto und fleischiges Gemüse wie Auberginen und Austernpilze stehen ganz oben auf der Liste unserer bevorzugten Begleiter von Rotwein.

Ist Ihre Mahlzeit leicht und fein im Geschmack – sagen wir eine Pasta Primavera – passt am besten ein sehr leichter, frischer Rotwein wie ein Bardolino oder ein leichter Chianti, aber auch ein leichter Spätburgunder. Herzhafte Gerichte wie ein Eintopf aus Wintergemüse können sich durchaus gegen körperreichere Weine behaupten wie etwa die Roten aus dem Rhône-Tal oder aus Süditalien.

Die einzigen Bestandteile von vegetarischen Gerichten, die mit vielen Rotweinen (aber nicht mit allen) in Konflikt geraten, sind die Bitterstoffe in Spinat, in den diversen Arten von Kohl, Chicoree und Broccoli. Diese Bitterstoffe im Grünzeug heben die Bitterstoffe im Wein besonders hervor.

Wenn diese Bitterstoffe ein dominanter Bestandteil der Mahlzeit sind, dann probieren Sie dazu einen Rotwein mit viel Frucht und wenig Tannin – wie etwa einen Zinfandel, der so richtig reif und gehaltvoll ist, oder einen günstigen Cabernet oder Merlot (unter 8 €) aus Kalifornien oder Chile. (Auch wenn Cabernet eigentlich ein tanninlastiger Wein ist, präsentieren sich die günstigen Weine aus Kalifornien und Chile meist sehr weich, mit wenig Tannin und oft einer leichten Süße.) Oder Sie versuchen es einmal mit einem Barbera (siehe den Kasten »Der Wunderknabe ohne Tannin« in diesem Kapitel). Oder kaufen Sie unser Buch *Weißwein für Dummies* und lesen über all die wundervollen Weißweine, die Sie zu Grünzeug genießen können.

In der Realität dominieren diese Bittertöne jedoch selten ein Gericht. Wenn Sie beispielsweise Ihre vegetarische Lasagne mit Käse zubereiten, dann puffert der Käse die entsprechenden Bitterstoffe. Wenn Sie irgendwo in Ihrem Gericht Mohrrüben verarbeitet haben (die ja süß sind), dann helfen diese, die Bitterstoffe auszubalancieren. Wenn Sie somit die Gesamtkomposition und nicht nur einzelne Bestandteile betrachten, dann passen wiederum sehr viele Rotweine zu Ihrem Essen. Nur die sehr kräftigen Tanninbomben heben Sie am besten für den Käsegang auf.

## Die feurige Variante

Die Leute fragen uns oft, welchen Wein wir zu sehr scharfem Essen wie Tex-Mex oder scharfen asiatischen Gerichten trinken. Unglücklicherweise haben wir auch hier keine abschließende Antwort, da die meisten Gerichte in diesen Küchen sehr komplex mit einer Vielzahl von Aromen und Eindrücken sind. Auch wenn ein solches Gericht unheimlich feurig ist, hat es oft auch eine süße Komponente.

Offen gesagt, wir lieben prickelnde Weißweine mit asiatischem Essen und sind so frei, ein Bier zum Tex-Mex zu genießen! Aber auch Rotwein kann durchaus passen.

Um das Feuer in einem sehr scharfen Gericht zu löschen, sollten Sie mal einen sehr aromatischen, sehr fruchtbetonten Rotwein versuchen, der durchaus etwas Restsüße haben darf wie etwa eine richtige Zinfandel-Granate. Eine Alternative wäre ein fruchtiger Roter mit wenig Tannin wie etwa ein einfacher Beaujolais, den Sie ruhig etwas runterkühlen können (da er niedrig im Tannin ist). Der kühle Wein bildet einen herrlichen Kontrast zu dem feurigen Essen.

Blättern Sie zurück! Im Abschnitt »Streitpunkt Tannin« finden Sie Vorschläge für Weine mit wenig Tannin.

## Kühl ist cool

»Wir brauchen einen Kühler mit Eis für unseren Rotwein, bitte.« Spricht diese Aussage für a) einen Wein-Snob, b) einen Weinliebhaber mit Köpfchen oder c) einen Querulanten, der immer alles anders machen muss? Lesen Sie weiter, außer Sie haben gleich mit b) geantwortet.

Viele Restaurants und auch viele Weintrinker servieren Rotwein viel zu warm. Und wenn Rotwein zu warm ist, dann schmeckt er vordergründig nach Alkohol und ist somit weniger angenehm zu trinken. Die Rotweinflasche sollte sich durchaus kühl in Ihrer Hand anfühlen, wenn Sie diese öffnen und eingießen. In Zahlen, sie sollte ungefähr 16° – 18° C haben – und damit deutlich kühler sein als Ihr Wohnzimmer im Winter.

Ist Ihre Rotweinflasche wärmer, stellen sie diese einfach für 15 – 20 Minuten in den Kühlschrank oder für 5 – 10 Minuten in einen Kühler mit Wasser und etwas Eis. Im Restaurant dürfen Sie ruhig nach einem Eiskühler für den überhitzten Wein fragen – und behalten Sie den Kühler in Reichweite, damit der Wein am Ende nicht *zu* kalt wird.

 Für detaillierte Informationen über Servier- und Lagertemperaturen für Weine lesen Sie Kapitel 6 in *Wein für Dummies*.

# Teil II

# Die Welt
# der Rotweine

*In diesem Teil ...*

Das theoretische Wissen und die Einteilungen der Rotweine ist ja nett, aber praktische Ratschläge und einfache Antworten sind noch besser. Auf jeden Fall sind sie leichter umzusetzen, wenn Sie in einen Supermarkt oder Weinladen marschieren und sich zwischen diesem und jenem Wein für das morgige Abendessen entscheiden müssen. In den folgenden Kapiteln, in denen wir Ihnen die wichtigsten Rotweinregionen der Welt vorstellen, finden Sie jede Menge Empfehlungen und praktische Ratschläge.

Über Geschmack kann man sich herrlich streiten, er ist immer eine Frage des persönlichen Empfindens und so können wir Ihnen nicht garantieren, dass die Weine, die uns begeistern, auch Ihnen gefallen. Aber zumindest ist die Trefferquote sicherlich höher, als wenn Sie vor dem Regal stehen, auf eine Flasche deuten und auszählen »Ene, mene, muh ...«

# Vin Rouge beginnt mit Bordeaux

## In diesem Kapitel

▶ Zuhause bei den berühmten Rebstöcken

▶ Jahrgänge in Bordeaux – worauf man achten muss

▶ Linkes Ufer gegen rechtes Ufer

▶ »Klassifizierte« Gewächse

▶ Preise für jeden Geldbeutel

**F**rankreich ist die Heimat für viele der weltweit wichtigsten Rotwein-Rebsorten wie Cabernet Sauvignon, Merlot, Pinot Noir, Syrah, Gamay und Cabernet Franc. Und viele der berühmtesten Rotweine der Welt – Bordeaux, Burgunder, Beaujolais, Côtes du Rhône und Châteauneuf-du-Pape, um nur einige zu nennen – kommen aus Frankreich. Die Franzosen machen, das muss man sich vor Augen führen, seit über 2000 Jahren Wein – somit schon zu einer Zeit, wo noch keiner von Frankreich sprach.

Frankreich ist gesegnet mit etlichen Regionen, die einfach perfekte Wachstumsbedingungen für Trauben bieten. Ein Franzose würde sagen, sie haben einfach ein perfektes *terroir* – ein Ausdruck, der alle Bedingungen zusammenfasst, unter denen Trauben wachsen, einschließlich aller Aspekte von Klima und Boden.

Außer dass die Franzosen von der Natur mit perfekten Trauben gesegnet sind, haben sie auch das Glück gehabt, bereits sehr früh den Einstieg ins »Wein-Business« geschafft zu haben. Die Griechen brachten die ersten Rebstöcke nach Gaul, dem Land, das heute als Frankreich bekannt ist – Jahrhunderte, bevor die Römer auch diesen Teil der Welt eroberten. Die in Wein vernarrten Römer haben anschließend den Anbau von Trauben bei all ihren Untertanen konsequent gefördert.

## Woher kommen die Rouge?

Durch die Erfahrung von Jahrhunderten haben sich in Frankreich drei Gebiete als die besten für rote Trauben und damit für Rotwein herauskristallisiert:

✔ Bordeaux

✔ Burgund

✔ Das Rhône-Tal

Heute gehören diese drei Regionen zu den besten Weinbaugebieten der Welt.

Bordeaux und Burgund sind Frankreichs berühmteste Weinregionen. Von diesen zwei ist Bordeaux mit Abstand das größere und produziert mehr als das Doppelte an Wein wie Burgund (und das, obwohl man offiziell das sehr große Beaujolais-Gebiet zu Burgund zählt, obgleich die Weine völlig anders geartet sind als die eigentlichen Burgunder). Das Rhône-Tal bietet kräftige, robuste Rotweine in allen Preislagen.

 Inzwischen umfasst die _vin rouge_ Szene erheblich mehr als diese drei Gebiete: das Loire-Tal etwa, das zwar in erster Linie für seine Weißweine bekannt ist, aber auch leichte bis mittelschwere Rotweine produziert, die in vielen Fällen unter Wert gehandelt werden. Oder wenn Sie gute Rotweine im Preisbereich von 4 € bis 10 € suchen, dann erfüllen viele der rebsortenreinen Weine aus dem Languedoc-Roussillon im Südwesten Frankreichs perfekt Ihre Vorstellungen.

In diesem Kapitel beschäftigen wir uns mit den Rotweinen aus Bordeaux. Die anderen wichtigen Rotweinregionen folgen im Kapitel 7.

Die Tabelle 6.1 bietet einen schnellen Überblick über die wichtigsten Weinregionen Frankreichs und den jeweiligen Rebsorten, die dort verwendet werden.

| Regionen und Weine | Rebsorten |
| --- | --- |
| **Bordeaux*** | Cabernet Sauvignon, Merlot, Cabernet Franc, Petit Verdot, Malbec |
| **Burgund** | Pinot Noir |
| Beaujolais | Gamay |
| **Rhône** | |
| Hermitage | Syrah |
| Côte Rôtie* | Syrah, Viognier |
| Cornas | Syrah |
| Châteauneuf-du-Pape* | Grenache, Mourvèdre, Syrah und einige mehr |
| Côtes du Rhône* | Grenache, Mourvèdre, Carignan und einige mehr |
| Gigondas* | Grenache, Mourvèdre, Syrah und einige mehr |
| **Loire-Tal** | |
| Chinon* | Cabernet Franc, Cabernet Sauvignon |
| Bourgueil* | Cabernet Franc, Cabernet Sauvignon |
| St.-Nicolas-de-Bourgueil | Cabernet Franc, Cabernet Sauvignon* |
| **Languedoc-Roussillon** | |
| Corbieres* | Carignan, Grenache, Syrah, Mourvèdre und andere |

| Regionen und Weine | Rebsorten |
|---|---|
| Minervois* | Carignan, Grenache, Syrah, Mourvèdre und andere |
| Cabernet Sauvignon | Cabernet Sauvignon |
| Merlot | Merlot |
| Syrah | Syrah |
| *(\* Für diesen Wein werden mehrere Rebsorten verschnitten.)* | |

*Tabelle 6.1: Die französischen Rotwein-Regionen: Die Weine und ihre Rebsorten*

# Bordeaux - Frankreichs Rotwein-König

Bordeaux, die viertgrößte Stadt Frankreichs, gibt dem größten Weinanbaugebiet Frankreichs seinen Namen. Es liegt im Südwesten Frankreichs, direkt am Atlantik.

 Für viele Weinliebhaber ist Bordeaux *der* Wein mit der höchsten Reputation überhaupt. Obwohl auch trockene und süße Weißweine gemacht werden, sind doch 83 Prozent der Weine aus Bordeaux rot. Und wenn wir an Bordeaux denken, dann denken wir automatisch an Rotwein.

Die Region Bordeaux hat ein maritimes, ausgeglichenes Klima: nicht zu heiß im Sommer, nicht zu kalt im Winter. Das Problem für die Winzer ist, dass der Herbstregen ein Desaster anrichten kann, wenn er zur falschen Zeit, direkt vor oder während der Lese einsetzt (wie manchmal auch ein verspäteter Frühjahrsfrost). Aus diesen Gründen ergeben meisten nur 4 oder 5 Jahrgänge einer Dekade – im besten Fall – einen wirklich guten Wein. Die 80iger waren eine glückliche Ausnahme. Außer 1980, 1984 und 1987 ergab jede Lese einen guten, sehr guten oder gar großen Bordeaux. In den 90iger Jahren ist auch Bordeaux wieder zur Normalität zurückgekehrt, nur 1998, 1995 und 1990 gelten als lagerfähige Weine.

Rotwein aus Bordeaux gibt's bereits für 4 € die Flasche, kann aber auch weit über 100 € kosten. In einem so großen Gebiet wie Bordeaux kann die Qualität von einem Produzenten zum nächsten, von einer Region zur anderen gewaltig schwanken und gewaltige Preisunterschiede verursachen. Feinere Bordeaux kosten normalerweise 15 € und mehr, wenn sie auf den Markt kommen – abhängig vom Jahrgang, dem Produzenten und der Nachfrage. Reife Bordeaux entwickeln sich sehr unterschiedlich im Preis.

 Einer der Gründe für die so herausragende Stellung von Weinen aus Bordeaux bei den Weinliebhabern ist, dass die besten Weine der Region sehr gut sind, sehr teuer sind und es sehr langlebige Weine sind, die über Jahrzehnte immer besser werden und im Alter einen legendären Nimbus besitzen. Die Region verdankt ihre Reputation den *grands vins* (großen Weinen) einiger klassischen *châteaux* (Weingüter) wie etwa Château

Haut-Brion, Château Lafite-Rothschild, Château Latour, Château Margaux und Château Mouton-Rothschild.

 Die legendären Weine, wie die oben genannten, aus guten Jahrgängen, sind nahezu unsterblich – jedenfalls werden sie deutlich älter als die Menschen. 1995 haben ein paar glückliche Weinfreaks eine Flasche 1848 Lafite (das Anwesen gehörte damals noch nicht der Familie Rothschild) getrunken und fanden sie außergewöhnlich. Wir waren selbst sehr beeindruckt von der Größe einiger Bordeaux von 1870, die wir probieren durften.

Aber die wirklich großen, fast unsterblichen roten Bordeaux bilden nur eine winzige Fraktion im großen Rotwein-Angebot dieser Region. Viele sehr gute Bordeaux – Weine, die zwischen 20 € und 30 € verkauft werden – sind dazu bestimmt, innerhalb von 10 bis 15 Jahren nach der Lese genossen zu werden. Günstige Bordeaux (weniger als 15 € die Flasche) sollten jünger getrunken werden, am besten in den ersten 5 Jahren. Diese Weine werden mit dem Alter nicht besser, sondern in vielen Fällen schlechter.

 Es ist schon ein gewaltiges Pech für die Weinliebhaber, die eine sofortige Befriedigung suchen, dass das Alter für die feinen Bordeaux eine so wichtige Rolle spielt. Die »ernsthafteren« (über 20 €) roten Bordeaux sind nicht nur lagerfähig, sie schmecken auch deutlich besser, wenn sie 10 oder mehr Jahre gereift sind.

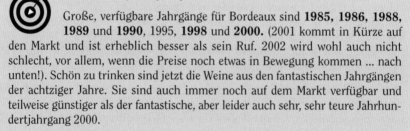

### Bordeaux-Jahrgänge

Große, verfügbare Jahrgänge für Bordeaux sind **1985, 1986, 1988, 1989** und **1990**, 1995, **1998** und **2000**. (2001 kommt in Kürze auf den Markt und ist erheblich besser als sein Ruf. 2002 wird wohl auch nicht schlecht, vor allem, wenn die Preise noch etwas in Bewegung kommen ... nach unten!). Schön zu trinken sind jetzt die Weine aus den fantastischen Jahrgängen der achtziger Jahre. Sie sind auch immer noch auf dem Markt verfügbar und teilweise günstiger als der fantastische, aber leider auch sehr, sehr teure Jahrhundertjahrgang 2000.

Wenn sie jung sind, haben die guten roten Bordeaux einen harten, strengen Einschlag. Sie haben zwar bereits die Aromen von schwarzen Johannisbeeren, Gewürzen und Zedernholz, aber für die ersten 8 bis 10 Jahre können sie sehr trocken, fast auszehrend sein. Die Fruchtaromen werden klar vom Tannin überdeckt. Mit der Zeit wechselt die Farbe ins Zinnoberrot, und die Tannine werden weicher. Die Weine entwickeln ein außergewöhnlich komplexes Aroma und einen Geschmack, der oft an Leder, Schokolade, Kaffee oder auch Tabak erinnert. Wirklich gute Bordeaux brauchen oft 15 bis 20 Jahre, um ihre Reife zu erlangen, und halten diesen Zustand der optimalen Trinkreife für viele Jahre.

Andererseits sind die weniger teuren Bordeaux heller in der Farbe, leichter im Körper und weniger komplex im Geschmack als die hochpreisigen Bordeaux.

# Die zwei Seiten von Bordeaux

Paris hat sein linkes Ufer (auf die Seine bezogen), das Viertel der Studenten mit günstigen Restaurants und Hotels, und das aufstrebende rechte Ufer mit anspruchsvollen Hotels, teuren Restaurants und dem vielleicht berühmtesten Boulevard der Welt, den Champs Elysées.

In der Weinregion Bordeaux ist die Situation genau andersherum. Am linken Ufer der Gironde (dem Gebiet näher am Atlantik) liegen die berühmten Châteaux von Médoc und Graves. Sie gehören wohlhabenden Familien oder gleich Versicherungskonzernen. Das rechte Ufer (der östliche Teil von Bordeaux) wird von kleinen Weingütern geprägt, von Winzern, die noch selber arbeiten. Zwei der Weinregionen am rechten Ufer – St.-Emilion und Pomerol – sind nichtsdestotrotz sehr bekannt. Tatsächlich kommen einige der teuersten und begehrtesten Bordeaux wie Château Pétrus, Château Lafleur und Château Trotanoy von kleinen Anwesen im Gebiet von Pomerol.

## Rechtes Ufer gegen linkes Ufer: Vive la différence!

Die Bordeaux-Weine vom linken Ufer und vom rechten Ufer sind so unterschiedlich, dass viele Weinliebhaber eine klare Vorliebe für die Weine von der einen Seite der Gironde oder für die andere entwickeln. Einer der Gründe: Die Rebsortenzusammenstellung ist in den beiden Regionen sehr unterschiedlich.

Am linken Ufer dominiert steiniger Kiesboden, was besonders dem Cabernet Sauvignon gut gefällt. Die Weine von Médoc und Graves/Pessac-Léognan werden somit vom Cabernet Sauvignon (typischerweise zwei Drittel) dominiert. (Pessac-Léognan ist der nördlichste Bereich von Graves und eine bemerkenswerte Rotwein-Region.)

Die ergänzenden Rebsorten am linken Ufer sind Merlot und Cabernet Franc, manchmal noch mit einer kleinen Abrundung zweier weniger wichtiger Sorten (mehr dazu in »Bordeaux auf einen Blick« in Kapitel 4).

Am rechten Ufer ist der Lehmboden ideal für Merlot-Reben. Und deshalb sind die Bordeaux aus St.-Emilion, Pomerol und allen anderen Rotweingebieten östlich der Gironde von Merlot (meistens 70 Prozent und mehr) dominiert. Cabernet Sauvignon und Cabernet Franc machen den Rest des Cuvées aus.

## Französische Weinetiketten

Zwischen den Zeilen eines französischen Weinetiketts stecken eine Menge subtile Informationen. Nur ein Beispiel: Auf jedem Etikett finden Sie die Angabe der genauen geografischen Region, in der die Trauben für den Wein gewachsen sind. Nur sind manche Regionen anerkanntermaßen besser als andere. Die großen Regionen wie Bordeaux oder Burgund werden wiederum unterteilt. Je kleiner das angegebene Gebiet, desto besser ist der Ruf der Weine. In Bordeaux etwa hat ein Wein mit der *appellation* (die offizielle Bezeichnung für eine anerkannte Herkunft) Pauillac, einer kleinen Gemeinde, die deutlich bessere Reputation als ein Wein aus der größeren *appellation* Bordeaux.

Für weitergehende Informationen über die Eigenarten der französischen Etiketten verweisen wir auf *Wein für Dummies*, speziell den Anfang von Kapitel 8.

*Petit Bacchus en verre émaillé*

*Nevers - XVIIe s. Musée de Mouton*

Château
d'Armailhac

1991

Grand Cru Classé

PAUILLAC
APPELLATION PAUILLAC CONTROLÉE

Baronne Philippine de Rothschild g.f.a.

PRODUCE OF FRANCE     PROPRIÉTAIRE

75 cl    MIS EN BOUTEILLE AU CHATEAU    12.5 % vol

ALC. 12.5% BY VOL. - RED BORDEAUX WINE - PRODUCE OF FRANCE - 750 ML

Am rechten Ufer ist der Lehmboden ideal für Merlot-Reben. Und deshalb sind die Bordeaux aus St.-Emilion, Pomerol und allen anderen Rotweingebieten östlich der Gironde von Merlot (meistens 70 Prozent und mehr) dominiert. Cabernet Sauvignon und Cabernet Franc machen den Rest des Cuvées aus.

Die vom Cabernet Sauvignon geprägten Weine vom linken Ufer sind normalerweise streng und tanninlastig mit einer ausgeprägten Cassis-Frucht (schwarze Johannisbeere). Sie brauchen meist viele Jahre, um sich zu entwickeln, und sind sehr lagerfähig. Manchmal für Jahrzehnte – typisch für Weine aus der Rebsorte Cabernet Sauvignon.

Die Merlot-betonten Weine vom rechten Ufer sind meist weicher und zugänglicher als die vom linken Ufer. Sie haben weniger Tannin, sind kräftiger und haben meist Pflaume im Aroma. Sie können diese Weine bereits früher genießen, oft schon innerhalb von 8 Jahren nach der Weinlese.

 Wenn Sie ein Neuling in Bezug auf Bordeaux sind, schlagen wir vor, dass Sie mit den Weinen vom rechten Ufer beginnen. Probieren Sie zuerst die Weine von St.-Emilion und Pomerol, sie können hervorragend sein.

## Mehr zu Médoc

 Obwohl man die Weine vom rechten Ufer leichter jung trinken kann, sind die Weine des linken Ufers – speziell die aus Médoc – die berühmteren. Viele der Namen, die Sie in Gesprächen von Weinliebhabern hören, sind Namen von Dörfern oder Châteaux in Médoc.

Vier der wichtigsten Weindörfer von Bordeaux liegen im südlichen Teil des Médoc, das auch als Haut-Médoc bekannt ist. Von Nord nach Süd sind das die folgenden Dörfer:

✔ St-Estèphe

✔ Pauillac

✔ St-Julien

✔ Margaux

Die Tabelle 6.2 beschreibt den typischen Wein für jedes dieser vier Dörfer.

 Die Namen dieser Weinbauzonen und Gemeinden sind offizieller Bestandteil des Weinnamens und stets auf dem Etikett zu finden.

| Gemeinde | Weincharakteristik | Ein typischer Wein |
|---|---|---|
| St-Estèphe | Viel Tannin, kräftiger Körper, erdig, säurebetont, stämmig, reift sehr langsam | Château Montrose |
| Pauillac | Kraftvoll, fest, viel Tannin, viel Körper und sehr langlebig. Aromen von schwarzen Johannisbeeren und Zedernholz. Die Heimat von drei der Premier Crûs (Latour, Lafite-Rothschild und Mouton-Rothschild) | Château Lynch-Bages |
| St-Julien | Mittlerer bis kräftiger Körper, sehr ausgeglichen, Zedern-Bouquet. Die Weine zeigen viel Eleganz und Finesse. | Château Beychevelle |
| Margaux | Zartes, feines Bouquet, mittlerer Körper, vielschichtig, komplex | Château Palmer |

*Tabelle 6.2: Die vier wichtigsten Gemeinden im Haut-Médoc*

Zwei weitere weniger bekannte, aber erwähnenswerte Dörfer im Haut-Médoc sind Listrac und Moulis. Die Weine dieser beiden Dörfer zeichnen sich meist durch ein sehr gutes Preis-Leistungsverhältnis aus.

## Klassifizierte Gewächse

Die meisten der heute bekannten Bordeaux-Weine gehören zu den 61 glücklichen Châteaux, die in der berühmten Klassifikation von 1855 erwähnt wurden. (Für eine genaue Erklärung dieser Klassifikation verweisen wir auf Kapitel 10 unseres Buches *Wein für Dummies*.) Jedes der 61 Weingüter ist entweder als Erstes Gewächs (die höchste Bewertung), Zweites, Drittes, Viertes oder Fünftes Gewächs eingestuft. Im Anhang von *Wein für Dummies* sind alle 61 Weingüter aufgeführt.

Die 61 klassifizierten Weine werden auch oft als große Gewächse oder *grands crûs classés* bezeichnet. Wenn Sie bedenken, dass es in der Region Bordeaux über 8000 Weingüter gibt, können Sie verstehen, welches Privileg es ist, ein Teil dieser Klassifizierung von 1855 zu sein.

Diese 61 Weine kommen alle vom linken Ufer. Mitte des vorletzten Jahrhunderts, spielten die Weine vom anderen Ufer noch keine Rolle. Inzwischen hat St.-Emilion seine eigene Klassifizierung. Die Weingüter in Pomerol kommen bis heute ohne Klassifizierung aus.

Jedes Château, das zwar im Haut-Médoc, aber nicht innerhalb dieser sechs Gemeinde-gemarkungen liegt, darf keinen Dorfnamen im Etikett führen, sondern muss auf die Bezeichnung Haut-Médoc als Ergänzung zum Namen des Weingutes ausweichen. Die Châteaux, deren Weinberge im nördlichen Médoc liegen, haben nur die Bezeichnung Médoc zur Verfügung, zusammen mit ihrem Château-Namen.

# Das Kaufen von Bordeaux-Weinen

 Um die Unterschiede zwischen einem Wein des rechten Ufers und dem des linken Ufers oder zwischen einem klassifizierten Gewächs (siehe den Kas-ten »Klassifizierte Gewächse«) und einem einfacheren Bordeaux zu ver-stehen, probieren Sie die Weine am besten selbst. Im folgenden Abschnitt empfehlen wir zahlreiche Weine aus Bordeaux, so dass jeder etwas Passen-des für seinen Geldbeutel findet, um seine Neugierde zu befriedigen. Wir beginnen mit den prestigeträchtigsten, teuersten Weinen und gehen dann langsam zu den bezahlbaren Möglichkeiten über.

## Empfehlungen: Einige der besten Bordeaux-Weine

 Wir hoffen, Sie haben einmal die Gelegenheit, den einen oder anderen der feinsten Bordeaux-Weine aus dieser Auflistung zu verkosten. Die Weine aus dem Haut-Médoc in Tabelle 6.3 sind alles klassifizierte Gewächse, und viele von ihnen sind wirklich teure Weine für besondere Gelegenheiten. (Wenn Sie im Lotto gewonnen haben, dürfen Sie jede Woche einen davon trinken.)

Wir führen die Weine innerhalb der Gemeinde in alphabetischer Reihenfolge auf. Die Preise für diese Weine bewegen sich zwischen 30 € und 100 € (mit einigen Ausnah-men, die noch teurer sind – diese Weine mit einem doppelten €-Zeichen kosten bis 250 € und mehr).

| Gemeinde | Empfohlene Weine aus dem Haut-Médoc |
| --- | --- |
| St-Estèphe | Château Cos d'Estournel |
| | Château Montrose |
| Pauillac | Château Clerc-Milon |
| | Château Duhart-Milon-Rothschild |
| | Château Grand-Puy-Lacoste |
| | Château Lafite Rothschild €€ |
| | Château Latour €€ |
| | Château Lynch-Bages |

| Gemeinde | Empfohlene Weine aus dem Haut-Médoc |
|---|---|
| Pauillac *(Forts.)* | Château Mouton-Rothschild €€ |
| | Château Pichon-Baron |
| | Château Pichon-Lalande |
| St-Julien | Château Beychevelle |
| | Château Branaire-Ducru |
| | Château Ducru-Beaucaillou |
| | Château Gruaud-Larose |
| | Château Lagrange |
| | Château Léoville-Barton |
| | Château Léoville-Las Cases |
| | Château Léoville-Poyferré |
| Margaux | Château Lascombes |
| | Château Margaux €€ |
| | Château Palmer |
| | Château Rausan-Ségla |
| Haut-Médoc | Château La Lagune |

*Tabelle 6.3: Empfohlene Wein aus dem Haut-Médoc*

Unsere Empfehlungen in der folgenden alphabetischen Auflistung umfassen die Weine aus drei weiteren wichtigen Regionen in Bordeaux. Die Preise bewegen sich auch hier zwischen 30 € und 100 € (mit wenigen Ausnahmen, wie schon gesagt – Weine mit dem Doppel-€-Zeichen können bis zu 250 € und mehr kosten.)

Wir empfehlen diese Weine aus **Graves/Pessac-Léognan**:

✔ Domaine de Chevalier

✔ Château de Fieuzal

✔ Château Haut-Bailly

✔ Château Haut-Brion €€

✔ Château La Louvière

✔ Château La Mission Haut-Brion €€

✔ Château Pape Clément

Empfohlene Weine aus **Pomerol** :

✔ Château Certan de May

✔ Château Clinet

✔ Château La Conseillante

✔ Château L'Evangile

✔ Château La Fleur de Gay

✔ Château Latour á Pomerol

✔ Château Trotanoy €€

✔ Vieux-Château-Certan

(Zwei herausragende Pomerol haben wir nicht empfohlen – Château Pétrus und Château Lafleur. Aus einem einzigen Grund: die extrem hohen Preise. Hier geht's bei 400 € erst los.)

In St.-Emilion empfehlen wir die folgenden Weine:

✔ Château L'Arrosée

✔ Château Canon

✔ Château Cheval Blanc €€

✔ Château La Dominique

✔ Château Figeac

✔ Château Pavie

✔ Château Pavie-Macquin

✔ Château Troplong Mondot

## Gute und bezahlbare Bordeaux

Um interessante Weine mit günstigen Preisen zu finden, muss man in Médoc unter den Weinen suchen, die nicht in der Klassifizierung von 1855 enthalten sind (siehe den Kasten »Klassifizierte Gewächse«). Etwa 400 Bordeaux sind in der Gruppe der *crû bourgeois* zusammengefasst. Diese Weine werden zu einem Preis zwischen 15 € und 40 € verkauft. Einige von ihnen sind es durchaus wert, gelagert zu werden, und sind mindestens so gut wie manche einfacheren klassifizierten Gewächse. Wir empfehlen die folgenden *crû bourgeois* Weine:

✔ Château d'Angludet

✔ Château Chasse-Spleen

✔ Château Haut-Marbuzet

✔ Château Les Ormes-de-Pez

✔ Château Meyney

✔ Château Monbrison

✔ Château de Pez

✔ Château Phélan-Segur

✔ Château Poujeaux

✔ Château Sociando Mallet

## Wann (und wo) trinkt man einen roten Bordeaux?

Wir bestellen generell keinen feinen Bordeaux im Restaurant. Die jungen Weine sind noch zu hart und unharmonisch, und die alten Weine sind zu teuer. Wir lagern die guten Bordeaux lieber selber (in einem kühlen Keller!) und genießen die Weine zuhause, nachdem sie genügend Zeit hatten, sich zu entwickeln und zu reifen.

Wenn Sie wirklich einen roten Bordeaux im Restaurant genießen wollen, dann achten Sie besonders auf die Jahrgänge. Wenn die feinen Bordeaux nicht in reifen Jahrgängen zur Verfügung stehen oder diese Ihnen doch zu teuer sind, dann nehmen Sie lieber einen einfacheren, günstigen Bordeaux. Er ist bereits weicher und zugänglicher und bereitet Ihnen damit mehr Vergnügen als der prestigeträchtige, große Bordeaux, der eigentlich erst in einigen Jahren getrunken werden sollte.

 Roter Bordeaux passt hervorragend zu Lamm, Wild, gegrilltem Fleisch und zu kräftigem Käse. Wenn Sie einen guten Bordeaux servieren wollen, der noch relativ jung ist (unter 10 Jahren), sollten Sie ihn dekantieren (siehe Kapitel 6 in unserem Buch *Wein für Dummies* und den Kasten »Dekantieren oder nicht Dekantieren – das ist die Frage« in Kapitel 5 dieses Buches) und ihn etwa eine Stunde vor dem Servieren atmen lassen. Dieses Prozedere macht die Tannine im Wein etwas weicher. Ältere Bordeaux (älter als 10 Jahre) müssen auch dekantiert werden, um den Wein von den Trübstoffen am Boden, dem Satz, zu trennen. Servieren Sie den Wein bei etwa 18° bis 19°C.

 Noch günstiger ist die große Gruppe der Bordeaux-Weine, die nie klassifiziert wurden. Man nennt sie die *petits châteaux*. Diese Weine werden für 6 € bis 12 € verkauft. Sie sind normalerweise leichter im Körper und trinkfertig, wenn sie ausgeliefert werden. So jedenfalls die klassische Meinung.

Aber gerade in dieser Gruppe kann man heute die wahren Schnäppchen machen. Sicher, die Preise in Bordeaux sind in den letzten Jahren ins Unermessliche gestiegen. Aber nur die der bekannten Weingüter, und das sind keine 5 Prozent der produzierten Weine. Gerade die junge Generation an Winzern, die in den letzten Jahren die väterlichen Betriebe übernommen hat, besitzt durchaus das Know-how, aus diesen manchmal sensationell guten Lagen auch die entsprechenden Weine zu machen. Diese dann auch zu verkaufen, ist nicht immer einfach, und hier schlägt unsere Stunde als Weinkenner, gute Weine von noch unbekannten Winzern zu entdecken und zu günstigen Preisen zu genießen.

# Die anderen großen Rotweine Frankreichs: Burgund, Rhône & Co.

**7**

## In diesem Kapitel

▶ Der Seltenheitsfaktor in Burgund

▶ Die goldene Küste

▶ Burgund – die Klassifizierung

▶ Der Burgunder, den man Beaujolais nennt

▶ Günstige Rote von der Rhône

▶ Leichtere Rote von der Loire

*W*enn Weinliebhaber die größten Rotweine Frankreichs – wenn nicht der ganzen Welt – aufzählen, dann teilen sich die Rotweine aus Bordeaux das Rampenlicht mit ihren ständigen Rivalen, den Rotweinen aus Burgund.

Dabei hätte Burgund durch die unvergleichliche Charakteristik seiner Weine deutlich mehr Gründe für diesen Status, der *Größte* zu sein. Die roten Bordeaux sind trotz allem ein Cuvée aus den Rebsorten Cabernet Sauvignon und Merlot, und Sie finden inzwischen überall auf der Welt entsprechend gute Beispiele dieser Rebsorten. Aber nirgendwo sonst auf der Welt (die Spätburgunder aus Baden erringen einen Achtungserfolg nach dem anderen) hat sich die Pinot Noir zu solchen Höhenflügen hinreißen lassen wie im Burgund in Frankreich.

Ein gewisser Teil des Burgunds ist der Weltmeister im Umgang mit einer anderen roten Rebsorte, dem Gamay. Diese Region nennt man Beaujolais. Die Weine aus dem Beaujolais sind nicht nur aus einer anderen Rebsorte gemacht (und werden viel günstiger verkauft) als die anderen roten Burgunder, sie verkörpern auch einen völlig anderen Stil von Wein. Weinliebhaber begegnen dem Burgunder mit Ehrerbietung, Respekt und sogar Verehrung. Der Beaujolais ist ein Spaß-Wein, ein Wein zum Zechen für Partys und Picknicks.

Südlich von Burgund prahlt das warme Rhône-Tal mit Weinen in zwei unterschiedlichen Qualitätsklassen:

✔ Günstige, leichte Côtes du Rhône – perfekte, vielseitige Weine für alle Tage

✔ Die großen Weine für das Sonntags-Essen: Châteauneuf-du-Pape, Côte Rôtie und Hermitage

Die beiden Letztgenannten von der nördlichen Rhône sind zwei der feinsten Beispiele für Weine aus der Syrah-Traube.

Bei Gelegenheiten, die nach einem guten, trockenen, leichten Rotwein mit nicht zu viel Tannin verlangen – wie etwa im Sommer oder bei einem Essen mit relativ leichten Zutaten –, sind die wenig bekannten Rotweine einer anderen französischen Weinregion, dem Loire-Tal, eine interessante Wahl.

Wir beenden dieses Kapitel über die französischen Rotweine mit einem kurzen Ausflug ins Languedoc-Roussillon im Süden Frankreichs. Die Weine aus dieser Region widersetzen sich dem Image der französischen Weine, ein teures Getränk zu sein. Hier finden Sie gute Qualitäten für 4 € bis 8 €, in den letzten Jahren sogar verstärkt rebsortenreine Weine wie Cabernet Sauvignon, Merlot und Syrah.

Status, Prestige, Spaß, Geschmack – und das (manchmal) sogar zu günstigen Preisen – können Sie von den französischen Rotweinen erwarten.

# Der Zauber des Burgund

Frankreichs Burgund – von den Franzosen Bourgogne genannt – ist eine der berühmtesten Weinregionen der Welt.

Der Ruhm des Burgunds beruht auf den einzigartigen Eigenschaften seiner Weine:

✔ Kein Ort auf dieser Welt hat es je geschafft, diese samtigen, delikaten Weine zu kopieren – die hier aus einer der wohl schwierigsten aller Rebsorten, dem Pinot Noir, gemacht wird.

✔ Kein Ort auf dieser Welt hat es je geschafft, so delikate, süffige, saftige Rotweine zu produzieren wie die aus Gamay-Trauben, die wir als Beaujolais kennen.

✔ Kein Ort auf dieser Welt konnte die Chardonnay zu solchen Höhenflügen animieren wie hier im Burgund. Die Weinerfahrung der Burgunder erstreckt sich auch auf die Weißweine (siehe auch »Weiße Burgunder« in unserem Buch *Weißwein für Dummies*).

Ja, es gibt einen besonderen Zauber in diesem Land, das wir als Burgund kennen – eine magische Kombination aus Boden, Klima und Rebsorten.

Im östlichen Frankreich gelegen braucht man von Paris in Richtung Südosten nur ein paar Autostunden.

Das Klima von Burgund ist kontinental – ziemlich heiße Sommer und kalte Winter. Örtliche Hagelstürme sind im Sommer nicht ungewöhnlich. Die Kombination aus einem ziemlich rauen Klima und einer sehr empfindlichen Rebsorte, Pinot Noir, ist nicht immer einfach. Somit sind die Winzer im Burgund durchaus glücklich, wenn sie im Durchschnitt pro Dekade drei gute oder bessere Jahrgänge haben.

Der Boden in den Regionen Burgunds, die für die besten Rotweine bekannt sind, ist hauptsächlich Kalk und roter Ton, und der scheint besonders geeignet für Pinot Noir. Weiter im Süden, wo der Boden steinig und sandig wird, überwiegt die Rebsorte Gamay. Diese Gegend ist die Heimat des Beaujolais.

 Das Beaujolais-Gebiet ist zwar ein Teil von Burgund, aber Weinkenner zählen den Beaujolais nie zu den Burgundern. Es ist auch nie der Beaujolais gemeint, wenn sie von Burgundern sprechen. Sie haben den Begriff »rote Burgunder« für die Weine aus dem Burgund reserviert, die aus Pinot-Noir-Trauben gemacht werden.

# *Jetzt zu den Feinheiten in Burgund*

Unglücklicherweise ist das Burgund eine der eigenwilligsten Weinregionen in der Welt, und somit sind die ersten Gehversuche, den Zauber des Burgunds ins Glas zu bekommen, nicht ganz einfach. Viele Details machen dem angehenden Weinkenner das Leben schwer – wie etwa:

✔ Die Einteilung der Region

✔ Die Bewertungen und Klassifizierungen der Weinlagen

✔ Die winzigen Weinlagen mit -zig Eigentümern

✔ Produzenten, die mal ihren eigenen Wein machen, mal aber auch nicht

 Um roten Burgunder vernünftig einzukaufen und um zu verstehen, was Sie genau trinken, müssen Sie über diese Themen Bescheid wissen. Im folgenden Abschnitt setzen wir uns mit all diesen Themen auseinander.

# *Zwei rote Streifen, einer in Gold gefasst*

Die Trauben für die roten Burgunder wachsen auf zwei ziemlich schmalen Streifen Land, die von Nord nach Süd verlaufen.

Der nördliche Streifen, direkt südlich der Stadt Dijon, ist bekannt als Côte d'Or, der goldene Hang. Die Côte d'Or selbst besteht aus zwei Gebieten:

✔ Die Côte de Nuits, die nördliche Hälfte, die nach dem Dorf Nuits-St-Georges benannt ist.

✔ Die Côte de Beaune im Süden, die nach der Stadt Beaune benannt ist.

 Alle berühmten, begehrten roten Burgunder kommen von der Côte d'Or.

 Der südliche Streifen für roten Burgunder wird Côte Chalonnaise genannt. Dieses Gebiet produziert die deutlich günstigeren (10 € bis 25 €) roten Burgunder.

## Das Wissen über die Klassifizierung

Sowohl an der Côte d'Or als auch an der Côte Chalonnaise variieren die Anbaubedingungen von Lage zu Lage. An der Côte d'Or unterscheidet man nicht nur die einzelnen Lagen, sondern macht teilweise auch noch einen Unterschied zwischen dem oberen, dem mittleren und dem unteren Teil der Lage, je nach Neigungswinkel zur Sonne, Wärmespeicherungsfähigkeit und Wasserversorgung. Der Grund ist ganz einfach: Manche Weinlagen produzieren einfach bessere Trauben und somit auch einen besseren Wein als andere Lagen.

Das französische Weingesetz berücksichtigt die jeweilige Herkunft und stuft die guten Lagen im Burgund erheblich höher ein als andere Lagen der Region. Weine aus diesen besonders bevorzugten Lagen werden gleich nach dem Weinberg benannt und nicht nach der Region als Ganzes (Burgund), dem Distrikt (Côte de Beaune) oder nach dem Dorf, in dem der Weinberg liegt.

 Rote Burgunder werden wie fast alle guten französischen Weine nach ihrer Herkunft benannt, der Herkunft der verwendeten Trauben. Je kleiner die Region und je genauer diese Herkunft durch den Weinnamen spezifiziert ist, desto besser soll der Wein sein – und desto teurer ist er. Beim Burgunder gibt es vier Abstufungen:

✔ Der Name der Region

✔ Der Name der Anbauzone

✔ Der Dorfname (oder *commune*)

✔ Der Name des Weinbergs

## Premier Crû und Grand Crû

 Obwohl die Spitzen-Weinberglagen in Burgund bereits einen höheren Status haben als alle anderen Weinlagen der Region, sind sie doch nicht alle gleich. Manche von ihnen sind als Premier Crû und andere sind noch höher als Grand Crû eingestuft. (Premier Crû kann man mit »Erstes Gewächs« übersetzen – doch Weinkenner verwenden fast immer den französischen Ausdruck. Aber Vorsicht, dieser Begriff hat nichts mit dem ersten Gewächs oder den Grands Crûs Classés in Bordeaux zu tun.)

 Im Burgund haben 561 Weinlagen den Premier Crû Status, ungefähr 75 Prozent davon sind mit roten Reben bestockt, die restlichen 25 Prozent mit Chardonnay. Und trotzdem machen die Premier Crûs, weiß und rot zusammen, nur etwa 11 Prozent der Gesamtproduktion aus. Rote Burgunder aus Premier Crû-Lagen bewegen sich zwischen 30 € und 75 € die Flasche.

Zweiunddreißig Weinberge in Burgund haben Grand Crû Status – 25 mit roten Reben und 7 mit weißen Reben. Diese 32 Grand Crû-Lagen sind so einzigartig, dass sie zusammen nur etwa 1 Prozent aller Burgunder ausmachen! Die »günstigen« roten Grand Crû in Burgund kosten bereits 40 € bis 60 €, aber auch Preise weit über 100 € sind nicht ungewöhnlich. Der teuerste Grand Crû im Burgund, la Romanée-Conti, ist wohl auch der teuerste Rotwein der Welt – und kostet in einem guten Jahrgang etwa 800 € (die Flasche). Ein geschätzter Preis, da man diesen Wein einzeln gar nicht kaufen kann. Es gibt ihn nur im Paket mit einigen anderen, nicht viel billigeren roten Burgundern. Und trotz des gewaltigen Preises ist es nicht leicht, eine der raren Flaschen zu ergattern.

## Die Dorflagen

Zum Glück für die normalen Weintrinker kommt die Mehrheit der roten Burgunder nicht aus Premier Crû oder Grand Crû-Lagen. Den mittleren Qualitäts- und Preisbereich besetzen Weine, die nach ausgesuchten Dörfern benannt sind. (Weine, die nach Anbauzonen in Burgund bezeichnet werden, sind nochmals darunter eingestuft; am unteren Ende der Qualitätspyramide befinden sich die Weine, die nur nach der Region Burgund selbst benannt werden.)

So genannte Dorflagen – Burgunder, die den Namen dieser ausgewählten Dörfer tragen dürfen – sind Weine, die aus Trauben gekeltert werden, die zwar innerhalb bestimmter Gemeindegemarkungen, aber außerhalb von klassifizierten Weinlagen gewachsen sind. (Wenn die Trauben aus einer Premier Crû oder Grand Crû-Lage in dem jeweiligen Dorf kommen, dann verwendet der Winzer selbstverständlich den Namen dieser Lage, da er so einen deutlich höheren Preis bekommt.) Dreiundfünfzig Dörfer im Burgund haben das Recht, ihren Namen als offizielle Weinbezeichnung zu verwenden. Die Dorflagen machen etwa 23 Prozent aller Burgunder aus und liegen im Preisbereich von etwa 15 € bis 40 € die Flasche.

 Für eine Auflistung der am höchsten klassifizierten *communes* oder Dörfer im Burgund und einer kurzen Beschreibung ihrer Weine lesen Sie den Abschnitt »Die Côte d'Or« in *Wein für Dummies*, Kapitel 10.

## Die Kategorie der Unterzonen und der Region

Die beiden am weitesten gefassten Bezeichnungen im Burgund – die Region selbst (Bourgogne rouge) und die Anbauzonen (wie etwa Côte de Nuits-Villages) – machen fast 65 Prozent der gesamten Produktion in Burgund aus.

 Auf diesen beiden Ebenen – einfache Burgunder und die Unterzonen – kann man sich rote Burgunder noch leisten. Sie kosten zwischen 10 € und 25 €.

Die Tabelle 7.1 illustriert nochmals das Einteilungsprinzip in Burgund mit einigen realen Beispielen von Weinbezeichnungen.

| Kategorien | Beispiele |
| --- | --- |
| Der Wein der Region | Bourgogne Rouge |
| Der Wein eines Distrikt | Côte de Beaune-Villages |
| *Commune* oder Dorflage | Nuits-St-Georges<br>Pommard<br>Volnay |
| Premier Crû | Vosne-Romanée »Clos de Réas«<br>Volnay »Champans« |
| Grand Crû | Corton<br>Chambertin<br>Richebourg |

*Tabelle 7.1: Das Klassifikationssystem von Burgund*

# Winzer gegen Händler

Es sind nicht nur die Weinbezeichnungen im Burgund, die so vielfältig und kompliziert sind. Die Weinberge selbst sind in kleinste Parzellen aufgeteilt. Jeder einzelne Weinberg – und wenn er noch so klein ist – kann Dutzende von Eigentümer haben. Manche davon haben nur zwei oder drei Rebzeilen.

*up ...*

# ... up ... update

## Sie finden die Einstufung auf dem Etikett

Sie können den Unterschied zwischen einer Dorflage, einem Premier Crû und einem Grand Crû an der Namensgebung ablesen. Sie müssen sich nur das Etikett genau ansehen:

✔ Ein Burgunder aus einer Dorflage trägt den Namen des Dorfes (meist ein Doppelname mit Bindestrich wie Morey-St. Denis oder Vosne-Romanée) – siehe Abbildung 7.1.

✔ Ein Premier Crû trägt normalerweise den Namen des Dorfes *und* der Lage, und das in gleichgroßen Buchstaben geschrieben (wie etwa CHAMBOLLE-MUSIGNY LES CHARMES). Wenn auf dem Etikett etwas steht, was wie ein Lagenname aussieht, aber kleiner geschrieben ist, dann kann es sich zwar um eine Einzellage handeln, aber es ist kein Premier Crû.

✔ Burgunder aus Grand Crû-Lagen führen nur den Namen der Einzellage auf dem Etikett wie CHAMBERTIN oder MUSIGNY.

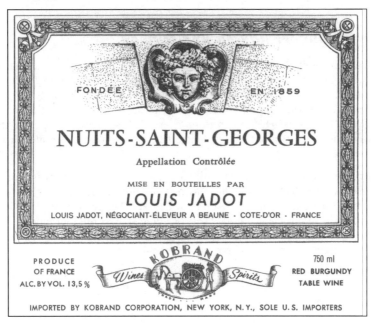

*Abbildung 7.1: Das Etikett einer Dorflage im Burgund*

Daraus resultiert, dass viele Winzer nicht in der Lage sind, Wein unter ihrem eigenen Namen zu verkaufen (12 oder 16 verschiedene Weine zu verkaufen und von allen nur eine kleine Menge zur Verfügung zu haben, ist ein Alptraum für jeden Marketing-Fachmann!). Stattdessen ist es üblich, dass die Winzer ihre Weine an *négociants* verkaufen – großen Kellereien, die Trauben und/oder Wein von den Winzern aufkaufen und aus diesen verschiedenen Partien ihre eigenen Burgunder im jeweiligen Stil des Hauses machen. Die bekannten Namen unter den *négociants* im Burgund sind Louis Jadot, Joseph Drouhin, Louis Latour und Georges Duboeuf.

 Anfang des letzten Jahrhunderts haben die ersten Winzer begonnen, ihren eigenen Wein abzufüllen und zu verkaufen. Nach dem 2. Weltkrieg folgten mehr und mehr Winzer sowohl aus ökonomischen Gründen als auch aus Prestige diesem Beispiel. Heute wird etwa die Hälfte der Burgunder von den Winzern selbst gekeltert und verkauft.

Der Direktkauf beim Winzer hat seine Vor- und Nachteile. Einige wirklich außergewöhnliche, einzigartige Burgunder kommen aus speziellen Lagen einzelner Winzer. Aber viele dieser Winzereien sind sehr klein, und die produzierte Menge eines Weines umfasst oft nur 600 bis 1200 Flaschen – und das für die ganze Welt. Die Konsequenz: Viele Winzer-Burgunder sind sehr schwer zu bekommen und außerdem sehr teuer.

## Rote Burgunder kaufen und trinken

Beginnen wir damit, dass Burgund nicht gerade eine große Region ist. Es produziert nur etwa 25 Prozent der Menge an Wein wie Bordeaux (die Beaujolais in der Burgunder-Statistik nicht mitgezählt). Die Unterteilung der Region in Hunderte von Lagen und die Aufteilung jeder Lage in Dutzende von einzelnen Winzern garantiert, dass die verfügbare Menge eines jeden roten Burgunders nicht sonderlich groß ist. Und die kleine Produktion eines jeden Weines stellt sicher, dass die Weine teuer und schwierig zu bekommen sind.

Machen Sie sich bewusst: Die Produktion eines typischen Winzers in Burgund schwankt zwischen 6.000 und 12.000 Flaschen im Jahr (für die ganze Welt!). In Bordeaux macht der durchschnittliche Château-Besitzer etwa 180.000 bis 240.000 Flaschen pro Jahr. Wenn Sie dann noch berücksichtigen, dass rote Burgunder absolut einzigartig auf der Welt sind, dann ist es bis zu der Erkenntnis nicht mehr weit, dass gute rote Burgunder immer sehr rar und selten sein werden.

Da rote Burgunder immer (natürlich ohne Beaujolais und einer kleinen Ausnahme) aus 100 Prozent Pinot Noir bestehen, ist die Farbe deutlich heller als die von Weinen aus Cabernet Sauvignon oder Merlot – wie etwa die Bordeaux. Die Färbung der Burgunder reicht von einem leichten Kirschrot bis zu Rubinrot, abhängig vom Jahrgang und vom Winzer. Wenn die Burgunder älter werden, bekommen sie einen granat-roten, ins Ziegelrot übergehenden Rand.

 Rote Burgunder sind im Allgemeinen mittelgewichtig (verglichen mit anderen Rotweinen), trocken und mit relativ wenig Tannin. Durch diese Eigenschaften ist er im Restaurant eigentlich immer eine gute Wahl. Er kann bereits jung getrunken werden, passt sowohl zu Fisch als auch zu Fleisch. Die typischen Aromen der roten Burgunder sind die von kleinen roten Früchten wie Kirschen und/oder Beeren und dazu etwas dampfende Erde oder holzige Noten. Im Alter bekommen die roten Burgunder eine natürliche Sanftheit und schmelzende Fruchtaromen.

Rote Burgunder schmecken meist in den ersten 10 Jahren am besten (mit Ausnahme von kraftvollen Jahrgängen wie 1988 oder 1990). In leichteren Jahrgängen wie 1992 sollten die Weine besser schon nach acht Jahren getrunken werden, vielleicht sogar früher. (Siehe Anhang D für weitere Informationen über die Jahrgänge in Burgund.)

## Unsere wichtigsten Ratschläge zu roten Burgundern

 Das sehr fein abgestufte Einteilungssystem in Burgund wirkt sehr Vertrauen erweckend. Man könnte leicht meinen, die Grand Crû sind die besten Burgunder, dann kommen die Premier Crû und so die Stufen weiter runter bis zu den Bourgogne Rouge – nur so leicht machen es Ihnen die Leute im Burgund nicht!

Im Gegenteil, die Einstufung im Lagensystem der Burgunder ist das *unwichtigste Kriterium*, wenn Sie im Laden oder Restaurant einen roten Burgunder aussuchen. Sie sollten auf die folgenden Kriterien achten, und zwar genau in dieser Reihenfolge:

✔ Die Reputation des Produzenten, die auf den Qualitäten beruht, die der Winzer über die Jahre gemacht hat. (Im nächsten Abschnitt empfehlen wir einige der besten Produzenten im Burgund.) Der niedriger bewertete Wein eines guten Produzenten ist oft besser als der höher eingestufte Wein von einem untalentierten Weinmacher.

✔ Der Jahrgang – fast genauso wichtig als Auswahlkriterium wie der Produzent – da die Qualitätsunterschiede von Jahr zu Jahr gewaltig sein können.

✔ Die *appellation* (die eigentliche Herkunft des Weines, das ist die Region, die Anbauzone, das Dorf oder der Weinberg – und somit seine Einstufung im Lagensystem). Normalerweise ist der beste Wein eines guten Produzenten sein Grand Crû (wenn er einen macht), gefolgt von seinem Premier Crû, seiner Dorflage und so weiter. Die Weine sind auch preislich entsprechend abgestuft.

## Jahrgangs-Variationen

Genießen Sie es, wenn Sie noch einige Flaschen der Jahrgänge 1988, 1989 oder gar **1990** im Keller haben. Deutlich günstiger können Sie jetzt noch Weine von 1991 (an der Côte de Nuits durchaus schön) und 1993 ergattern. 1996 ist fantastisch, aber meist noch etwas zu jung. 1998 und **1999** sind bereits schön zu trinken. **2002** scheint sehr gute und vor allem sehr lagerfähige Weine zu ergeben. Für eine abschließende Bewertung ist es noch etwas zu früh, aber denken Sie an die Zukunft!

# Empfehlenswerte Produzenten von rotem Burgunder

Einen wirklich guten roten Burgunder zu trinken, da sind wir uns sicher, ist eines der schönsten kulinarischen Erlebnisse auf diesem Planeten. Wenn Sie ein paar der schönsten Beispiele an roten Burgundern erleben wollen (ein vernünftiger Wunsch!), ist dieser Abschnitt – in dem wir einige unserer Lieblings-Produzenten und ihre bekanntesten Weine vorstellen wollen – von unschätzbarem Wert. Behalten Sie im Hinterkopf, dass Sie nicht unbedingt auf die besten Weine dieser Produzenten losgehen müssen. Sogar ihre günstigsten Weine, wie etwa der Bourgogne Rouge von Leroy (etwa 20 €), sind schöne Beispiele für einen roten Burgunder.

## Zwei, die eine Klasse für sich sind

Wenn's um rote Burgunder geht, ragen zwei Produzenten heraus (und, wie Sie sich vorstellen können, sind ihre besten Weine extrem teuer):

✔ Domaine Leroy (und der Négociant, Maison Leroy)

✔ Domaine de la Romanée-Conti

Domaine Leroy, lange von Lalou Bize-Leroy geführt, steht für Spitzen-Qualitäten aus den eigenen Weinbergen. Die Grand Crû-Weine des Unternehmens wie Richebourg, Musigny und Chambertin aus einem guten Jahrgang kosten 300 € bis 500 €. Sogar die Dorflagen von Domaine Leroy (wie Nuits-St-Georges oder Gevrey-Chambertin) kosten je nach Jahrgang 80 € und mehr.

Etwas preiswertere Beispiel für die Qualität des Hauses sind die weniger bekannten Weine von Leroy aus Savigny-les-Beaune (sowohl Premier Crû als auch die Dorflage), die oft schon für 60 € zu haben sind. Oder den Bourgogne Rouge von Maison Leroy, der etwa 20 € kostet. Mit Ausnahme des Bourgogne Rouge sind die Weine von Leroy mit Abstand die langlebigsten Burgunder, die momentan gemacht werden. Diese Weine gewinnen mit dem Alter deutlich, und viele sind erst mit 20 bis 30 Jahren auf ihrem Höhepunkt.

Die Domaine de la Romanée-Conti (die Insider kürzen es auf DRC) erzeugt die berühmtesten und begehrtesten Burgunder überhaupt. DRC ist der einzige wirkliche Rivale von Domaine Leroy, sowohl was die Qualität als auch was die Langlebigkeit betrifft. Die sechs roten Burgunder von der Domaine de la Romanée-Conti – alles Grand Crû Weine – sind (in der Reihenfolge ihrer Qualität) Romanée-Conti, La Tache, Richebourg, Romanée St-Vivant, Grands-Echézeaux und Echézeaux. In einem durchschnittlichen Jahrgang liegen die Preise zwischen 100 € bis 120 € für den billigsten (Echézeaux) und 600 € bis 800 € für Romanée-Conti, abhängig vom Jahrgang. Damit kommt Romanée-Conti regelmäßig mit dem höchsten Preis aller Spitzenweine der Welt auf den Markt.

Wenn Sie nicht mit 800 € für eine Flasche Romanée-Conti dabei sein wollen, dann achten Sie auf die Weine von Aubert de Villaine, dem Miteigentümer der Domaine de la Romanée-Conti. Er macht auf seinem privaten Weingut Domaine A.P. de Villaine in Bouzeron, einem Dorf an der Côte Chalonnaise, einen wundervollen Bourgogne Rouge La Digoine für etwa 18 €. Ein schönes Beispiel für einen einfachen Bourgogne Rouge.

## Bize-Leroy - die große Dame des Burgunds

Madame Bize-Leroy, die Besitzerin und langjährige Chefin von Domaine Leroy und Maison Leroy gilt als die »Grande Dame« des Burgund. Ihr feiner Gaumen und ihr Qualitätsfanatismus sind legendär. Wenn sie Weine für ihr Handelshaus gekauft hat, hat sie bei den Winzern immer nur nach dem besten verlangt, ohne auf den Preis zu achten. Und dann hat sie das Beste vom Besten ausgewählt. Keiner im Burgund hat höhere Qualitätsvorgaben, und keiner macht bessere Burgunder als Leroy.

# Die anderen Produzenten großer Burgunder

In diesem Abschnitt empfehlen wir Produzenten, von denen wir glauben, dass sie einige der besten roten Burgunder machen, die es gibt. Dazu empfehlen wir jeweils einige ihrer besten Weine – alle sind von der Côte d'Or. In der Tabelle 7.2 führen wir sie in unserer persönlichen Reihenfolge auf. Bitte vergeben Sie uns, wenn wir Ihren Lieblingsproduzenten übergangen haben. Bewusst weggelassen haben wir die Weingüter, deren Produktion so klein ist, dass die Weine nur sehr schwer zu bekommen sind.

 Für günstige und gute Rotweine aus dem Burgund achten Sie einfach auf die weniger teuren Weine der guten Produzenten, wie etwa einen Bourgogne Rouge, Côte de Nuits-Villages oder Côte de Beaune-Villages – möglichst aus einem guten Jahrgang.

| Winzer/Produzent | Seine besten Weine |
| --- | --- |
| Henri Jayer | Echézeaux<br>Jeden seiner Vosne-Romanée Premier Crûs |
| Ponsot | Clos de la Roche (Vieilles Vignes)<br>Chambertin |
| Hubert Lignier | Clos de la Roche<br>Charmes-Chambertin |
| Méo-Camuzet | Corton<br>Richebourg<br>Vosne-Romanée Les Brûlées |
| Domaine des Chézeaux | Griotte-Chambertin<br>Clos St-Denis (Vieilles Vignes) |
| Jean Gros | Richebourg<br>Vosne-Romanée Clos des Réas |
| Georges Roumier | Musigny<br>Chambolle-Musigny Les Amoureuses |
| Armand Rousseau | Chambertin-Clos de Bèze<br>Gevrey-Chambertin Clos St-Jacques |
| Domaine Maume | Mazis-Chambertin<br>Charmes-Chambertin |
| Louis Jadot | Romnanée St-Vivant<br>Musigny<br>Beaune Clos des Ursules |
| Chopin-Groffier | Clos de Vougeot |
| Jean-Jacques Confuron | Romanée St-Vivant<br>Nuits-St-Georges Aux Boudots |
| Christian Sérafin | Charmes-Chambertin<br>Gevrey Chambertin Les Cazétiers |
| Marquis d'Angerville | Volnay Clos des Ducs<br>Volnay Champans |

| Winzer/Produzent | Seine besten Weine |
|---|---|
| Robert Chevillon | Nuits-St-Georges Les St-Georges |
| | Nuits-St-Georges Les Vaucrains |
| Domaine des Varoilles | Gevrey-Chambertin Clos des Varoilles |
| Domaine du Comte Armand | Pommard Clos des Epeneaux |

*Tabelle 7.2: Die Produzenten der besten roten Burgunder*

## Empfohlene Winzer an der Côte Chalonnaise

 Sie haben eine andere Möglichkeit, beim Einkauf von Burgundern günstiger wegzukommen (ergänzend zu dem Trick, sich an die einfacheren Gebiets- und Dorflagen der von uns empfohlenen, guten Winzer zu halten), indem Sie sich mit den weniger bekannten Burgundern von der Côte Chalonnaise auseinander setzen.

Burgunder aus den Gemeinden von Mercurey, Rully und Givry – sowohl als Dorf- als auch als Premier Crû-Lagen – gibt es bereits für etwa 15 € bis 25 € zu kaufen. Sie sind aus 100 Prozent Pinot Noir, aber etwas erdiger und rustikaler im Stil als die Burgunder von der Côte d'Or. Die roten Burgunder aus Mercurey sind besonders gut.

 In der Tabelle 7.3 finden Sie unsere Lieblings-Produzenten der einzelnen Dörfer, grob nach unserem Gusto sortiert.

| Winzer/Produzent | Seine besten Weine |
|---|---|
| Mercurey | Château de Chamirey |
| | Domaine Meix Foulot |
| | Domaine Bordeaux-Montrieux |
| | Domaine Michel Juillot |
| | Domaine J. Naltet Père et Fils |
| | Antonin Rodet |
| Givry | Domaine Joblot |
| | Domaine Thierry Lespinasse |
| | Domaine du Gardin-Clos Salomon |
| | Paul et Henri Jacqueson |
| | Domaine Thénard |

| Winzer/Produzent | Seine besten Weine |
|---|---|
| Rully | Domaine Jean-Claude Breliére |
| | Domaine de la Folie |
| | Château de Rully |
| | Antonin Rodet |
| | Domaine Michel Briday |
| | Domaine de la Rénarde |

*Tabelle 7.3: Empfohlene Winzer von der Côte Chalonnaise*

# Beaujolais, einfach zu trinken und günstig

Obwohl Beaujolais offiziell ein Teil der Region Burgund ist (der südlichste Teil), ist er bekannt genug, für sich selbst zu stehen. Außerdem wird für den Beaujolais eine völlig andere Rebsorte verwendet als für die anderen Burgunder – alle Beaujolais sind reinsortig aus der Gamay (siehe Kapitel 3 für eine Beschreibung der Gamay).

## Der Neue oder der Erste Beaujolais

Er begann seinen Siegeszug in den Bistros von Lyon, und über Paris eroberte er den Rest der Welt. In Deutschland ist es in den letzten Jahren wieder sehr ruhig geworden um den Beaujolais Nouveau oder auch Beaujolais Premier (der Erste ist auch der Neue bzw. der Neue grundsätzlich auch der Erste ... es sind einfach zwei Begriffe, zwei Namen für dieselbe Tatsache, für denselben Wein). Gut, es war eine Mode mit allen negativen Begleiterscheinungen, und trotzdem freue ich mich jedes Jahr wieder, wenn es heißt: »*Beaujolais Nouveau est arrivée!*« (Der neue Beaujolais ist eingetroffen!).

Jedes Jahr reservieren die Winzer im Beaujolais eine bestimmte Menge für den Beaujolais Nouveau – ein leichter, knackiger Rotwein, der noch richtig nach Trauben schmeckt. Es ist der erste Wein des Jahrgangs, der zum Verkauf freigegeben wird. (Genauer, es ist der erste Qualitätswein Frankreichs der verkauft werden darf, Landweine aus dem Süden dürfen bereits einen Monat früher auf den Markt, und die Südafrikaner kommen bereits im Mai.) Der Beaujolais Nouveau wird jedes Jahr am dritten Donnerstag im November mit großem Getöse zum Verkauf freigegeben, wenn der Wein gerade mal sechs Wochen alt, sehr fruchtig und herrlich unkompliziert zu trinken ist. Anständige Qualitäten kosten etwa 5 € bis 7 € (von den einfachen bitte die Finger weg!). Eine alte Weinhändlerregel besagt: »Bis Weihnachten muss er verkauft und bis Ostern sollte er getrunken sein.«

Beaujolais ist ein sehr leichter, einfacher, saftiger Rotwein (es wird eine winzige Menge Beaujolais Blanc gemacht, aber die Menge ist unbedeutend), der besser zum Zechen – ideal zu einem kleinen, sommerlichen Picknick oder zum Grillen – als für den stillen Genießer in seinem Kämmerchen geeignet ist. Beaujolais ist ein Spaßwein, ein Partywein, ein Wein für junge (oder jung gebliebene) Weintrinker.

 Beaujolais ist der perfekte Einstieg, wenn Sie gerade beginnen, in die faszinierende Welt der Rotweine einzutauchen. Beaujolais ist die perfekte Überleitung vom Weißwein oder Rosé, da er wenig Tannin hat, sehr fruchtig, sehr einfach zu trinken und günstig ist: Für 5 € bis 8 € bekommt man sehr anständige Beaujolais.

Seinen burgundischen Wurzeln entsprechend ist das Beaujolais Gebiet in Untergebiete und spezielle Weinlagen unterteilt – aber die Einteilung ist lange nicht so verwirrend wie im restlichen Burgund. Aus dem sandigen, südlichen Teil des Beaujolais kommen die einfachsten und günstigen Qualitäten (3 € bis 6 €), einfach nur Beaujolais genannt. Im nördlichen Teil, mit steinigem Untergrund, wachsen die besseren Qualitäten.

Bei den besseren Beaujolais unterscheidet man zwei Kategorien:

**Beaujolais-Villages**: Die Trauben für diesen Wein kommen aus dem nördlichen Beaujolais, genauer gesagt aus 39 Dorfgemarkungen und haben normalerweise eine bessere Qualität als der einfache Beaujolais. Andererseits kosten Beaujolais-Villages meist nur etwa einen Euro mehr. Und dieser Euro ist gut investiert, da er etwas mehr Substanz hat.

**Crû du Beaujolais**: Die Weine aus zehn ausgesuchten Dörfern und Weinlagen, die die besten Beaujolais-Qualitäten darstellen. Die Crû Beaujolais führen nur den Crû-Namen in großen Buchstaben auf dem Etikett (ein Hinweis auf Beaujolais ist auf dem Etikett oft gar nicht zu finden). Hier die zehn Crûs in Beaujolais, von Süd nach Nord:

✔ Brouilly

✔ Côte de Brouilly

✔ Régnié

✔ Morgon

✔ Chiroubles

✔ Fleurie

✔ Moulin-à-Vent

✔ Chénas

✔ Juliénas

✔ Saint-Amour

Eine Darstellung der stilistischen Unterschiede zwischen den zehn verschiedenen Beaujolais Crûs finden Sie in der Tabelle 10.8 in *Wein für Dummies*.

Die Crûs des Beaujolais kosten zwischen 8 € und 16 €. Unser Lieblings-Crû ist der Chiroubles, da er normalerweise der aromatischste Beaujolais ist. Er ist schmackhaft und köstlich – die Quintessenz eines Beaujolais. Für einen kräftigeren und meist zuverlässigen Beaujolais nehmen Sie einen Moulin-á-Vent, Juliénas oder Fleurie. Diese drei Crû-Lagen halten ihre Qualität für einige Jahre – aber die meisten Beaujolais sollten innerhalb der ersten zwei bis drei Jahre nach der Lese getrunken werden.

 Fast alle Beaujolais werden von den großen *négociants* (siehe »Winzer gegen Händler« ein paar Abschnitte vorher) verkauft. Zwei der größten und renommiertesten *négociants*, auf die Sie beim Kauf von Beaujolais achten sollten, sind Louis Jadot und Georges Duboeuf.

### So schmeckt der Beaujolais am besten

Ein Besuch im Beaujolais-Gebiet ist ein absolutes Vergnügen. Direkt im Norden der Stadt Lyon liegt das Beaujolais im Herzen einer der gastlichsten Regionen der Welt. Viele der besten Restaurants Frankreichs sind hier zu finden. Eine Karaffe einfacher Beaujolais in einem Bistro in Lyon (oder auch Paris, wenn's sein muss), dazu etwas Pâté oder Charcuterie, ist das pure Vergnügen.

Wir trinken unseren Beaujolais leicht gekühlt (etwa 13° C), um seinen lebendigen, fruchtigen Überschwang zu genießen. Die etwas ernsthafteren Beaujolais Crû sollten jedoch mit etwa der gleichen Temperatur wie die anderen Burgunder serviert werden – etwa 16°C.

## Die wärmenden Roten aus dem Rhône-Tal

Das Rhône-Tal, eine Weinregion im Südosten Frankreichs direkt südlich von Lyon und nördlich der Provence, war schon immer ein guter Tipp für herzhafte, großzügige Rotweine. Es gibt alles, vom einfachen, günstigen Côtes du Rhône bis zum langlebigen, aristokratischen Hermitage. Die besseren Rhône-Weine haben warme, herzhafte Aromen, feste Tannine und sind relativ hoch im Alkohol. Es sind ideale Weine für kalte Winterabende.

Eigentlich unterteilt sich das Rhône-Tal wiederum in zwei eigenständige Weinbaugebiete – die nördliche Rhône und die südliche Rhône. Beide Regionen schwören auf ihre jeweiligen Rebsorten und machen eigenständige Weine, aber immer in dem für die Rhône typischen Stil – herzhaft und großzügig.

## Die südliche Rhône - die Region für Schnäppchen

Das südliche Rhône-Tal ist eine große Region mit einem warmen, trockenen Mittelmeerklima, in dem rote Trauben perfekt gedeihen. Tatsächlich kommen 95 Prozent aller Rhône-Weine (weiß und rot) von hier, die meisten davon als Côtes du Rhône.

### Côtes du Rhône und Côtes du Rhône-Villages

Die Hauptrebsorte im roten Côtes du Rhône ist meistens die Grenache (eine Sorte, die hoch im Alkohol ist und im Duft oft an Himbeere erinnert – mehr dazu in Kapitel 3), aber die Weinmacher dürfen bei allen Rotweinen der südlichen Rhône ganz legal eine Vielzahl von Rebsorten verschneiden. In der Praxis überwiegt Grenache, aber auch Cinsault, Syrah, Carignan und Mouvèdre zählen noch zu den wichtigen Rebsorten an der südlichen Rhône.

 Als Alltagswein, wenn die großen Bordeaux und Burgunder zu teuer sind, ist der Côtes du Rhône für 4 € bis 8 € ideal. Für ein paar Euro mehr (6 € bis 12 €) können Sie bereits mit der nächsten Qualitätsstufe experimentieren, Côtes du Rhône Villages. Diese Weine kommen aus 16 Dörfern, deren Weinberge zu gut bewertet wurden, um daraus simplen Côtes du Rhône zu machen.

Die meisten Côtes du Rhône Villages werden aus den Trauben von zwei oder mehr Dörfern zusammengestellt, und so steht auf ihrem Etikett nur Côtes du Rhône Villages. Wird der Wein komplett aus den Trauben eines Dorfes gemacht, dann darf er auch, als Ergänzung zu Côtes du Rhône Villages, dessen Namen tragen. Zwei der bekannteren Dörfer sind Cairanne und Rasteau.

Während die meisten Côtes du Rhône relativ einfach sind und in den ersten beiden Jahren getrunken werden sollen, sind die Côtes du Rhône Villages schon deutlich dichter und können bis zu acht Jahre gelagert werden.

Ein paar Dörfer, die vorher zu den Côtes du Rhône Villages zählten, sind aufgestiegen, und nun ziert der Dorfname ohne den Zusatz Côtes du Rhône Villages die Etiketten. Einer dieser Weine ist Gigondas, ein besonders robuster, langlebiger Roter (die guten Jahrgänge halten oft mehr als zehn Jahre), der für 10 € bis 15 € verkauft wird. Ein anderer ist Vacqueyras, er ist etwas leichter, aber auch günstiger (etwa 8 €).

## Côtes du Ventoux

Eine weitere Quelle für empfehlenswerte, günstige Rotweine an der südlichen Rhône ist Côtes du Ventoux. Die Weine sind den Côtes du Rhône sehr ähnlich, vielleicht etwas leichter und kosten 3 € bis 6 € die Flasche. Paul Jaboulet Ainé ist ein Produzent von Côtes du Ventoux, den man empfehlen kann.

## Châteauneuf-du-Pape

Der wichtigste und wohl bekannteste Rotwein von der südlichen Rhône ist der Châteauneuf-du-Pape. (Es wird auch eine kleine Menge weißer Châteauneuf-du-Pape gemacht, mehr dazu in *Weißwein für Dummies*.) Roter Châteauneuf-du-Pape kann aus bis zu 13 Rebsorten bestehen, aber in der Praxis dominieren Grenache, Mourvèdre und Syrah. Ein Blick über die heißen Weinlagen von Châteauneuf-du-Pape ist faszinierend, der »Boden« ist unheimlich karg, der Blick schweift über eine Steinwüste. Die Rebstöcke schaffen es nicht nur, hier zu überleben, sondern sie gedeihen prächtig.

Ein guter Châteauneuf-du-Pape ist ein körperreicher, gehaltvoller Wein mit relativ viel Alkohol (12,5 bis 14,5 % vol.) und wird über 15 bis 20 Jahre immer besser, vorausgesetzt, er ist aus einem guten Jahrgang. Ein guter Châteauneuf-du-Pape kostet zwischen 15 € und 30 €, durchaus ein interessanter Preis für einen solchen Wein.

Die Tabelle 7.4 listet fünf herausragende Produzenten für Châteauneuf-du-Pape auf.

| Winzer/Produzent | Kommentar |
| --- | --- |
| Château Rayas | Sehr alte Rebstöcke, 100 Prozent Grenache |
| Château de Beaucastel | Vielleicht die langlebigsten |
| Chapoutier | Seit 1989 wieder sehr gut |
| Domaine de la Janasse | Ein aufstrebender Produzent |
| Vieux Télégraphe | Sehr angesehen |

*Tabelle 7.4: Fünf herausragende Produzenten für Châteauneuf-du-Pape*

# Die guten Jahrgänge an der südlichen Rhône

Die südliche Rhône und die nördliche Rhône haben etwas unterschiedliche Mikroklimata, und so unterscheiden sich auch die Jahrgänge. Beide, sowohl **1998** und **2000**, sind herausragende Jahrgänge an der südlichen Rhône, und 1995 und 1994 waren gut und sind bereits schön zu trinken. Phantastisch werden langsam die Blockbuster-Weine von **1989** und **1990**.

## Die majestätischen Roten von der nördlichen Rhône

 Der nördliche Teil der Rhône produziert zwar sehr viel weniger Wein als der südliche Teil, dafür kommen die zwei besten Weine der gesamten Rhône aus dem Norden, Côte Rôtie und Hermitage. Beide werden aus der noblen Syrah-Traube gemacht (wobei dem Côte Rôtie etwas vom weißen Viognier zugegeben werden darf). Hermitage und Côte Rôtie sind zwei der besten Beispiele für Syrah-Weine – einzig die besten Syrah-Weine aus Australien können mit diesen Qualitäten von der nördlichen Rhône konkurrieren. (Siehe Kapitel 9 für mehr Informationen über die australischen Shiraz.)

### Côte Rôtie

Beide, Côte Rôtie und Hermitage, sind dichte, körperreiche Weine, aber beim Ersteren wird die Finesse und Eleganz etwas mehr betont. Die Weine der Côte Rôtie haben herrlich duftende Aromen, die oft an grüne Oliven und weiche, überreife schwarze Johannisbeeren erinnern. Die guten Jahrgänge entwickeln sich über 20 Jahre und mehr.

 Guigal ist der renommierteste Winzer an der Côte Rôtie. Seine Lagenweine – La Mouline, La Landonne und La Turque – sind absolut herausragend, aber auch ziemlich teuer (150 € die Flasche). Die anderen Côte Rôtie kosten zwischen 25 € und 60 €. Neben Guigal sind die anderen Top-Winzer an der Côte Rôtie (in alphabetischer Reihenfolge):

✔ Gilles Barge

✔ Pierre Barge

✔ Alain Burgaud

✔ Chapoutier

✔ Clusel-Roch

✔ Henri Gallet

✔ Jamet

✔ Michel Ogier

✔ René Rostaing

✔ Vidal-Fleury

## Hermitage

Der rote Hermitage (ein weniger bekannter weißer Hermitage existiert ebenfalls, siehe *Weißwein für Dummies*) ist der stämmigste, langlebigste Wein des Rhône-Tals. Hermitage hat mehr Tannin, mehr Körper und ist pfeffriger als der Côte Rôtie, aber ansonsten vom Charakter sehr ähnlich. In guten Jahrgängen brauchen die Weine von Hermitage oft 15 Jahre, um sich zu entfalten, und sie können ohne Probleme 30 Jahre und älter werden.

 Die roten Hermitage werden für einen Preis zwischen 25 € und 60 € verkauft. Zu den besten Produzenten von Hermitage zählen:

✔ Jean Louis Chave

✔ Chapoutier

✔ Ferraton Père et Fils

✔ Paul Jaboulet Ainé (mit seinem besten Hermitage, » La Chapelle »)

✔ Henri Sorrel

## Cornas, Crozes-Hermitage und St. Joseph

Côte Rôtie und Hermitage sind jedoch nicht die einzigen Weine an der nördlichen Rhône. Drei weitere, wichtige Weine sind Cornas, Crozes-Hermitage und St. Joseph, die alle ganz aus der Syrah-Traube gekeltert werden. Cornas ist der stämmigste, tanninhaltigste und langlebigste (20 Jahre und mehr) dieser drei. In vieler Hinsicht ähnelt der Cornas dem viel teueren Hermitage, aber der Cornas ist rustikaler und entwickelt nie ganz das außergewöhnliche Bouquet und die komplexen Aromen eines Hermitage.

 Die Weine von Cornas kosten zwischen 15 € und 30 €. Zu den besten Produzenten in Cornas zählen:

✔ August Clape

✔ Alain Voge

✔ Noël Verset

✔ Marcel Juge

✔ Robert Michel

Beide, Crozes-Hermitage und St. Joseph, haben etwas weniger Körper und können bereits nach fünf bis acht Jahren genossen werden. (Der exzellente Crozes-Hermitage von Jaboulet, Domaine de Thalabert, kann auch deutlich älter werden). Crozes-Hermitage und St. Joseph kosten normalerweise zwischen 12 € und 25 €.

# Die guten Jahrgänge an der nördlichen Rhône

Man erinnert sich immer noch gerne an die unglaubliche Reihe von Top-Jahrgängen **1988**, **1989**, **1990** und 1991 (vor allem, wenn man die Gelegenheit hat, eine solche Flasche zu öffnen). Danach wurde es wieder etwas ruhiger, aber mit 1995 und 1996 kamen nochmals zwei gute Jahrgänge in Folge. Der große Jahrgang **1999**, speziell für Côte Rôtie, stellt aber alle anderen Jahrgänge der letzten 10 Jahre in den Schatten.

## Rhône-Weine zum Essen

Die meisten Rotweine von der Rhône sind herzhafte, warme und großzügige Weine, die am besten zu einem kräftigen Essen wie Steaks, Braten, Eintopf und Cassoulet passen. Die (relativ) leichten Weine wie Côtes du Rhône und Côtes du Ventoux passen auch gut zu einer herzhaften Brotzeit oder zu einer Pizza.

# Die leichten Rotweine des Loire-Tals

Das kühle Loire-Tal ist zwar erheblich bekannter für seine Weißweine, aber es gibt auch einige sehr interessante leichte bzw. mittelgewichtige Rotweine.

Die besten Rotweine der Loire kommen aus der Tourraine (die Region um die Stadt Tours) im mittleren Loire-Tal und werden hauptsächlich aus der Rebsorte Cabernet Franc gekeltert, wobei bis zu 10 Prozent Cabernet Sauvignon erlaubt sind. Diese Weine umfassen:

✔ Chinon

✔ Bourgueil

✔ Saint-Nicolas-de-Bourgueil

Diese Weine haben duftige Aromen, die oft an Brombeeren und/oder Veilchen erinnern, und eine relativ hohe Säure, kombiniert mit der für Cabernet Franc so typischen »grasigen« Note, die an grüne Paprika erinnert.

Die Rotweine der Loire sollten normalerweise jung getrunken werden, nur der Bourgueil kann sich oft sehr schön entwickeln. Achten Sie besonders auf die Chinon von Charles Joguet, dem besten Produzenten der Region. Die Preise bewegen sich zwischen 3 € für die einfachsten Roten von der Loire bis zu 20 €.

Die letzten ganz großen Jahrgänge waren 1989 und 1990, aber auch die Serie 1995, 1996 und 1997 hat beeindruckt. Die aktuellen Jahrgänge 1999, 2000 und 2001 sind angenehm zu trinken – vor allem, wenn's was Feines zu essen gibt. Huhn, Ente, Kaninchen und die vielen verschiedenen Ziegen- und Schafskäse der Region sind die traditionellen Begleiter zu diesen Weinen.

# Der französische Weinsee: Languedoc-Roussillon

Das sonnige, trockene Languedoc-Roussillon im Süden Frankreichs, auch als Midi bekannt, produziert mehr als die Hälfte der französischen Rotweine. Wenn die Quantität der einzige Maßstab wäre, dann müsste es das bekannteste Weinanbaugebiet in ganz Frankreich sein. In Wirklichkeit sind die Weine aus dieser Region nicht sonderlich bekannt, da die Qualität der Weine aus dem Languedoc-Roussillon vor nicht allzu langer Zeit noch sehr zu wünschen übrig ließ. Von hier kamen die gigantischen Mengen an französischen Land- bzw. Tafelweinen.

Aber in den letzten 15 Jahren haben gewaltige Veränderungen im Languedoc-Roussillon stattgefunden. Die Winzer haben auf die geringere Nachfrage nach einfachsten Tafelweinen reagiert. Moderne Kellertechnik, ein neues Qualitätsbewusstsein bei einem Teil der Winzer und die Umstellung der Weinberge auf hochwertige Rebsorten hat zu einem völlig neuen Charakter der Roten aus dem Languedoc-Roussillon geführt. Manches wird heute noch als Vin de Pays vermarktet, aber teilweise mit erstaunlichen Qualitäten. (Vor kurzem, hat mich ein Vin de Pays für 24,95 € einfach neugierig gemacht! Er war traumhaft!) Aber Sie brauchen nur die unterste Preisklasse verlassen und können bereits für 5 € bis 7 € überraschende Entdeckungen machen.

Die traditionellen Rebsorten im Languedoc-Roussillon sind:

✔ Carignan

✔ Cinsault

✔ Grenache

Die Neupflanzungen der letzten Jahre waren in erster Linie Syrah, Mourvèdre, Cabernet Sauvignon und Merlot.

Die bekannteren Weine der Region kommen aus Corbières und Minervois, die beide aus den traditionellen, lokalen Rebsorten gemacht werden. Viele kleine Weingüter haben auch bei diesen traditionellen Weinen für eine Qualitätsexplosion gesorgt. Die

Weine sind meist körperreich und sehr aromatisch. Andere ambitionierte Weingüter setzen – am bekanntesten ist Mas-de-Daumas Gassac – auf Cabernet Sauvignon und die anderen internationalen Rebsorten.

 Eine gewaltige Marktbedeutung haben inzwischen die vielen sauber gemachten rebsortenreinen Weine Cabernet Sauvignon, Merlot und Syrah von ein paar Großkellereien. Sie kosten zwischen 4 € und 7 € und werden meist mit der Landwein-Appellation »Vin de Pays d'Oc« vermarktet. (Wir empfehlen das Kapitel 8 in *Wein für Dummies* für eine genaue Definition von Qualitäts- und Tafelwein in der EU.) Eine sehr bekannte Marke für gute Rebsorten-Weine aus dem Languedoc-Roussillon ist Fortant de France.

# Vino Rosso, Vino Tinto, Vinho Tinto

## In diesem Kapitel

▶ Unsere Lieblingsweine aus Italien

▶ Die Heimat des Chianti und sein großer Bruder

▶ Der Run auf die spanischen Rotweine

▶ Portugal – ein Land für Entdecker

*E*uropa produziert etwa 75 Prozent aller Weine dieser Welt. Logisch, die zwei führenden Weinbaunationen – Frankreich und Italien – sind hier zu finden. Andere Länder holen auf, vor allem Spanien, aber der Vorsprung ist gewaltig: In Italien wie auch in Frankreich wird bereits seit über 2.000 Jahren Wein gemacht.

In Kapitel 6 und 7 haben wir die berühmten Rotweine aus Frankreich diskutiert – Weine aus für Weintrinker so bekannten Rebsorten wie Cabernet Sauvignon, Merlot, Pinot Noir und Syrah. Italien hat sehr viele eigene, sehr eigenständige Rebsorten, und so haben die italienischen Rotweine auch einen komplett anderen Charakter als die französischen Weine oder die anderen Weine der Welt, die oft aus »französischen« Rebsorten gemacht werden.

Vielleicht das Wichtigste an italienischen Rotweinen ist, dass sie so perfekt zur italienischen Küche passen. (Kennen Sie jemand, der die italienische Küche nicht liebt? Wir sind noch nie einer solchen Person begegnet!)

Wenn wir gerade über tolles Essen reden, wann hatten Sie das letzte Mal eine der vorzüglichen spanischen Spezialitäten auf dem Teller? Paella oder eine Platte mit spanischen Meeresfrüchten oder nur ein paar Tapas für den kleinen Hunger? Vielleicht haben Sie sich für einen Krug Sangria (mit Früchten angesetzter Rotwein) entschieden. Vielleicht haben Sie aber auch schon entdeckt, dass Spanien jede Menge vorzügliche Rotweine hervorbringt. Der bekannteste Rotwein Spaniens, der Rioja, ist ein perfekter Essensbegleiter.

Auch in der portugiesischen Weinszene hat sich inzwischen viel getan. Portugal, so grundverschieden von Spanien, war schon immer bekannt für seine guten und günstigen Rotweine, aber die gesamte Kellerarbeit und die Qualitätsmaßstäbe waren etwas altmodisch. Bis vor kurzem, denn inzwischen haben die Portugiesen mit ihren Qualitäten wieder Anschluss gefunden, ohne dabei ihre eigene Identität zu vergessen.

# Das Wunder von Italien

Italien ist ein wahrlich faszinierendes Land. Es ist deutlich kleiner als Deutschland oder Frankreich, zwei Drittel sind gebirgig, und doch ist Italien der führende Weinlieferant der Welt (und die Italiener sind Zweite, was den Weinkonsum pro Kopf betrifft).

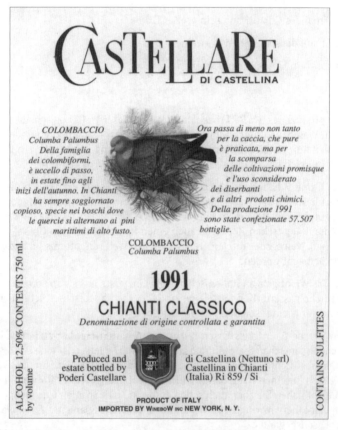

*Abbildung 8.1: Italiens Weine werden nach der Region benannt, aus der die Trauben stammen – in diesem Fall das Chianti Classico.*

Wenn Sie durch Italien reisen, werden Sie quer durchs ganze Land von Rebstöcken begleitet – zusammen mit Olivenbäumen. Wenn man sich manches Mal wundert, dass überhaupt etwas wächst, dann sicherlich Wein und Oliven. Wir können uns an kein Mittag- oder Abendessen in Italien erinnern, zu dem kein Wein serviert wurde.

Wein ist ein Teil des italienischen Lebens – wie die anderen Voraussetzungen: Luft, Wasser, Brot, Käse und Familie.

Seine eigentümliche Gestalt, seine zerklüfteten Landschaften – viel Küste, flaches Tiefland, sanfte Hügel und schroffe Berge – sorgen dafür, dass auch noch die kleinste Region in Italien seine ureigene, spezielle Kombination aus Boden und Klima und deshalb auch seinen eigenen, einzigartigen Wein hat. Die Zahl der unterschiedlichen Rotwein-Typen in Italien ist atemberaubend.

Wie die französischen Weine werden auch die italienischen Weine nach der Region benannt, aus der sie kommen, wie etwa Chianti oder Valpolicella. Bei manchen Weinnamen wird auch die Rebsorte mit der Herkunft verbunden wie etwa Barbera (die Rebsorte) d'Alba (aus dem Ort Alba).

Da viele der in Italien verwendeten Rebsorten eine rein regionale Bedeutung haben, schlagen wir vor, dass Sie nicht zu sehr auf die Traubensorten achten, wenn Sie die italienische Weinwelt durchforschen – außer Sie wollen ein Spezialist für italienische Weine werden.

In allen zwanzig Provinzen von Italien wird Rotwein angebaut, aber zwei Provinzen sind berühmt für ihre Rotweine: Piemont und Toskana. Im folgenden Abschnitt wollen wir uns speziell mit diesen beiden Regionen auseinander setzen.

## Piemont - Von simplen Weinen bis zu wahren Monumenten

Die Region Piemont im Nordwesten Italiens grenzt an Frankreich und an die Schweiz und ist die Heimat einiger der größten und bekanntesten Rotweine – nicht nur Italiens, sondern der ganzen Welt. Ein großer Teil des Piemonts liegt im hügeligen Voralpenland – und genau in diesen Hügeln am Fuße der gewaltigen Alpen wachsen die besten Trauben des Piemonts. Das Gebiet um die Stadt Alba im südöstlichen Piemont, die Langhe genannt, ist besonders wichtig für die Rotweine.

Der majestätische Barolo und der Barbaresco kommen aus den Hügeln der Langhe, ebenso wie drei interessante Rotweine »für jeden Tag«:

✔ Barbera

✔ Dolcetto

✔ Nebbiolo

(Diese drei Namen sind die Namen der Rebsorten, aus denen die Weine gemacht werden. Auf dem jeweiligen Etikett trägt jeder Wein seinen kompletten Namen, der auch noch den Herkunftsort der Trauben umfasst, beispielsweise Barbera d'Alba, wie in Abbildung 8.2)

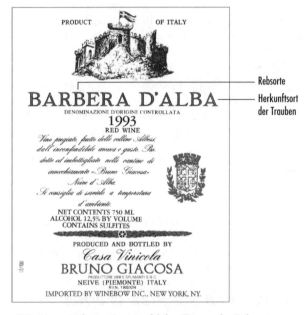

*Abbildung 8.2: Dieses Etikett zeigt sowohl den Namen der Rebsorte wie auch den Ort, wo die Trauben herkommen.*

Dolcetto, Barbera und Nebbiolo wachsen auch in anderen Regionen Piemonts, nicht nur in der Zone von Alba. Für den Dolcetto gibt es sechs weitere Anbaugebiete, für den Barbera noch zwei. Ergänzend dazu wird in den Hügeln von Novara-Vercelli im Nordosten des Piemonts ein weiterer wichtiger Wein aus der Nebbiolo gemacht, der Gattinara.

Die Menschen im Piemont trinken ihre feinsten Rotweine Barolo und Barbaresco nur zu speziellen Anlässen oder zum Sonntagsbraten. Ihre Alltagsrotweine sind Dolcetto, Barbera und Nebbiolo. Diese drei Weine kosten bei uns etwa 6 € bis 12 €, manchmal auch etwas günstiger, und der eine oder andere Barbera kann auch schon mal 20 € kosten.

# Dolcetto: jung, spaßig und trocken

Dolcetto ist ein mittelgewichtiger, trockener Wein mit einem traubigen Geschmack, wenig Säure und nur etwas Tannin. Die Piemontesen servieren den Dolcetto meist am Anfang zur Pasta oder zum Risotto oder gleich als Aperitif mit etwas Schinken dazu, bevor das eigentliche Essen beginnt.

Einige der besten Dolcetto kommen aus der Region Alba und heißen somit Dolcetto d'Alba. Obwohl das Wetter in dieser Region von Jahr zu Jahr sehr unterschiedlich sein kann, sind die Jahrgangsunterschiede beim Dolcetto nicht so gravierend wie bei Weinen wie Barolo und Barbaresco, da die Dolcetto-Trauben sehr früh gelesen werden und so den Wetterkapriolen gegen Ende des Herbstes entkommen.

Wir empfehlen Ihnen, den Dolcetto jung zu trinken – innerhalb der ersten drei oder vier Jahre nach der Lese. Die von uns empfohlenen Produzenten für Barolo und Barbaresco, etwas später in diesem Kapitel aufgeführt, machen meist auch einen guten Dolcetto.

# Barbera: der perfekte Wein für alle Tage

Barbera ist in Italien sehr populär. Tatsache ist, die Barbera-Traube ist neben der Sangiovese aus der Toskana die am häufigsten angebaute Rebsorte – rot und weiß – in ganz Italien.

Wenn wir nur einen Wein als unseren Alltagswein auswählen dürften, würde es der Barbera sein. Wir lieben seine kräftigen, fruchtigen Aromen (Sauerkirsche) und seine reinigende Säure. Wir finden, Barbera passt besonders gut zu Pasta, Pizza und allen Gerichten, die auf Tomaten basieren. Aber es sind sehr wandlungsfähige Weine, die fast zu jeder Art von Essen Freude bereiten.

Wir bevorzugen die Barbera aus den Zonen von Alba und Asti (somit heißen die Weine Barbera d'Alba oder Barbera d'Asti). Die meisten dieser Weine sind nicht im Barrique ausgebaut. Sie werden entweder gleich im Edelstahltank oder in den großen, alten Eichenfässern ausgebaut, die keinen Geschmack mehr abgeben. So bleiben die Weine fruchtbetont, haben eine erfrischende Säure und so gut wie kein Tannin. (Barbera ist eine ungewöhnliche Rotweinsorte, da sie kaum Tannin hat. Siehe auch Kapitel 3.)

Momentan steht uns ein ganzes Feuerwerk an guten Rebsorten zur Verfügung: 2000, 1999, **1998**, **1997**, 1996, 1995. Somit können Sie sich ganz auf den gewünschten Reifegrad konzentrieren. Barbera schmeckt bereits in seiner Jugend hervorragend, also gleich, wenn er zwei Jahre nach der Lese zum Verkauf freigegeben wird, aber die guten Jahrgänge halten sich durchaus zehn oder mehr Jahre. Die Tabelle 8.1 zeigt sechs unserer absoluten Lieblings-Produzenten für Barbera und ihre Weine.

| Produzenten | Wein(e) |
| --- | --- |
| Vietti | Barbera d'Alba, Scarrone oder Bussia (Einzellagen) |
| Giacomo Conterno | Barbera d'Alba |
| Giuseppe Mascarello | Barbera d'Alba (jeden seiner Barberas) |
| Giuseppe Rinaldi | Barbera d'Alba |
| Angelo Gaja | Barbera d'Alba »Vignarey« (Barrique) |
| Giacomo Bologna | Barbera di Rocchetta Tanaro »Bricco dell'Uccellone« oder »Bricco della Bigotta« (beide aus der Zone von Asti, Barrique) |

*Tabelle 8.1: Empfohlene Barbera-Winzer und ihre Weine*

# Nebbiolo: der Baby-Barolo

Wenn Sie einmal einen Nebbiolo aus dem Piemont erleben wollen, ohne die heftigen Preise für Barolo und Barbaresco – die beiden herausragenden Beispiele dieser Rebsorte – bezahlen zu wollen, kaufen Sie einen einfachen Nebbiolo. (Diese Weine heißen Nebbiolo d'Alba oder manchmal auch Nebbiolo Langhe.)

Die Trauben für diese einfacheren Nebbiolo-Weine wachsen außerhalb der Zonen für Barolo und Barbaresco, und die Weine sind auch weniger dicht und nicht so komplex. Aber sie können ein guter Kauf sein (10 € bis 18 €), speziell in den besseren Jahrgängen (achten Sie auf die Weine aus 2000, 1999, **1998**, **1997**, 1996 und 1995). Trinken Sie Ihren Nebbiolo innerhalb der ersten fünf bis sechs Jahre nach der Lese (die guten Jahrgänge halten auch ein paar Jahre länger).

 Nebbiolo-Weine, eher leicht bis mittelgewichtig, passen hervorragend zu Pasta mit Fleischsauce, Geflügel oder zu Kalb. Die von uns empfohlenen Winzer aus Barolo oder Barbaresco, etwas später in diesem Kapitel aufgelistet, kann man auch für Nebbiolo empfehlen.

# Die zwei großen »B« des Piemont

Barolo und Barbaresco sind die berühmten Zwillinge aus dem Piemont und gleichzeitig zwei der größten Rotweine von ganz Italien. Beide Weine werden jeweils nach einem Dorf in dem jeweiligen Anbaugebiet benannt und komplett aus Nebbiolo-Trauben gekeltert. Die beiden Anbaugebiete von Barolo und Barbaresco liegen nicht weit voneinander entfernt. Barbaresco ist etwas nordöstlich der Stadt Alba, und Barolo liegt südwestlich von Alba.

Barolo und Barbaresco sind zwei der robustesten, trockensten Rotweine der Welt. Und es sind wohl auch die beiden unter den großen Rotwein der Welt, die am leichtesten unterschätzt werden, da sie in ihrer Jugend nicht gerade einfach zu trinken sind. Ihre kantigen Tannine brauchen eine gewisse Reife, die erst mit dem Alter kommt. Nachdem Sie aber einmal einen gereiften Barolo oder Barbaresco von einem guten Produzenten probiert haben, können Sie die Größe dieser Weine erfassen.

 Die Unzugänglichkeit in ihrer Jugend ist das eine, Barolo und Barbaresco halten noch ein weiteres Handicap für uns Weintrinker bereit – eines, das sie mit den klassischen Burgundern teilen: Man muss wissen, wo die guten Produzenten zu finden sind, um große Weine kaufen zu können (das gilt insbesondere für den Barolo).

Die Produzenten von Barolo und Barbaresco ähneln mehr den Winzern in Burgund als denen aus Bordeaux, vor allem in Hinblick auf die produzierten Mengen. Der typische Winzer in Barolo/Barbaresco hat von jedem Wein nur etwa 12.000 bis 18.000 Flaschen pro Jahr. Somit sind gute Barolo und Barbaresco immer rar.

 Am besten kaufen Sie die Weine sofort, nachdem diese zum Verkauf freigegeben werden (etwa drei Jahre nach der Lese bei den Barbaresco und vier Jahre beim Barolo), und lagern sie selbst.

## *Nebbiolo: Teer und Rosen*

Die Rebsorte Nebbiolo ist nach dem italienischen Wort *nebbia*, auf Deutsch »Nebel« benannt – ein klimatisches Phänomen, das in den Hügeln des Piemonts regelmäßig auftritt, eigentlich jeden Morgen und jeden Abend im langen, relativ warmen, aber feuchten Piemonteser Herbst. Die Wachstumsbedingungen scheinen für den Nebbiolo einfach perfekt zu sein, da das Piemont die einzige Weinbauregion auf Erden ist, die mit dieser Rebsorte wirklich erfolgreich ist.

Die Nebbiolo ergibt stämmige, sehr trockene, körperreiche Weine mit dem typischen hohen Alkoholgehalt (13 % – 15 % vol.), viel Tannin und einer ausgeprägten Säure. Teer und Rosen sind nur zwei der vielen, sehr unterschiedlichen Aromen, die sich in Nebbiolo-Weinen entwickeln können. Obwohl die Nebbiolo in ihrer Jugend eine kräftige rubinrote Farbe haben, gehen sie sehr schnell in ein helles Ziegelrot über und entwickeln im Alter einen ausgeprägten braunen Rand.

# Barolo und Barbaresco: ein Genuss

Da Barolo und Barbaresco von derselben Rebsorte kommen und die Gebiete relativ nah beisammen liegen, sind sie auch im Stil sehr ähnlich: beide mit einer komplexen, dichten Textur und vielschichtigen Aromen von Teer, Veilchen, Rosen, Kampfer, Lakritze, reifen Erdbeeren und manchmal sogar weißem Trüffel.

Beide Weine sind erst nach einigen Jahren wirklich gut – 10 und mehr Jahre bei den guten Jahrgängen. (Einige Produzenten bauen die Weine inzwischen in Barriques aus französischer Eiche aus, was einen untypischen Stil zur Folge hat, wie die Puristen behaupten, aber die Weine öffnen sich schneller.) Barolo ist noch etwas kräftiger im Körper wie die Barbaresco und braucht eine etwas längere Lagerung.

 Wenn Sie herausbekommen wollen, ob ein bestimmter Produzent in Barolo oder Barbaresco eher zu den Traditionalisten zählt, deren Weine etwas langsamer reifen, oder eher ein Modernist ist, dessen Weine schneller trinkreif sind, dann schauen Sie in Kapitel 11 unseres Buches *Wein für Dummies*.

 Wie die meisten italienischen Rotweine schmecken auch Barolo und Barbaresco am besten, wenn sie von einem anständigen Essen begleitet werden. Beide passen hervorragend zu einem schönen Braten, am besten einem Rinderbraten, der mit demselben Wein abgelöscht wird. (Um die Kosten zu drücken, verwenden wir oft einen Barbera zum Kochen.) Köstlich sind die beiden auch zu Wild wie etwa Hirsch, Wildschwein oder Kaninchen oder geschmacksintensiven Wildvögeln wie Fasan oder Ente oder gleich einem der gereiften Käse aus der Region.

 Da es stämmige Weine mit viel Tannin sind, profitieren Barolo und Barbaresco davon, wenn sie ein paar Stunden gelüftet werden, besonders, wenn sie jünger als sechs Jahre sind. (Blättern Sie zurück in Kapitel 5 dieses Buches, da wird in dem Block »Dekantieren oder nicht Dekantieren – das ist die Frage« erklärt, warum man dekantiert und wie es geht.)

Die guten Barolo und Barbaresco kosten etwa 30 € bis 60 €, wobei die Besten noch deutlich teurer sein können.

 Beide, Barolo und Barbaresco, haben eine gewaltige Serie sehr guter bzw. hervorragender Jahrgänge hinter sich: 2000, 1999, 1998, **1997**, **1996**, 1995. Auch 2000 könnte sich noch unter die herausragenden Jahrgänge einreihen, die Weine haben eine gewaltige Frucht und angenehm weiche, runde Tannine. Die Zeit wird es zeigen, sie sind ja noch nicht auf dem Markt. Jetzt schön zu trinken sind die Weine aus den Jahren **1990**, **1989** und 1988.

## Piemont - unsere zweite Heimat

Die, die uns besser kennen, wissen um unsere Liebe für das Piemont. Wir haben diese Region schon sehr viel öfter bereist als jede andere Weinregion auf der Welt, da wir uns zu den Weinen, dem Essen, den Menschen und der schönen Landschaft einfach hingezogen fühlen. Etwas abseits in einer ruhigen Ecke von Italien liegt das Piemont abseits der großen Touristenströme, und das bevorzugen wir. Es hat kein Rom, Florenz oder Venedig, das Horden von Touristen aus der ganzen Welt anzieht. Die hart arbeitenden, bescheidenen und freundlichen Piemontesen sind (mit Recht!) stolz auf ihre Weine und ihre gute Küche. Fahren Sie im Herbst ins Piemont und genießen Sie in einem der vorzüglichen Restaurants einen Teller Nudeln mit weißen Trüffeln und dazu einen schönen Barbera. Wir sind uns sicher, auch Sie kommen zu der Erkenntnis:»So lässt sich leben!«

# Empfehlenswerte Barolo

Viele Produzenten machen jedes Jahr mehrere unterschiedliche Barolo. Einige Weine werden nur aus den Trauben einer speziellen Lage gemacht, und der Lagenname wird auf dem Etikett genannt. Andere Weine werden aus den Trauben verschiedener Lagen zusammengestellt, und somit kann auch kein Lagenname auf dem Etikett auftauchen. Eine Riserva muss entsprechend länger im Fass gelagert werden, bevor sie zum Verkauf angeboten werden darf (und sollte auch immer die Auslese-Qualität sein, die entsprechend länger reifen kann).

In Tabelle 8.2 finden Sie die von uns empfohlenen Barolo, grob nach unseren Vorlieben sortiert. (Da viele Produzenten mehrere verschiedene Weine machen, können sie auch mehrfach in unserer Liste auftauchen.) Die Einzellage ist, wenn vorhanden, jeweils hinter dem Namen angegeben.

Wenn Sie einen dieser Weine aussuchen, behalten Sie stets die von uns empfohlenen Jahrgänge im Auge – entweder an Hand der Empfehlungen etwas weiter vorn oder im Anhang D. Wenn wir glauben, ein Produzent habe auch in einem weniger guten Jahrgang einen sehr guten Barolo gemacht, dann haben wir das in der Tabelle vermerkt.

 Als Einstiegsweine zu den hier in Tabelle 8.2 aufgeführten herausragenden Barolo empfehlen wir Ihnen, den Barolo von Le Terre del Barolo (etwa 20 €) zu probieren. Dieser Wein ist etwas leichter als die nachfolgenden, aber auch früher trinkbar und nicht so teuer. Andererseits hat er dieselbe Charakteristik wie die erheblich teureren Barolo in Tabelle 8.2. In einem guten Jahr wie 1999, 1998 oder gar 1997 ist er ein besonders interessanter Kauf.

| Erzeuger | Empfohlene Weine |
|---|---|
| Giuseppe Mascarello | Barolo Monprivato (auch 1991 ist gut) |
| Giacomo Conterno | Barolo Riserva »Monfortino« (auch 1987 ist gut) |
| Vietti | Barolo Riserva Villero (speziell der Jg. 1990) Barolo Rocche Barolo Lazzarito |
| Giacomo Conterno | Barolo » Cascina Francia » |
| Giuseppe Rinaldi | Barolo Brunate (auch 1983 und 1986 sind gut) |
| Giuseppe Mascarello | Barolo (auch 1986 ist gut) |
| Bruno Giacosa | Barolo Rionda di Serralunga Barolo Falletto di Serralunga |
| Ceretto | Barolo Bricco Rocche (speziell der Jg. 1990) |
| Aldo Conterno | Barolo Bussia Soprana Barolo, Vigna Colonnello (sehr kleine Menge) Barolo, Vina Cicala (sehr kleine Menge) Barolo, Granbussia (sehr kleine Menge) |
| Angelo Gaja | Barolo Sperss (auch 1991 ist gut) |
| Pio Cesare | Barolo Ornato |
| Giuseppe Mascarello | Barolo Villero |
| Ceretto | Barolo Brunate Barolo Prapó |
| Carretta | Barolo Cannubi |
| Renato Ratti | Barolo Marcenasco |
| Prunotto | Barolo Bussia Barolo Cannubi |
| Luciano Sandrone | Barolo Connubi Boschis |
| Paolo Scavino | Barolo Bric' del Fiasc' |
| Manzone | Barolo Gramolere |
| Pio Cesare | Barolo |
| Marcarini | Barolo Brunate Barolo La Serra |
| Roberto Voerzio | Barolo Cerequio Barolo Brunate Barolo La Serra |
| Fontanafredda | Barolo Vigna La Rosa |

| Erzeuger | Empfohlene Weine |
|----------|------------------|
| Marchesi di Barolo | Barolo Cannubi |
| | Barolo Sarmassa |
| Conterno-Fantino | Barolo Sori' Ginestra |
| | Barolo Vigna de Gris |

*Tabelle 8.2: Die empfehlenswerten Barolo*

### Ein anderer guter (und weniger teurer) Roter aus dem Piemont

Barolo und Barbaresco ziehen natürlich die gesamte Aufmerksamkeit der Weinkritiker auf sich, aber Gattinara, der immer mindestens 90 Prozent Nebbiolo enthalten muss, ist das Schnäppchen unter den »ernsthaften« Rotweinen des Piemonts. Gattinara bietet die gleichen wundervollen Aromen und den Geschmack der berühmteren Brüder, aber in einer etwas angenehmeren Preisklasse (12 € bis 20 €). Gattinara sind aber nicht so komplex und deutlich leichter im Körper als Barolo und Barbaresco. Dafür aber auch etwas zugänglicher und früher trinkreif.

Die zwei Produzenten für Gattinara, auf die Sie achten sollten, sind Antoniolo und Travaglini, und zwar in den gleichen Jahrgängen wie die, die wir für Barolo und Barbaresco (etwas früher in diesem Kapitel) empfohlen haben.

Im Nordosten des Piemonts, in der Umgebung der Stadt Gattinara, ist die Nebbiolo-Rebe auch noch unter ihrem lokalen Namen Spanna bekannt. Einige Weine aus dieser Gegend, die nicht direkt in der Zone für den Gattinara wachsen, werden unter dem lokalen Rebsortennamen Spanna vermarktet.

## Empfehlenswerte Barbaresco

Wie beim Barolo machen auch die Winzer beim Barbaresco mehr als einen Wein pro Jahrgang. Manche Weine werden auch hier als Einzellagen ausgebaut, mit dem Lagennamen auf dem Etikett, und andere Weine werden aus unterschiedlichen Lagen komponiert, und somit taucht auch kein Lagenname auf. Riservas müssen auch hier entsprechend länger gelagert werden (und man kann annehmen, dass es sich um bessere Weine handelt, die es wert sind, länger gelagert zu werden.)

In Tabelle 8.3, finden Sie die von uns empfohlenen Barbaresco in einer groben Reihenfolge unserer Präferenzen. Der Lagenname eines jeden Weines ist (wenn vorhanden) angegeben. Achten Sie auf die von uns empfohlenen Jahrgänge, wenn Sie einen Wein aussuchen.

| Erzeuger | Empfohlene Weine |
|---|---|
| Bruno Giacosa | Barbaresco Riserva Santo Stefano |
| Angelo Gaja | Barbaresco Sori' San Lorenzo |
| | Barbaresco Sori' Tildin |
| Ceretto | Barbaresco Bricco Asili |
| Marchesi di Gresy | Barbaresco Cru Gaiun |
| | Barbaresco Camp Gros |
| Cigliuti | Barbaresco Serraboella |
| Angelo Gaja | Barbaresco |
| Moccagatta | Barbaresco Bric Balin |
| | Barbaresco Basarin |
| | Barbaresco Cole |
| Produttori del Barbaresco | Barbaresco Asili |
| | Barbaresco Rabajá |
| Bruno Giocosa | Barbaresco Gallina di Neive |
| Ceretto | Barbaresco Faset |
| Marchesi di Gresy | Barbaresco Martinenga |
| Castello di Neive | Barbaresco Santo Stefano |

*Tabelle 8.3: Die empfehlenswerten Barbaresco*

# Toskana, die Heimat des Chianti

Inzwischen haben zwar auch Winzer in Kalifornien und Argentinien die Sangiovese entdeckt und machen daraus interessante Weine, aber um die Sangiovese von ihrer schönsten Seite zu erleben, muss man die Rotweine der Toskana probieren. Nirgendwo sonst bringt sie so duftige, eigenständige, finessenreiche Weine hervor.

Sangiovese war schon immer die Hauptrebsorte für den Chianti. Aber die offizielle Rebsortenzusammenstellung hat sich deutlich geändert. Die Weinkontrollbehörde erlaubt inzwischen bei manchen Chianti (speziell die aus dem Kerngebiet, bekannt als Chianti Classico), dass sie komplett aus Sangiovese-Trauben gekeltert werden dürfen. Sangiovese ist, da sind wir uns sicher, ein zukünftiger Star, nicht nur in den Vereinigten Staaten oder in Argentinien, sondern auch in seiner Heimat Toskana.

Das Gebiet für den Chianti in der Zentral-Toskana endet im Norden vor den Toren des berühmten Florenz und im Süden vor den Toren seines alten Rivalen, dem farbenfrohen, alten Siena. Dieses große Anbaugebiet wird in sieben Zonen unterteilt:

✔ Die größte Zone ist die des Chianti Classico im Herzen des Anbaugebietes. Die besten und renommiertesten Chiantis werden aus den Trauben gemacht, die in den Hügeln des Chianti Classico gewachsen sind. (Diese Weine werden dann »Chianti Classico« genannt.)

✔ Die einzige Chianti-Zone, die dem Chianti Classico Konkurrenz machen kann, ist Chianti Rufina.

✔ Fünf weitere Chianti-Zonen sind berechtigt, ihren Namen an Chianti anzuhängen, wie etwa Chianti Senesi für die Weine aus der Gegend von Siena. Es gibt einzelne, wunderbare Weine, aber keines dieser Gebiete hat einen eigenen Stil entwickelt, so dass wir sie hier nicht einzeln auflisten.

✔ Die leichtesten und billigsten Chianti tragen einfach nur die Bezeichnung Chianti (ohne die Zuordnung zu einer bestimmten Herkunft).

Chianti ist ein sehr trockener Wein mit dem Bouquet von Kirschen und Veilchen, im Mund dominiert ebenfalls Sauerkirsch, und was auffällt, ist meist eine kräftige Säure. Es gibt viele verschiedene Versionen von Chianti, beginnend bei ganz leichten, erfrischenden Weinen bis hin zu sehr kräftigen, stoffigen Weinen. Einige der besseren Chianti reifen ein Jahr länger im Fass, um sich die Bezeichnung Chianti Riserva zu verdienen. (Manche Chianti Riserva reifen inzwischen auch in französischen Eichenfässern, den Barriques. Wie beim Wein differenzieren die Franzosen auch bei den Eichen, wo diese gewachsen sind. So gelten die französischen Barriques als die Besten der Welt. Sie geben den Weinen eine besondere Komplexität.)

Die guten Chianti sind meist in einem Alter von fünf bis acht Jahren auf ihrem Höhepunkt, aber sie können jederzeit zehn Jahre alt werden. Besonders gute Weine aus guten Jahrgängen können auch noch deutlich älter werden. Die Riserva-Qualitäten sollten hier grundsätzlich dazuzählen. Die leichten Weine (die, die einfach als »Chianti« deklariert werden) sind sofort trinkreif, wenn sie ein Jahr nach der Lese auf den Markt kommen, und sollten dann auch bald getrunken werden. (Für mehr Information zum Chianti blättern Sie zurück zu »Il Magnifico Chianti« in Kapitel 4)

 Die guten Chianti Classico haben zwar in den letzten Jahren deutlich im Preis angezogen (10 € bis 18 €), aber ebenso in der Qualität. Verglichen mit den Qualitäten und Preisen in Montalcino und Montepulciano sind es oftmals Schnäppchen. Außerdem gibt es da noch eine ganze Menge wundervolle, leichte Chianti für etwa 5 € bis 7 €, die jeden Sommerabend zu einem kleinen Urlaub werden lassen. Gute Chianti Rufina liegen inzwischen ähnlich im Preis, und für gute Riservas, egal ob Classico oder Rufina zahlt man zwischen 12 € und 25 €.

 Die letzten großen Jahrgänge im Chianti waren 2001, **1999**, **1997**, 1996, 1995. Und wenn Sie das Vergnügen haben, einen schönen Wein aus dem fantastischen Jahrgang **1990** oder 1988 im Glas zu haben, werden Sie an uns denken.

# Empfehlenswerte Produzenten im Chianti

Die großen Chianti-Produzenten wie Antinori oder Frescobaldi machen eine ganze Palette an unterschiedlichen Chianti – meist einen einfachen Chianti, ein oder zwei Chianti Classico (von unterschiedlichen Lagen oder Weingütern, denn diese großen Produzenten besitzen gleich mehrere Anwesen) und einen oder mehrere Chianti Classico Riserva (aus einer anderen Lage oder von einem anderen Weingut). Die kleineren, unabhängigen Weingüter machen meist einen Chianti oder Chianti Classico und in guten Jahren auch noch einen Riserva, das war's.

In den folgenden zwei Auflistungen stellen wir keine speziellen Weine heraus (es gibt zu viele davon), sondern führen nur die Produzenten auf, die wir empfehlen können. Aus unserer Erfahrung bürgen die guten Produzenten bei jedem ihrer Weine für eine entsprechende Qualität. Alle der hier aufgeführten Produzenten (außer dreien) liegen im Chianti Classico (die drei Winzer im Chianti Rufina haben wir entsprechend gekennzeichnet.)

 Wir haben unsere persönlichen Favoriten unter den Chianti-Produzenten in zwei Gruppen eingeteilt und sie innerhalb der Gruppe jeweils alphabetisch aufgelistet. Obwohl wir die Produzenten der ersten Gruppe persönlich bevorzugen, zögern Sie nicht, auch die aus der zweiten Gruppe zu probieren. Wir denken, sie sind alle gut. Bitte vergeben Sie uns, wenn wir gerade Ihren Lieblingswinzer übergangen haben.

✔ Antinori

✔ Badia a Coltibuono

✔ Brolio

✔ Castell'in Villa

✔ Castellare

✔ Castelo dei Rampolla

✔ Castello di Fonterutoli

✔ Castello di Volpaia

✔ Isole e Olena

✔ Fattoria di Felsina

✔ Fontodi

✔ Monte Vertine

✔ Podere Il Palazzino

✔ San Giusto a Rentennano

Zu den weiteren guten Chianti-Produzenten zählen:

✔ Castello di Ama

✔ Castello di Cacchiano

✔ Castello di Gabbiano

✔ Dievole

✔ Frescobaldi (Chianti Rufina)

✔ Melini

✔ Monsanto

✔ Renzo Masi (Chianti Rufina)

✔ Ruffino

✔ San Felice

✔ Selvapiana (Chianti Rufina)

✔ Villa Cafaggio

✔ Villa Cerna

✔ Viticcio

## Die berühmten »Vini da tavola«

In den Siebzigern des letzten Jahrhunderts lag die Region Chianti wirtschaftlich danieder, und wie so oft waren die bestehenden Weingesetze nicht auf Qualität ausgerichtet. Und so versuchten innovative Winzer wie Piero Antinori, Marchesi Incisa della Rocchetta (der Cousin von Antinori) und das Weingut Castello dei Rampolla, neue Wege zu gehen. Dabei verließen sie mit ihren neuen Konzepten für hochwertige Weine sehr schnell die engen Grenzen der bestehenden Weingesetze und mussten ihre neuen Spitzenweine als *vino da tavola*, die einfachste Qualitätsstufe, deklarieren. Der Erfolg war überwältigend, die Käufer achteten nicht auf die offizielle Qualitätsstufe, sondern auf die Qualität in der Flasche. In der Folge musste in den Achtzigern jedes anständige Weingut einen entsprechenden *vino da tavola* im Programm haben. Wie bei jeder Mode wurde auch hier vieles übertrieben und nicht alle Weine waren die überzogenen Preise wert.

Bei vielen dieser Weine wurde die einheimische Sangiovese mit einer internationalen Rebsorte, meist Cabernet Sauvignon, kombiniert (in einigen Fällen auch Cabernet Franc, Merlot oder sogar Syrah). Manche dieser Weine wurden aber auch ganz einfach zu 100 Prozent aus der Sangiovese gekeltert (das entsprach zu diesem Zeitpunkt nicht dem gesetzlichen Reglement für einen Chianti Classico).

Später nannte man diese Weine dann auch Super-Tuscans. Die Pioniere für diese Weine und immer noch die bekanntesten unter den inzwischen zahlreichen Variationen sind:

✔ **Antinori**: »Tignanello« und »Solaia«

✔ **Incisa della Rocchetta**: »Sassicaia«

✔ **Castello dei Rampolla**: »Sammarco«

✔ **Lodovico Antinori**: »Ornellaia«

Was alle diese Super-Tuscans neben der hohen Qualität gemeinsam haben, ist der hohe Preis und dass es nicht einfach ist, sie überhaupt zu bekommen. Die erzeugten Mengen sind auch heute noch relativ gering. Die meisten dieser Weine bewegen sich in einem Preisbereich von 30 € bis 50 €, wobei die gesuchten Weine (wie etwa Sassicaia und Solaia) bereits im Preisbereich von 90 € bis 180 € liegen. Die teuren Jahrgänge wie 1997, 1990 oder 1988 können auch schon deutlich über 200 € kosten.

Nachdem sich die Region Chianti wirtschaftlich erholt hat und der Name Chianti zu seiner alten Größe zurückgekehrt ist, sind die *vino da tavola* sowohl wirtschaftlich als auch fürs Renommee nicht mehr ganz so wichtig, und mancher Winzer ist in den Schoß des Chianti Classico zurückgekehrt. Ein schönes Beispiel dafür ist Castello di Fonterutoli, die einige Super-Tuscans eingestellt haben und sich (fast) ganz auf ihren Chianti Classico Riserva konzentrieren, ein fantastischer Wein. Aber wir haben zwei persönliche Favoriten unter den Super-Tuscans, die wir Ihnen nicht vorenthalten wollen – beide zu 100 Prozent aus Sangiovese und in neuen französischen Barriques ausgebaut:

✔ **Monte Vertine**: »Le Pergole Torte«

✔ **San Giusto a Rentennano**: »Percarlo«

Mit 40 € bis 50 € sind diese beiden Weine nicht ganz so teuer wie manche der anderen Super-Tuscans, und wir glauben, dass sie trotzdem zu den besten Weinen der Toskana zählen. Achten Sie auf die Jahrgänge 1990, 1995, 1997 und 1999.

 So wie Sie es auch mit jungen Barolo und Barbaresco machen, empfehlen wir Ihnen, auch die jungen Super-Tuscans einige Stunden vorher zu dekantieren. Mit etwas Luftkontakt werden sie erheblich zugänglicher.

## Brunello di Montalcino, der große Bruder des Chianti

Südlich der Chianti-Region liegt die alte, majestätische Festungsstadt Montalcino, die zwei auf Sangiovese basierenden Weinen ihren Namen gegeben hat:

✔ Brunello di Montalcino

✔ Rosso di Montalcino

In der Region um Montalcino wird eine Spielart der Sangiovese-Rebe, die Sangiovese grosso (früher auch Brunello genannt) angebaut. Mit ihren kleineren Beeren ergibt sie dichtere, komplexere, langlebigere Weine als im Chianti. Der Spitzenwein der Region, der Brunello di Montalcino, ist nicht nur einer der langlebigsten Weine Italiens, sondern der ganzen Welt. Zusammen mit den beiden großen »B« aus dem Piemont (Barolo und Barbaresco) bildet er das Triumvirat der großen italienischen Rotwein-Klassiker.

Der Brunello di Montalcino hat mit einem Chianti nicht viel gemeinsam. Es ist ein muskulöser, konzentrierter Wein mit viel Tannin, der einige Jahre im Keller benötigt (mindestens 10 Jahre in einem guten Jahrgang). Ein Brunello di Montalcino 1990 ist jetzt gerade schön zu trinken. Geben Sie dem Brunello unbedingt einige Stunden Luft, wenn Sie ihn jung servieren wollen.

Die guten Brunello kosten zwischen 30 € und 50 €, auch wenn man schon mal den einen oder anderen für um die 20 € bekommen kann. Die Riserva-Qualitäten und Einzellagen kosten entsprechend mehr. Die zwei teuersten Brunello di Montalcino – der von Biondi-Santi und Soldera's Case Basse – kosten bereits über 100 € die Flasche! (Die Familie Biondi-Santi »schuf« den Brunello di Montalcino im 19. Jahrhundert. Ihr Brunello von 1891 ist legendär.)

 Wenn Sie nicht die Geduld haben, oder nicht das Geld für einen Brunello di Montalcino investieren wollen, können wir Ihnen von Herzen die »Junior-Version« des Brunello empfehlen, den Rosso di Montalcino. Dieser Wein wird ebenfalls wie sein großer Bruder komplett aus der Sangiovese grosso gekeltert. Meist stammt er von den jüngeren Rebanlagen, die noch nicht die komplexe Frucht und die Dichte haben, um daraus Brunello zu erzeugen.

Rosso di Montalcino ist daher leichter, weniger komplex und nicht so teuer (10 € bis 18 €) – somit die zugänglichere und früher trinkreife Version der beiden berühmten Geschwister. Für uns ist der Rosso di Montalcino immer noch einer der großen Rotweine mit dem besten Preis-Leistungsverhältnis. Und Sie müssen ihn nicht groß lagern, trinken Sie ihn in den ersten acht Jahren nach der Lese. Probieren Sie einmal einen Rosso di Montalcino von den empfehlenswerten Brunello-Winzern, die wir im nächsten Abschnitt aufführen.

## Empfehlenswerte Brunello di Montalcino

In der folgenden Liste, alphabetisch und in zwei Gruppen, finden Sie unsere Lieblings-Winzer in Montalcino. Wir haben eine leichte Präferenz für die Winzer der ersten Gruppe, aber ihre Weine sind auch meist etwas teurer als die aus der zweiten Gruppe. Wie auch beim Chianti sind die Brunello aus den Jahrgängen **1999**, **1997** und **1990** herausragend. 1995 und 1996 gelten als sehr gut bzw. gut. Manche davon sind jetzt schon zu trinken, ansonsten kann man auch noch auf die Jahrgänge 1991 und 1993 zurückgreifen, die teilweise deutlich besser sind als ihr Ruf.

Zu unseren Lieblings-Winzern in Montalcino gehören:

✔ Altesino, für die Einzellage »Montosoli«

✔ Biondi-Santi

✔ Caparzo, für den Wein »La Casa«

✔ Case Basse (der Winzer heißt Soldera)

✔ Ciacci Piccolomini (für die Lage Pianrosso, aber auch die normalen Brunello)

✔ Costani

✔ La Torre

✔ Poggio Antico

✔ Il Poggione

✔ Siro Pacenti

Zu den auch von uns empfohlenen Winzern gehören:

✔ Altesino (für die normalen und die Riserva-Qualitäten)

✔ Argiano

✔ Castello Banfi

✔ Fattoria dei Barbi

✔ Campogiovanni

✔ Caparzo (für die normalen und die Riserva-Qualitäten)

✔ Castelgiocondo (gehört der Familie Frescobaldi aus Chianti Rufina)

✔ Col d'Orcia

✔ Il Greppone Mazzi

✔ Lisini

✔ Pieve Santa Restituta

✔ Val di Suga

## Zwei weitere bemerkenswerte Rotweine der Toskana

Vino Nobile di Montalcino und Carmignano sind zwei weitere Rotweine der Toskana, die es wert sind, sie einmal zu verkosten.

 Die Weinberge um Montepulciano, einer kleinen netten Stadt südöstlich von Siena, sind ebenfalls mit einer besonderen Spielart des Sangiovese bestockt. Sie heißt hier Prugnolo Gentile. Die besten Produzenten für Vino Nobile sind Avignonesi, Boscarelli, Dei und Poliziano. Sowohl preislich als auch qualitativ liegen sie zwischen den guten Chianti Classico und einem vernünftigen Brunello di Montalcino. Die guten Jahrgänge sind dieselben wie beim Chianti oder beim Brunello di Montalcino. Die Winzer des Vino Nobile machen auch noch einen Rosso di Montepulciano: eine günstigere, leichtere und früher zu trinkende Variante des Vino Nobile di Montepulciano.

 Das kleine Anbaugebiet für den Carmignano liegt im nördlichen Teil der Toskana westlich von Florenz. Carmignano wird von der Sangiovese dominiert, aber bereits seit über 100 Jahren wird er hier mit etwa 10 Prozent Cabernet Sauvignon »verbessert«, um einen eleganteren, finessenreicheren Wein zu erzeugen. Die beiden besten Winzer für Carmignano sind die Villa di Capezzana und Ambra. Die guten Jahrgänge sind mit denen im Chianti identisch. Die Preise bewegen sich auf dem gleichen Niveau wie im Chianti Classico.

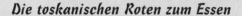

> **Die toskanischen Roten zum Essen**
>
> Die leichten, günstigen Chianti und auch die Rosso (di Montalcino oder di Montepulciano) sind perfekte Allrounder – ob Spaghetti, Pizza oder nur eine solide Brotzeit: Ein Chianti schmeckt immer. Junge Chianti Classico, Vino Nobile oder Carmignano passen hervorragend zu Geflügel oder auch Kaninchen. Zu einem Chianti Classico Riserva oder einem reifen Chianti kann man auch ein anständiges Steak in die Pfanne hauen oder nur ein Stück Parmigiano Reggiano genießen. Oder Sie schlagen ein Kochbuch über die toskanische Küche auf und sind die nächsten Wochen mit einer Küche beschäftigt, die so herrlich einfach und deftig sein kann und dabei doch so viel Finesse besitzt. Ein Brunello di Montalcino schreit förmlich nach einem richtigen Stück Fleisch: ein Rinderbraten, Wild, vielleicht sogar ein Fasan oder auch hier nur ein schönes Stück reifen Parmigiano.

# Sonst wo in Italien ...

Italien macht so viele Weine, besonders Rote, dass es unmöglich ist, all diese wundervollen Weine gebührend herauszustellen. In diesem Abschnitt wollen wir einige der wichtigsten und interessantesten Rotweine aus den anderen Regionen Italiens vorstellen. Wir beginnen oben im Norden und arbeiten uns hinunter bis Sizilien.

## Südtirol/Trentino

Diese Doppelprovinz ganz im Norden zählt eigentlich nicht wirklich zu Italien. Zu sehr erinnert der Rebsortenspiegel und die Art, Wein zu machen, an Österreich bzw. Deutschland. Aber es ist neben Sizilien die Region in Italien, die sich von ihrem Image als Billigweinland lösen konnte und heute äußerst interessante, immer noch sehr preiswürdige Weine liefert. Die wichtigste Rebsorte, die Grundlage für den berühmten Kalterer See, ist immer noch der Vernatsch. In den meisten Fällen ein einfacher Brotzeitwein ohne viel Farbe, ohne Tannin und wie böse Zungen behaupten: ohne Geschmack!

Aber probieren Sie einmal einen der vielen erstklassigen Pinot Noir aus Südtirol oder die alte, regionale Rebsorte Lagrein. Und wenn Sie viel Glück haben, begegnet Ihnen vielleicht eine Flasche Cabernet Sauvignon »Lafóa« von Schreckbichl oder ein Cabernet Sauvignon »Löwengang« oder gar »Cór« von Alois Lageder. Nicht nach dem Preis (40 € bis 50 €) fragen – kaufen! Es sind keine Granaten wie aus der Neuen Welt, dafür aber vielleicht die elegantesten, subtilsten Cabernets, die außerhalb von Bordeaux gemacht werden.

Im Trentino stechen vor allem zwei lokale Rebsorten hervor, der Marzemino und der Teroldego. Und wer einmal einen »Granato« (ein im Barrique ausgebauter Teroldego, kostet etwa 30 €) von Elisabetta Foradori im Glas hatte, wird diesen schweren Duft von Lakritze, Pflaume, aber auch etwas Kirsche und Veilchen nie wieder vergessen. Ein schönes Beispiel ist auch der Teroldego Riserva von Endrizzi (etwa 15 €).

## Die Region Venetien

Das Veneto, wie es auf Italienisch heißt, liegt im Nordosten Italiens mit der pittoresken Stadt Verona und dem schönen Gardasee als Zentrum. Es ist eines der größten Weinanbaugebiete Italiens. Der Chianti ist zwar Italiens bekanntester Rotwein, aber zwei Rote aus dem Veneto, der Valpolicella und der Bardolino, sind fast genauso populär.

Der Valpolicella ist ein trockener, leichter bis mittelgewichtiger Wein der jung getrunken werden sollte, am besten innerhalb der ersten vier bis fünf Jahre. Lösen Sie sich von gewissen Vorurteilen. Er muss nicht so schrecklich schmecken wie das rote Wasser, das in vielen deutschen Pizzerien ausgeschenkt wird. Ganz im Gegenteil: Es ist zwar ein leichter, aber sehr duftiger, finessenreicher Wein, der gerade im Sommer leicht gekühlt richtig Spaß macht. Der Bardolino hat nur wenig Körper und eine Farbe kaum kräftiger als ein anständiger Rosé. Es ist ein trockener, knackiger Sommer-Rotwein, den Sie leicht gekühlt servieren sollten. Trinken Sie den Bardolino innerhalb der ersten drei Jahre nach der Lese.

 Bolla und Masi sind zwei große, angesehene Produzenten, die beide Weine machen und über ein weltweites Vertriebsnetz verfügen. Die Weine dieser Produzenten kosten zwischen 6 € und 10 €. Für etwas interessantere, aber auch etwas teurere Versionen des Valpolicella sollten Sie einmal die Weine der folgenden Winzer probieren (in alphabetischer Reihenfolge):

✔ Alighieri

✔ Allegrini

✔ Guerrieri-Rizzardi (hat auch einen sehr guten Bardolino)

✔ Le Ragose

✔ Tommasi

Der Amarone della Valpolicella erlebt gerade seine Wiedergeburt in der Gunst der Weintrinker. Er wird zwar aus denselben Rebsorten (Corvina, Rondinella und Molinara) gemacht wie Valpolicella und Bardolino, und doch ist er der gehaltvollste Rotwein Italiens.

 Bei der Herstellung des Amarone werden die reifen Trauben noch für einige Monate auf dem Dachboden getrocknet, um sowohl den Traubenzucker als auch die Aromen extrem zu konzentrieren.

 Das Ergebnis ist ein aromatischer, samtiger, kraftvoller (14 % bis 16 % vol. Alkohol) und langlebiger Wein, der am besten ist, wenn er wenigstens 10 Jahre in der Flasche reifen durfte. Wenn er 20 Jahre Zeit hatte, finden wir die gute Amarone eigentlich noch besser. Zu einem Amarone muss die Küche schon was richtig Kräftiges auffahren. Oder Sie nehmen den Amarone gleich als Nachspeise. Er ist zwar nicht süß, aber sooo gut!

 Für Amarone empfehlen wir die folgenden Winzer (in alphabetischer Reihenfolge):

✔ Allegrini

✔ Bertani

✔ Bolla

✔ Masi

✔ Quintarelli

✔ Le Ragose

✔ Tommasi

## Lombardei

Einer der wenigen Plätze außerhalb des Piemonts, wo die Nebbiolo-Rebe erfolgreich angebaut wird, ist das Valtellina in der nördlichen Lombardei, direkt an der Grenze zur Schweiz. Hier werden vier Weine aus Nebbiolo-Trauben produziert: Grumello, Inferno, Sassella und Valgella.

Alle vier Weine sind eher leicht, nicht sehr teuer (unter 10 €), und im Gegensatz zu den tanninbeladenen, kräftigen Barolo und Barbaresco aus dem Piemont sollte man sie jung trinken (innerhalb von sechs Jahren), da sie nicht besonders gut altern.

# Emilia-Romagna

Einige Gastrokritiker behaupten, dass die beste Küche Italiens aus der Region Emilia-Romagna kommt. (Wenn man bedenkt, wie gut die Küche quer durch Italien ist, wird einem der Mut dieser Behauptung erst bewusst!) Zwei der gastronomischen Hauptstädte Italiens, Bologna und Parma, liegen in der Emilia-Romagna.

Lambrusco, der prickelnde Rotwein aus der Emilia-Romagna, der hier zur regionalen Küche genossen wird, ist weltweit bestens bekannt. Aber das, was vor Ort getrunken wird, hat nichts mit dem unsäglichen Gebräu zu tun, mit dem die großen Genossenschaften der Region die Pizzerien dieser Welt überschwemmen. Er ist fruchtig-bitter, trocken ausgebaut und noch etwas spritziger als die Export-Versionen. Die Menschen aus Bologna sind der Meinung, dass der Lambrusco der perfekte Wein zu ihrer kräftigen Küche ist; besonders fein ist er zu den lokalen Würsten.

# Umbrien

Das schöne, gebirgige Umbrien umfasst die Städte Assisi, Perugia und Orvieto. Die letztere hat dem bekanntesten Wein des Landes seinen Namen gegeben, einem Weißwein. Aber es werden – deutlich weniger bekannt – auch zwei sehr feine Rotweine in Umbrien gemacht.

Der Torgiano ist ein Wein, der auf dem Sangiovese basiert, somit eine gewisse Ähnlichkeit mit dem Chianti hat, und aus dem Gebiet um die Stadt Torgiano kommt. Der ausgezeichnete und sehr bekannte Winzer Lungarotti macht einen gefeierten, lagerfähigen Torgiano, den Rubesco Riserva. (Sein Rubesco wird für etwa 12 € verkauft, der Rubesco Riserva kostet je nach Jahrgang 18 € bis 25 €.)

Um die Stadt Montefalco wird ein eleganter, mittelschwerer Rotwein mit dem Namen Sagratino di Montefalco (gekeltert aus der regionalen Rebsorte Sagratino) produziert. Wir glauben, dass der Sagratino di Montefalco Italiens bester unbekannter Rotwein ist. Nicht einmal die Italiener außerhalb Umbriens können diesen Wein richtig zuordnen.

# Abruzzen

Der Montepulciano d'Abruzzo, ein typischer, preiswerter (unter 4 €) und leicht zu trinkender Rotwein mit wenig Tannin und wenig Säure, kommt von der Adriaküste in der Provinz Abruzzen. Die Montepulciano-Rebe hat nichts mit dem Städtchen Montepulciano in der Toskana oder mit dem dortigen Vino Nobile zu tun. Die Rebsorte

Montepulciano ist eine recht einfache, reichtragende Sorte, mit der man gewaltige Mengen, aber keine guten Qualitäten produzieren kann. Und so sind auch die meisten Weine der Region Abruzzen einfache, dafür günstige Zechweine.

Zwei ambitionierte Winzer von Montepulciano d'Abruzzo sind Edoardo Valetini und Emidio Pepe. (Pepe's Trauben werden noch immer auf die altmodische Art eingemaischt: mit blanken Füßen.) Sollte Ihnen Valtentini's Montepulciano zufällig über den Weg laufen, kaufen Sie ihn (etwa 25 bis 30 €). Es ist einer der großen Rotweine Italiens, und die guten Jahrgänge werden 20 Jahre und älter.

## Kampanien

Taurasi, der interessanteste Rotwein des südlichen Italiens, wird in der Provinz Kampanien (in der Nähe von Neapel) aus der Rebsorte Aglianico gekeltert. Kräftig und tanninbetont ist der Taurasi einer der langlebigen Rotweine Italiens. Seine Geschichte geht bis zu den Griechen zurück. Der Taurasi von Mastroberardino, dem herausragenden Winzer der Region, aus dem Jahrgang 1968 ist immer noch ein Vergnügen zu trinken. Besonders empfehlen können wir den Radici, der beste Taurasi (eine Einzellage) von Mastroberardino (20 € bis 25 €).

## Basilicata

Ein wichtiger Rotwein wird im südlichen Teil der Basilicata, dem Rist des italienischen Stiefels, gemacht: der Aglianico del Vulture. Die Rebsorte Aglianico wird neben Nebbiolo und Sangiovese von vielen Kritikern als eine der drei besten italienischen Rotweinreben betrachtet. Der führende Winzer ist d'Angelo. Sein Aglianico del Vulture kostet etwa 10 € (die Riserva 16 €). Trinken Sie ihn etwa sechs bis acht Jahre nach der Lese.

## Apulien

Die Region Apulien (in Italien Apulia oder auch unter Puglia bekannt), der Absatz des italienischen Stiefels, bringt mehr Wein hervor als jede andere Region in Italien. Das meiste davon wird in Tanklastzügen nach Norden gefahren, um den dortigen Weinen mehr Farbe und Geschmack zu geben. Die Weine Apuliens zählen zu den billigsten, die auf dem europäischen Fassweinmarkt zu bekommen sind. Aber es gibt einen bemerkenswerten und durchaus bekannten Wein namens Salice Salentino. Es ist ein warmer, körperreicher Wein mit wenig Säure. Dr. Cosio Taurino war der führende Winzer, der dieses vernachlässigte Gebiet wieder salonfähig gemacht hat. Leider ist er vor einigen

Jahren verstorben. Sein Salice Salentino kostet etwa 7 €, und für seinen eleganteren (aber immer noch sehr herzhaften) Notarpanaro zahlen Sie etwa 10 € bis 12 €.

## Sizilien

Wie Apulien produziert Sizilien eine gewaltige Menge Wein, das meiste ist Rotwein. Nur hat sich hier in den letzten Jahren sehr viel bewegt. Neben Corvo und Regaleali, den zwei führenden Weinproduzenten Siziliens, konnten sich eine ganze Reihe New- comer wie etwa Planeta etablieren, und weitere werden folgen. Es herrscht eine be- fruchtende Aufbruchstimmung auf der Insel.

Corvo ist die Marke für die einfachen Weine aus der gigantischen Kellerei von Duca di Salaparuta. Als Alltagswein ist der Corvo Rosso durchaus überzeugend, für den Sie etwa 6 € ausgeben. In den Restaurants in Süditalien ist er allgegenwärtig. Duca Enrico, der Spitzenwein von Duca di Salaparuta, ist ein kräftiger, körperreicher und konzentrierter Rotwein mit intensivem Bouquet. Er kostet etwa 30 €. Obwohl dieser Wein erst 1989 erstmalig auf den Markt kam, hat er sich als einer der besten Rotweine Italiens etabliert.

Regaleali ist ein kleinerer, qualitätsbewusster Winzer, dessen Trauben in den Höhen- lagen von Sizilien wachsen, um die südliche Hitze etwas abzumildern. Sein Regaleali Rosso kostet etwa 10 €, und für seinen feinen Rotwein Rosso del Conte, einen elegan- ten, feingliedrigen Wein, der an die roten Bordeaux erinnert, legen Sie etwa 18 € auf den Tisch.

## Die spanischen Rotweine

Spanien zählt zu den Weinriesen und liegt in den Produktionszahlen gleich hinter Italien und Frankreich an dritter Stelle. Was die bestockte Rebfläche betrifft, liegt Spanien sogar auf Platz eins. Auch was den Weinkonsum anbelangt, zählt das trocke- ne, heiße und sehr gebirgige Spanien zu den führenden Nationen. Auch wenn jeder nur an Sonne und Urlaub denkt, ist Spanien nach der Schweiz das zweithöchste Land Europas, und dementsprechend rau und kontinental ist das Klima gerade in Zentral- spanien.

Es ist noch nicht lange her, da waren die spanischen Rotweine im Allgemeinen von sehr zweifelhafter Qualität. Viele von ihnen lagen viel zu lange im Fass und hatten ihre Frische und Frucht verloren. Ein oxidativer Ton, bestenfalls noch der Geschmack der Eiche dominierten den Geschmack der Trauben. Mit dieser Tradition wurde in den letzten 15 Jahren langsam gebrochen. Mit der Qualität besonders der spanischen

Rotweine geht es seitdem gewaltig nach oben, und inzwischen können die guten Spanier ohne weiteres mit anderen Spitzenweinen der Welt konkurrieren.

Wir besprechen in diesem Abschnitt die drei wichtigsten Rotwein-Regionen Spaniens: Rioja, Ribera del Duero und das Penedés – mit einem kleinen Abstecher nach Navarra.

## Rioja: Tradition gegen Moderne

Der Rioja verdankt seinen Namen wie so oft der Region, aus der kommt. Es ist nicht nur Spaniens bekanntester Rotwein (es gibt auch etwas Weißwein), sondern auch einer der klassischen Rotweintypen dieser Welt. (Mehr dazu im Abschnitt »Rioja – Spaniens Klassiker« in Kapitel 4.)

Die Region Rioja im Nordwesten von Spanien war für mehr als 100 Jahre das wichtigste Weinanbaugebiet des Landes. Dementsprechend spielt die Tradition eine große Rolle, aber erst durch den Einsatz von modernen Kellertechniken und Anbaumethoden und einem neuen Qualitätsbewusstsein konnte wieder Anschluss an die Weltspitze gefunden werden.

Immer weniger Riojas sind heute müde und überlagert, wie es noch vor kurzem ganz typisch war. Inzwischen versuchen die meisten Produzenten in Rioja, den Fruchtcharakter ihrer Weine durch kürzere Lagerzeiten im Barrique (wo die Weine ihre Frische verlieren) und dafür einer lieber etwas längeren in der Flasche zu erhalten. In den fortschrittlichen Rioja-Kellereien teilen sich die Fässer aus amerikanischer Eiche, die den Weinen ihren typischen, leicht parfümierten, süßlichen Vanilletouch geben, die Arbeit inzwischen mit Barriques aus französischer Eiche, die erheblich subtilere Aromen hat. (In manchen Fällen hat die französische Eiche die traditionellen Barriques aus amerikanischer Eiche bereits komplett verdrängt.)

Auch die Zahl der Neugründungen von Weingütern und Kellereien in Rioja belegt den bemerkenswerten Umbruch in einer »traditionellen« Weinregion: von 42 auf etwa 150 Produzenten innerhalb von 15 Jahren!

Laut Gesetz dürfen die Rioja-Produzenten die folgenden vier roten Rebsorten verwenden:

✔ Tempranillo, die hochwertigste spanische Rotweinsorte (siehe Kapitel 3), ist die Hauptsorte in den besseren Weinen des Rioja.

✔ Garnacha (in Frankreich und der sonstigen Welt als Grenache bekannt), einst die wichtigste rote Rebe, spielt inzwischen keine so große Rolle mehr, da die Weine sehr hoch im Alkohol sind und zu schnell oxidieren (einen Alterston bekommen).

✔ Die Graciano-Traube ist sehr angesehen, aber auch sehr schwierig im Anbau. Trotzdem schwören einige Rioja-Produzenten auf diese Sorte und verwenden einen kleinen Prozentsatz als Würze.

✔ Die ebenso schwierig anzubauende Mazuelo wird heute nur noch selten verwendet.

Die Region Rioja hat drei Anbauzonen: das kühlere Rioja Alavesa und das Rioja Alta, vornehmlich die Heimat der Tempranillo, und das warme Rioja Baja, wo die Garnacha gedeiht. Obwohl der Rioja meist ein Verschnitt aus allen drei Anbauzonen ist, kommen die besseren Rioja aus dem Rioja Alta und dem Rioja Alavesa.

Die Welt kennt drei unterschiedliche Rioja-Typen. Die Spanier klassifizieren ihre Weine nach der Lagerdauer:

✔ *Crianza* sind die leichtesten und am einfachsten zu trinkenden Weine. Sie müssen mindestens zwei Jahre im Keller verbleiben. Ein Teil davon im Barrique, den Rest bereits auf der Flasche. Sie benötigen normalerweise keine weitere Reifezeit in Ihrem Keller zuhause. Trinken Sie diese Weine innerhalb von fünf bis sechs Jahren.

✔ *Reserva* Weine, ausgewogen und elegant, bedeuten gleich einen großen Qualitätssprung. In einer Kombination aus Fass und Flasche lagern diese Weine mindestens drei Jahre in der Kellerei. Sie benötigen anschließend in jedem Fall noch einige Jahre Ruhe, vor allem die besseren Jahrgänge. Rioja Reservas können ohne weiteres 10 Jahre und älter werden. Sie kosten meist zwischen 10 € und 25 €.

✔ *Gran Reservas* (manchmal auch Reserva Especial genannt) sind die feinsten, komplexesten Riojas und werden normalerweise nur in guten Jahrgängen gemacht. Fünf Jahre Lagerzeit, ein Teil davon im Fass, sind vorgeschrieben. Diesen Weinen sollten Sie mindestens 10 Jahre Zeit geben, aber sie können auch ohne Probleme 20 Jahre und älter werden. Mit 18 € bis 30 € haben Sie eine günstige Gran Reserva erwischt.

Auch hier gab es ein ganze Reihe guter bzw. herausragender Jahrgänge in Folge: **2001**, 2000, 1998, **1996**, **1995**, **1994** und 1991. Achten Sie auf die 1994 oder sogar 1991 Gran Reservas, die man immer noch kaufen kann, und lagern Sie diese ruhig noch für ein paar weitere Jahre.

## Empfehlenswerte Rioja-Produzenten

Die Tabellen 8.4 und 8.5 enthalten die von uns empfohlenen Produzenten von Rioja in zwei Gruppen (innerhalb der Gruppe in alphabetischer Reihenfolge). Im Grunde können wir alle Riojas der aufgeführten Produzenten empfehlen, aber bei manchen haben wir unsere Lieblings-Weine besonders herausgehoben. Die Weine der Produzenten aus der ersten Gruppe sind deutlich teurer als die Weine der zweiten Gruppe:

| Erzeuger | Besonders empfohlene Weine |
|---|---|
| CVNE | «Imperial« Gran Reserva |
| R. Lopez de Heredia | «Viña Tondonia« Reserva |
| Bodegas Muga | «Prado Enea« Gran Reserva |
| Bodegas Remelluri | Gran Reserva |
| La Rioja Alta | «Reserva 890«<br>«Reserva 904« |

*Tabelle 8.4: Die Erzeuger der besten Rioja*

| Erzeuger | Besonders empfohlene Weine |
|---|---|
| Marqués de Arienzo | |
| Marqués de Cáceres | |
| Campo Viejo | |
| Martinez Bujanda (Conde de Valdemar) | |
| Bodegas Montecillo | «Viña Monty« Reserva/Gran Reserva |
| Marqués de Riscal | |
| Bodegas Sierra Cantabria | |

*Tabelle 8.5: Ebenso empfohlene Erzeuger*

# Ribera del Duero: der Emporkömmling

Das Ribera del Duero, etwa 150 km nordwestlich von Madrid, ist der neue Star unter den Weinregionen Spaniens. Erst 1982 von der spanischen Regierung als offizielle Weinbauregion anerkannt, beheimatet dieses Gebiet einige Winzer, deren Weine hoch geachtet sind oder bald sein werden.

Eines der Weingüter, Vega Sicilia, dominierte das Gebiet von Ribera del Duero über Jahrzehnte, lange bevor die Region als Ribera del Duero zum anerkannten Weinbaugebiet wurde. Der Unico von Vega Sicilia (und der Reserva Especial) sind legendäre Weine, die schon immer astronomische Preise (120 € und mehr) erzielt haben. Der Unico und die Reserva Especial sind dichte, konzentrierte, sehr komplexe Weine mit viel Tannin und Kraft. Sie können ohne Probleme 40 oder 50 Jahre alt werden. Sie werden immer interessanter, weniger massig, dafür samtiger und subtiler. Der

Valbuena ist die Junior-Version davon, kann aber auch noch 15 bis 20 Jahre alt werden. Die Weine werden aus etwa 60 Prozent Tempranillo (in dieser Region Tinto Fino genannt), 20 Prozent Cabernet Sauvignon und je 10 Prozent Merlot und Malbec zusammengefügt.

Erst gegen Ende der achtziger Jahre hat Vega Sicilia ernsthaft Konkurrenz durch andere Weingüter bekommen. Allen voran Alejandro Fernandez mit seinem Pesquera. Pesquera, ein reinrassiger Tempranillo, ist ein fast schwarzer, dichter, samtiger Rotwein mit intensivsten Fruchtaromen, der ebenfalls sehr gut reifen kann. Je nach der Qualität des Jahrgangs gibt es einen Crianza, eine Reserva und eine Gran Reserva, in besonders guten Jahrgängen den »Janus«. Die Preise beginnen bei etwa 20 € und gehen inzwischen steil nach oben. Vier weitere gute Winzer im Ribera del Duero sind:

✔ Bodegas Ismael Arroyo

✔ Bodegas Mauro

✔ Vina Mayor (Antonio Barcelo)

✔ Vina Pedrosa (Bodega Pèrez Pascuas)

## Navarra: mehr als nur ein netter Wein

In der Region Navarra – lange Zeit eine gute Quelle für nette, günstige Weine – hat eine Weinrevolution stattgefunden. Sie finden hier inzwischen exzellente Rotweine (hauptsächlich aus Tempranillo, aber auch einige aus Cabernet Sauvignon und Merlot oder gleich Cuvées aus den drei Rebsorten). Und die Preise sind interessant, vor allem im Vergleich zum nahe gelegenen, sehr viel teureren Rioja. Achten Sie auf rote Navarra-Weine der folgenden Winzer:

✔ Bodegas Julian Chivite, vor allem seine Gran Reserva »125 Aniversario« (100 Prozent Tempranillo)

✔ Bodegas Guelbenzu (die Weine bestehen aus 50 Prozent Cabernet Sauvignon, 40 Prozent Tempranillo und 10 Prozent Merlot)

✔ Bodega Ochoa, seine rebsortenreinen Weine (Tempranillo, Merlot und Cabernet Sauvignon) sind gut und günstig

✔ Enate, ein aufstrebender Betrieb mit einem sehr guten Cabernet Sauvignon

## Die Familie Torres im Penedès

Unzweifelhaft ist der bekannteste Name auf spanischen Weinetiketten – sowohl rot wie weiß – der von Torres. Die Familie kommt aus dem Penedès, einer Region etwas südlich von Barcelona, und das Penedès ist immer noch der Stammsitz des Unternehmens. Aber inzwischen besitzt die Familie auch Weingüter in Kalifornien (unter dem Namen Marimar Torres Estate), Mexiko und Chile. Das Unternehmen wird von Miguel Torres junior geführt, ein in Frankreich studierter Önologe, der Cabernet Sauvignon, Pinot Noir und einige andere französische Rebsorten im Penedès eingeführt hat. Torres gilt heute als eines der modernsten Weinunternehmen in Spanien.

*Abbildung 8.3: Torres ist wahrscheinlich der bekannteste Erzeuger von spanischen Weinen.*

Die Weine von Torres sind saubere, gut gemachte Weine mit einem guten Preis-Leistungsverhältnis.

✔ Sangre de Toro (etwa 7 €) und Gran Sangre de Toro (etwa 10 €) sind beides auf Garnacha basierende Weine.

✔ Coronas (etwa 8 €) besteht hauptsächlich aus Tempranillo.

✔ Gran Coronas (etwa 14 €) ist ein Cabernet Sauvignon.

✔ Der berühmte Gran Coronas »Mas la Plana« (30 € bis 40 €) ist der klassische Spitzenwein von Torres, ebenfalls ein Cabernet Sauvignon (siehe Abbildung 8.3).

Der »Mas la Plana« – ein eleganter, langlebiger Wein, den man mit einem guten Bordeaux vergleichen kann – hat sich tatsächlich schon erfolgreich in internationalen Wettbewerben gegen die Konkurrenz aus Bordeaux behauptet. Der aktuelle Jahrgang ist der 1997, aber es sind auch noch viele alte Jahrgänge auf dem Markt. 1994 oder 1990 sind jetzt gerade schön zu trinken. Aber auch Torres besinnt sich auf die alten regionalen Sorten. Grans Muralles (etwa 65 €) ist einer der neuen Stars am spanischen Weinhimmel. Der gerade auf den Markt gekommene Reserva Real (etwa 100 €) wiederum ist die Steigerung zum Klassiker »Mas la Plana«. Ein Prestige Cuvée aus Cabernet Sauvignon, Cabernet Franc und Merlot, das nun endgültig den großen Bordeaux das Fürchten lehren soll.

# Portugal - Alte und neue Rote

In einer Weinwelt voller Cabernet Sauvignon, Merlot und Chardonnay steht Portugal als absoluter Nonkonformist etwas im Abseits. Man findet zwar inzwischen auch diese Rebsorten in Portugal, aber interessant sind vor allem die »alten«, autochthonen Rebsorten Portugals wie etwa Touriga Nacional und Castelao Frances.

## Die portugiesische Weinsprache

Die folgenden Bezeichnungen finden Sie auf den Etiketten portugiesischer Weine:

✔ **Colheita:** Jahrgang

✔ **Garrafeira:** Eine Reserva (Auslesequalität) mit deutlich besserer Qualität, die mindestens drei Jahre gelagert wurde.

✔ **Quinta:** Weingut oder Weinlage

✔ **Tinto:** Rot

✔ **Vinho:** Wein

Portugal musste sich nie Gedanken über den Export seiner Rotweine machen, da dieser fast komplett zuhause getrunken wurde. Obwohl nur an zehnter Stelle der weinproduzierenden Länder, war Portugal immer Nummer drei, was den Weinkonsum betraf. Während sie der Welt die leicht süßen, nichtssagenden Rosé von Mateus und

Lancer's und dazu die berühmten Dessertweine Port und Madeira verkauften, behielten sie die trockenen Rotweine für sich selbst, jedenfalls das meiste davon.

Das Bild änderte sich ein wenig, seit Portugal 1986 zur Europäischen Union gehört. Moderne Kellertechnik – zusammen mit dem Einfluss ausländischer Weinmacher, interessanterweise viele Australier – haben den Portugiesen eine stärkere Stellung auf dem Exportmarkt verschafft. Durch das unterschiedliche Klima (maritim an der Küste und sehr heiß und trocken im Landesinneren) hat Portugal ein Potential, um qualitativ zu den führenden Rotwein-Nationen Italien, Frankreich und Spanien aufzuschließen.

## Empfehlenswerte portugiesische Rotweine

Spanien hat den Unico von Vega Sicilia, und auch Portugal hat seinen großen Rotwein, den Barca Velha. Aber dieser ist lange nicht so bekannt und außerhalb des Landes nur einer kleinen Gruppe von Weinkennern ein Begriff. Er kommt aus dem Douro-Tal im Norden von Portugal, der Heimat des Portweins. Der trockene, voluminöse, konzentrierte Barca Velha mit viel Tannin stammt aus den Kellern des berühmten Portweinhauses Ferreira und braucht viele Jahre, um sich zu öffnen. (Der Barca Velha 1964 ist jetzt wunderbar zu trinken.)

Der Barca Velha wird aus denselben lokalen Rebsorten gekeltert, die auch für den Portwein verwendet werden. Er wird nur in guten Jahrgängen gemacht. Obwohl der Barca Velha wohl Portugals größter, trockener Rotwein ist, kostet er nicht ein Vermögen (wie etwa Vega Sicilia Unico). Die aktuellen Jahrgänge 1985, 1991 und 1995 kann man mit etwas Glück für 65 € bis 75 € bekommen. Unglücklicherweise wird er nur in sehr kleinen Mengen erzeugt.

Das Douro-Tal hat das Potential, neben Portwein auch bei den trockenen, portugiesischen Rotweinen eine Spitzenstellung einzunehmen. Ein anderes Portweinhaus namens Ramos Pinto (gehört inzwischen zum Champagnerhaus Roederer) macht ebenfalls einen guten und günstigen trockenen Rotwein: Duas Quintas. Wir sind sehr beeindruckt von diesem kraftvollen, samtigen, sehr subtilen Rotwein mit seinem pflaumigen Aroma. Der 1999 Duas Quintas kostet etwa 8 € bis 10 €, der 1997 Duas Quintas Reserva, ein gehaltvoller, dichter Wein, liegt etwa bei 25 € bis 30 €.

Zu unseren Favoriten bei den portugiesischen Rotweinen zählen:

✔ Quinta do Carmo: Dieses Weingut zählt zu den ersten, die das neue Weinzeitalter in Portugal eingeläutet haben. Es liegt im Alentejo im südlichen Portugal. Château Lafite-Rothschild aus Bordeaux hat bereits sehr früh an das Potential der Region geglaubt und viel Geld in dieses Anwesen investiert.

✔ J.M. da Fonseca (hat nichts mit dem Portweinhaus Fonseca zu tun): Dieses alteingesessene Unternehmen produziert einen herrlichen Periquita, viele klassische Garrafeiras und portugiesische Spezialitäten.

✔ Quinta de Pancas: Dieser Wein aus 50 Produzent Cabernet Sauvignon und 50 Prozent der lokalen Rebsorte Castelao Frances (diese Sorte wird auch Periquita genannt) kommt aus der Region Alenquer, nördlich von Lissabon.

✔ Quinta de Bacalhôa: Dieser Cabernet Sauvignon/Merlot-Verschnitt von J.P. Vinhos erinnert an einen klassischen Bordeaux. Er ist bereits ein Klassiker in der portugiesischen Weinwelt.

✔ Esporão: Das Alentejo ist neben dem Duoro die zweite aufstrebende Weinregion in Portugal. Dieser Wein, ein Cuvée aus Trincadera, Aragones und Cabernet Sauvignon, hat uns letztes Jahr gewaltig überrascht und uns mit seiner Qualität überzeugt, und das für vergleichsweise wenig Geld: Der aktuelle Jahrgang 1999 kostet etwa 25 €.

✔ Quinta da Cotto und Quinta de la Rosa: Zwei weitere Rotweine aus dem Douro-Tal, auf die man achten sollte. Im Stil des Barca Velha (aber nicht so teuer).

✔ Niepoort: Unser persönlicher Liebling in Portugal ist der Redoma von Niepoort, und obwohl er erstmals mit dem Jahrgang 1994 auf den Markt kam, ist er bereits jetzt einer der Klassiker aus Portugal. Ihn stellen wir im Teil III dieses Buches vor. (Für uns einer der Weine, die man kennen sollte!)

 Aktuelle und gute Jahrgänge für portugiesische Rotweine sind 2001, **2000**, **1997**, 1995 und **1994**. Aber auch 1999 und 1998 sind schön zu trinken.

# USA - Der schnelle Erfolg

## In diesem Kapitel

▶ Alles begann mit den spanischen Missionaren

▶ Die Rebsorte auf dem Etikett

▶ Kalifornischer Cabernet – der große Erfolg

▶ Merlot – der neue Liebling Amerikas

So wie die Menschen in Paris oder Madrid von einem völlig anderen Lebensgefühl geprägt sind wie ein New Yorker oder die Menschen in Chicago, so sind auch die Weine aus Europa und Amerika – sowohl im übertragenen Sinne wie tatsächlich – Tausende von Meilen voneinander entfernt.

Wir glauben nicht, dass dies nur eine Frage der Anbaubedingungen wie Klima, Boden und Sonnenausrichtung ist – obwohl diese Faktoren natürlich eine große Rolle spielen. Die amerikanische Kultur hat sich völlig anders und in einer sehr viel kürzeren Zeit entwickelt als die europäische. Amerikanische Weine gelten wie die Amerikaner selbst als oberflächlicher, aber auch direkter und dafür weniger subtil.

## Made in the USA

Warum wir aber dem amerikanischen Wein in diesem Buch so viel Raum widmen, ist ein anderer. Viele Entwicklungen bis hin zu der rasanten, allgemeinen Qualitätssteigerung der letzten 20 bis 25 Jahre in der Weinwelt gehen auf den sensationellen Erfolg der Amerikaner bzw. einiger weniger Visionäre im Napa-Valley zurück. Sicher gibt es seit über 200 Jahren Weinbau in Amerika so wie in Australien, Chile, Argentinien, aber die Ära der modernen amerikanischen Weine, wie wir sie kennen, begann erst Mitte der Sechziger Jahre. Und die ähnlich sensationellen Erfolge von Chile, Argentinien und Australien, die wir im nächsten Kapitel behandeln, wären ohne die Vorreiterrolle Kaliforniens nicht denkbar gewesen. Sie haben aufgezeigt, dass es auch außerhalb der traditionellen Weinbaugebiete von Bordeaux und Burgund möglich ist, große Weine zu machen.

## Eine kurze Geschichte des amerikanischen Weins

Spanische Missionare pflanzten die ersten Setzlinge bereits 1779 in der Missionsstation San Juan Capistrano in dem Teil der Welt, den man heute Kalifornien nennt (damals war es noch ein Teil von Mexiko). Später, in der zweiten Hälfte des 19. Jahrhunderts, waren es die eingewanderten Farmer – viele Italiener, aber auch Franzosen, Deutsche und Ungarn –, die in Kalifornien Reben anbauten, um Wein zu machen. (Auf Grund der Vorliebe von Spaniern, Italienern und Franzosen für Rotwein waren die meisten Weine der damaligen Zeit rot). Viele Abenteurer, die wegen des Goldes nach Kalifornien kamen, blieben und wurden Farmer. Und sie pflanzten Reben, um Wein zu machen.

Einige der Weinberge, die vor über 100 Jahren gepflanzt wurden, existieren noch. Und es sind noch einzelne Weine zu finden, vor allem Zinfandel, die aus den Trauben dieser teuren, hoch dekorierten Lagen gemacht werden.

Aber die Weinindustrie der Vereinigten Staaten wurde von der Prohibition, die von 1920 bis 1933 ihr Unwesen trieb, fast komplett ausgelöscht. Die große Depression und der Zweite Weltkrieg sorgten anschließend für den Rest. Die Weinindustrie, wie wir sie heute kennen, existiert erst seit Anfang der Siebziger Jahre. Vor 1970 gab es nur eine Handvoll von Weingütern in den USA. Heute sind alleine für Kalifornien mehr als 800 lizenzierte Kellereien registriert – und die Zahl steigt weiter.

Es ist heute kaum noch vorstellbar, aber noch in den Sechziger und Siebziger Jahren war das Leben eines Weinkenners sehr überschaubar. Wenn er einen guten Rotwein trinken wollte, hatte er die Auswahl zwischen einem Bordeaux und einem Burgund. Italien? Denken Sie an den unsäglichen Chianti in der Bastflasche, der mit der ersten großen Welle von Italienurlaubern nach Deutschland schwappte. Mit Wein hatte das nicht viel zu tun.

Pioniere wie Robert Mondavi haben konsequent die traditionellen Weinbautechniken in Bordeaux und Burgund studiert und sofort zu Hause umgesetzt. Gleichzeitig haben sie versucht, diese auf viel Erfahrung beruhenden Produktionsverfahren wissenschaftlich zu verifizieren, zu überdenken und möglichst weiter zu verbessern. So gehen viele heutige Standards in der Kellerarbeit auf die Grundlagenforschung der Kalifornier zurück. Zuerst lernten die Amerikaner von den Europäern, dann ging es andersherum, inzwischen befruchten sich die unterschiedlichen Schulen gegenseitig.

Die Amerikaner haben es vorgemacht: Die lange unangefochten an der Spitze stehenden Franzosen sind zu schlagen. Und heute? Wir haben eine gigantische Auswahl an anständigen, guten, besseren und herausragenden Weinen nicht nur aus Frankreich, sondern aus unzähligen Ländern der ganzen Welt.

Obwohl in 47 der 50 amerikanischen Bundesstaaten Wein produziert wird, ist Wein nur in 4 Staaten ein wichtiges landwirtschaftliches Produkt: Kalifornien, New York, Washington und Oregon. In Europa findet man fast ausschließlich die Weine aus Kalifornien und nur einzelne Weingüter aus Washington und Oregon. Und so werden wir uns in diesem Buch auch hauptsächlich mit Kalifornien beschäftigen.

## Die Rebsorten auf dem Etikett

In der europäischen Tradition werden die Weine nach ihrem Ursprung benannt wie die in den letzten Kapiteln besprochenen Rotweine aus Bordeaux, Burgund, Chianti oder dem Rioja. Und so kommen diese Weine von realen Orten desselben Namens, an dem Menschen leben, die Wein machen. Da ohne eigene Tradition, haben die ersten amerikanischen Weinmacher sich einfach diese berühmten Namen für ihre eigenen Weine entliehen, auch wenn diese mit den ursprünglichen Weinen nicht sehr viel gemeinsam hatten. Die amerikanischen Versionen wurden meist nicht einmal aus den klassischen Rebsorten der bekannten europäischen Weinregionen, sondern aus im Anbau einfachen Massenträgern gekeltert. (Diese Rebsorten – wie etwa Carignan, Grenache, Barbera und Zinfandel – sind zwar auch europäischen Ursprungs, zählen aber nicht gerade zu den hochwertigen Rebsorten.)

Einige Amerikaner kamen auf die Idee, dass die klassischen, europäischen Rebsorten auch in Amerika gute Ergebnisse bringen könnten. Ein paar Weingüter übernahmen die Vorreiterrolle und machten Weine aus den klassischen Rebsorten:

✔ Beaulieu Vineyards macht bereits seit 1936 einen viel beachteten Cabernet Sauvignon mit dem Namen »Georges de Latour, Private Reserve«

✔ Inglenook Vineyards und Simi Winery, zwei weitere wichtige Pioniere, produzierten bereits in den dreißiger und vierziger Jahren gute Weine auf Basis der Cabernet Sauvignon. (Ingelnook's 1941 Cabernet Sauvignon ist immer noch ein bemerkenswerter Wein.)

✔ Charles Krug und Louis M. Martini Wineries machten in den vierziger und fünfziger Jahren rebsortenreine Weine aus Cabernet Sauvignon und anderen Klassikern.

In den Sechzigern begannen weitere Weingüter wie Heitz, Ridge und Hanzell mit rebsortenreinen Weinen aus Cabernet Sauvignon, Pinot Noir und Chardonnay (eine weiße Rebsorte). Der eigentliche Durchbruch kam mit einem Mann, der 2003 gerade seinen 90. Geburtstag feiern durfte. 1966 verließ Robert Mondavi das elterliche Weingut (Charles Krug) und begann, seine eigenen Weine zu machen: ausschließlich rebsortenreine Weine aus den großen, bekannten europäischen Rebsorten. Robert Mondavi war unglaublich erfolgreich, nicht nur indem er herausragende Weine machte, sondern diese auch äußerst erfolgreich verkaufte. Schnell folgten andere Weingüter seinem Beispiel. Anfang der Siebziger gab es einen regelrechten Baby-Boom an neuen Weingütern, die auf hochklassige, nach den Rebsorten benannte Weine setzten. Dieser Trend zu Rebsorten-Weinen (Weine, die nach ihrer wichtigsten oder einzigen Rebsorte benannt werden) hält bis heute an. Über die Länder der neuen Welt wie Australien, Chile, Argentinien hat er inzwischen auch die alte Welt erreicht. Man betrachte die entsprechende Entwicklung in Südfrankreich, Spanien und Italien.

 Heute werden die meisten Weine auf der Welt (mit Ausnahme der traditionellen Weinbaugebiete in Europa) nach der Rebsorte benannt. Und es sind oft noch die gleichen, die für den Erfolg in Kalifornien verantwortlich waren: Cabernet Sauvignon, Merlot, Pinot Noir, Chardonnay.

 Rebsorten-Weine sind so populär geworden, dass viele Amerikaner (aber nicht nur sie) gar nicht realisieren, dass genau diese Rebsorten auch für die großen europäischen Weine verwendet werden. Die Leute sind überrascht, dass roter Bordeaux von Cabernet Sauvignon und Merlot dominiert wird (siehe Kapitel 6), dass roter Burgunder grundsätzlich aus Pinot Noir ist (siehe Kapitel 7), dass Chianti von der Sangiovese (siehe Kapitel 8) geprägt wird, und dass solche Weißweine wie Pouilly-Fuissé, Chablis, Mâcon-Villages und andere weiße Burgunder (siehe unser Buch _Weißwein für Dummies_) zu 100 Prozent aus Chardonnay gemacht werden.

## Die kalifornischen Weine nach Sorten

Heutzutage ist es am einfachsten, die kalifornischen Weine nach ihren angegebenen Rebsorten einzuteilen und zu besprechen – und genau das werden wir jetzt machen. Die vier populärsten Rebsorten, die in Kalifornien angebaut werden, sind:

✔ Cabernet Sauvignon

✔ Merlot

✔ Zinfandel

✔ Pinot Noir

Andere weniger bekannte Sorten sind Syrah, Cabernet Franc, Petite Sirah und Sangiovese (siehe Kapitel 3 für weitere Informationen zu diesen Rebsorten). Inzwischen werden aber auch in Kalifornien etliche Spitzenweine als Cuvée aus zwei, drei oder mehr Rebsorten komponiert. Am häufigsten ist auch hier die Kombination aus Cabernet Sauvignon und Merlot.

# Cabernet Sauvignon: die kalifornische Erfolgs-Story

Cabernet Sauvignon ist der populärste Rotwein in Kalifornien – und in der Meinung vieler Weinkritiker sind es die besten Weine Kaliforniens. Auf alle Fälle beruht der Erfolg der kalifornischen Weine auf den großen Cabernet Sauvignon. Der Durchbruch gelang 1982 auf der so genannten »Wein-Olympiade« in Paris. Die französischen Tester waren sich sicher, »ihre« Gewächse im Glas zu haben, und so war es eine große Überraschung für beide Seiten, dass Platz 1 und Platz 3 vom kalifornischen Cabernet Sauvignon belegt wurden, nur Château Latour auf Platz 2 rettete die Ehre der »Grande Nation«. Seitdem sind die großen Cabs aus Kalifornien gesellschaftsfähig.

 Wenn Sie gerne trockene, aromatische, kräftige Rotweine mit relativ viel Tannin trinken, sollten die Weine auf Basis von Cabernet Sauvignon Ihre erste Wahl sein. Sie sind hervorragende Begleiter zu einem Steak, Lamm, Kalb, Ente oder auch nur zu Käse.

# Empfehlenswerte kalifornische Cabernet Sauvignons

Viele der kleineren Weingüter sind in Europa nicht auf dem Markt. Die Mengen sind teilweise so klein, dass es sich gar nicht lohnt, in den Export zu gehen, und außerdem hatten die amerikanischen Weingüter in den letzten Jahren einen florierenden Binnenmarkt und waren auf ausländische Käufer nicht angewiesen. Und doch ist das Angebot erheblich breiter, als man im ersten Moment meinen könnte. Kalifornische Weine gibt es nicht nur von Gallo und Mondavi. In den folgenden Listen finden Sie einige Alternativen.

## Die Jahrgänge in Kalifornien

Obwohl die Jahrgänge lange nicht so unterschiedlich ausfallen und somit auch die Qualitäten nicht so stark von einander abweichen wie in Europa, sollte man gerade bei den besseren Weinen auch in Kalifornien etwas auf den Jahrgang achten. Eine sagenhafte Serie in den Neunzigern macht das einfach: **1999**, 1997, 1996, 1995, **1994**, **1991**, 1990. Und der Jahrgang 2001 soll auch wieder ganz groß werden.

 Aber auch bei den beiden Großen muss man beachten, dass diese sehr unterschiedliche Qualitäten produzieren. Gallo bietet nicht nur seine allgegenwärtigen Supermarktweine (auch die gibt es in zwei Qualitätsstufen), sondern besitzt auch noch zwei Weingüter im Sonoma, auf denen absolut hochkarätige Weine (allerdings in kleinen Mengen zu hohen Preisen) erzeugt werden.

Mondavi hat seine Qualitäten fein abgestuft. Neben der Woodbrigde-Linie und den Coastal-Weinen (sehr gutes Preis-Leistungs-Verhältnis), die jeweils aus zugekauften Trauben aus den günstigeren kalifornischen Anbaugebieten stammen, gibt es die klassischen Mondavi-Weine des Familienweinguts im Napa Valley. Hier wird nichts dem Zufall überlassen, und die Weine zählen zum Feinsten, was man bekommen kann, ob die »normalen« Napa-Valley-Qualitäten, der Cabernet Sauvignon Reserve oder bestimmte Einzellagen.

 Achten Sie auf die Bezeichnung »Napa Valley«. Nur was dort angebaut wurde, darf auch so bezeichnet werden. Und das Napa Valley gilt noch immer als erste Adresse für große kalifornische Weine, und auch in Kalifornien bestimmt inzwischen die Herkunft der Trauben – die Qualität der Lagen – den Preis. Es gibt noch keine Klassifizierungssysteme wie bei den Franzosen, aber die Qualität regelt die Nachfrage, und der Markt regelt den Rest.

 Die folgenden Tabellen – und alle anderen Tabellen und Listen mit empfehlenswerten Weinen und Produzenten in diesem Buch – erheben keinen Anspruch auf Vollständigkeit. Wir haben eine kleine Auswahl nach unseren Vorlieben und nach Verfügbarkeit getroffen. Bitte vergeben Sie uns, wenn wir ihren Liebling übergangen haben.

 Die Cabernet in der Tabelle 9.1 kosten zwischen 6 € und 12 €. Man kann sie sofort trinken, wenn man sie nach Hause bringt. Für eine längere Lagerung sind sie nicht gemacht.

| Produzent | Wein | Herkunft |
|---|---|---|
| Fetzer Vineyards | Cabernet Sauvignon »Valley Oaks« | Kalifornien |
| Foppiano Vineyards | Cabernet Sauvignon | Russian River Valley |
| Glen Ellen | »Proprietor's Reserve« Cabernet Sauvignon | Kalifornien |
| Laurel Glen Vineyard | Cabernet Sauvignon »Terra Rosa« | Napa Valley |
| J. Lohr | Cabernet Sauvignon »Seven Oaks« | Paso Robles |
| Robert Mondavi Woodbridge | Cabernet Sauvignon | Kalifornien |
| Sutter Home Winery | Cabernet Sauvignon | Kalifornien |
| Wente Bros. | Cabernet Sauvignon | Livermore Valley |

*Tabelle 9.1: Leichte Cabernet mit wenig Tannin, die überall verfügbar sind.*

Die Cabernet aus der Tabelle 9.2 kosten zwischen 15 € und 40 €. Man kann sie meist bereits nach einigen Jahren, d. h. bald nachdem sie in Verkauf gehen, genießen, aber sie durchaus auch für einige Jahre in den Keller legen.

| Produzent | Wein | Herkunft |
|---|---|---|
| Beaulieu Vineyard | Cabernet Sauvignon »Rutherford« | Napa Valley |
| Beringer Vineyards | Cabernet Sauvignon | Knights Valley |
| Caymus Vineyards | Cabernet Sauvignon | Napa Valley |
| Clos du Val | Cabernet Sauvignon | Napa Valley |
| | Cabernet Sauvignon | Stags Leap District |
| Groth Vineyards | Cabernet Sauvignon | Napa Valley |
| La Jota Vineyards | Cabernet Sauvignon | Howell Mountain |
| Laurel Glen Vineyard | Cabernet Sauvignon »Counterpoint« | Sonoma Mountain |
| Joseph Phelps | Cabernet Sauvignon | Napa Valley |
| Ridge Vineyards | Cabernet Sauvignon | Santa Cruz Mountains |
| Shafer Vineyards | Cabernet Sauvignon | Stags Leap District |

*Tabelle 9.2: Kräftige Cabernet mit Tannin und Struktur*

 Die Weine in der Tabelle 9.3 kosten richtig Geld, sind in Europa oft nicht leicht zu bekommen und brauchen – wie die großen Vorbilder aus Bordeaux – einige Jahre Zeit, um ihr volles Spektrum zu zeigen.

| Produzent | Wein | Herkunft |
|---|---|---|
| Araujo Estate | Cabernet Sauvignon »Eisele Vineyard« | Napa Valley |
| Beaulieu Vineyard | Cabernet Sauvignon, Georges de Latour Private Reserve | Napa Valley |
| Beringer Vineyards | Cabernet Sauvignon »Private Reserve« | Napa Valley |
| Caymus Vineyards | Cabernet Sauvignon »Special Selection« | Napa Valley |
| Forman Vineyard | Cabernet Sauvignon | Napa Valley |
| Groth Vineyards | Reserve Cabernet Sauvignon | Napa Valley |
| Robert Mondavi Winery | Cabernet Sauvignon Reserve | Napa Valley |
| Niebaum-Coppola | »Rubicon« | Napa Valley |
| Opus One | Opus One | Napa Valley |
| Ridge Vineyards | Cabernet Sauvignon »Monte Bello« | Santa Cruz Mountains |

| Produzent | Wein | Herkunft |
|---|---|---|
| Shafer Vineyards | Cabernet Sauvignon »Hillside Select« | Stags Leap District |
| Silver Oak Cellars | Cabernet Sauvignon | Napa Valley |
| | Cabernet Sauvignon | Alexander Valley |

*Tabelle 9.3: Die großen Cabernet aus Kalifornien*

## Merlot: der Unverstandene wird zum Star

Der Merlot ist nicht neu in Kalifornien, er wird schon seit Jahrzehnten angebaut, aber bis jetzt wurde er in erster Linie verwendet, um den Cabernet Sauvignon die Ecken und Kanten zu nehmen. In den USA ist es ja zulässig, bis zu 25 Prozent einer anderen Rebsorte beizufügen, ohne dies auf dem Etikett vermerken zu müssen. Diese Regelung wurde und wird häufig genutzt.

Anfang der Neunziger jedoch wurde der Merlot in den Staaten über Nacht fast genauso populär wie der Cabernet. Die Kellereien können gar nicht genug Merlot-Trauben in die Finger bekommen, um die Nachfrage zu decken.

Einer der Gründe für diese Popularität von Merlot-Weinen ist, dass sie weniger Tannin haben als die Cabernet (siehe Kapitel 3 für eine Beschreibung der beiden Rebsorten). So kann man einen Merlot normalerweise gleich genießen, wenn er zum Verkauf freigegeben wurde, und man kann ihn sofort trinken, wenn die Flasche geöffnet wird, was gerade im Restaurant ein unschlagbares Argument darstellt.

 Merlot passt gut zu Huhn, Ente und anderem Geflügel, aber auch Lamm und allen Speisen, die zu einem Cabernet Sauvignon passen. Aber da er weniger Tannin hat und dadurch weicher und samtiger ist, ist er auch vielseitiger. Gerade asiatische Gerichte, bei denen Fleisch mit Fruchtaromen kombiniert wird, können sich mit einem Cabernet beißen, aber ein Merlot fügt sich hier perfekt ein. (Für weitere Ratschläge, wie man Wein und Speisen kombinieren kann, blättern Sie zurück zu Kapitel 5.)

 Durch die große Nachfrage nach Merlot ist leider nicht alles gut, was auf den Tisch kommt. Ein weiterer Grund liegt darin (siehe auch Kapitel 3), dass die Merlot-Rebe durchaus anspruchsvoll ist. Sie will den richtigen Boden, das passende Klima und eine entsprechende Arbeit im Weinberg, ansonsten hat man am Ende sehr dünne, ausgezehrte Weine oder überreife Marmeladen-Bomben.

# Empfehlenswerte kalifornische Merlot

Hier verweisen wir Sie auf die Liste der empfehlenswerten Cabernet Sauvignon. Die aufgeführten Weingüter kann man auch durchweg für ihre Merlot empfehlen. Die Preise liegen inzwischen ähnlich. Auch bei den Jahrgängen ist kein großer Unterschied. Im Gegenteil: Da die Merlot-Trauben etwa zwei Wochen früher reif sind, bleiben sie oft von den Wetterkapriolen zum Ende der Vegetationsperiode unberührt, und die Qualitäten der Jahrgänge sind noch etwas gleichmäßiger.

# Pinot Noir: auch in Kalifornien eine Herausforderung

Das Leben wäre ziemlich langweilig, wenn Sie immer nur Cabernet Sauvignon und Merlot trinken könnten – auch wenn die Weine noch so gut sind. Glücklicherweise hat Kalifornien noch zwei sehr eigenständige Weine – Pinot Noir und Zinfandel.

Pinot Noir ist der jüngste Debütant unter den amerikanischen Rebsorten. Nicht, dass es ihn nicht schon ein ganze Zeit geben würde. Aber die amerikanischen Weinmacher haben einige Jahrzehnte gebraucht, um diese extrem schwierige Rebsorte unter Kontrolle zu bringen.

Keine andere der wichtigen Rebsorten auf der Welt (und vielleicht können wir auch die weniger wichtigen mit einschließen) ist so anspruchsvoll, was das *terroir* betrifft. Sie braucht genau das richtige Klima (eher kühler, mit einem möglichst langen Vegetationszyklus), genau den richtigen Boden (möglichst karg und mit einer guten Drainage – Kalk ist hervorragend), genug Sonne und nicht zu viel Regen.

Cabernet Sauvignon wächst in nahezu allen Weinanbaugebieten unter den unterschiedlichsten Temperaturbedingungen. Pinot Noir hat sich außerhalb des Burgund (und einigen Ecken in Deutschland) nirgends wirklich eingelebt. Auch die ersten Versuche in Kalifornien waren schrecklich – mit wenigen Ausnahmen (Glück?). Aber mit viel Probieren haben die Winzer drei Gebiete in Kalifornien eingegrenzt (und eine Region in Oregon), wo man guten Pinot Noir machen kann:

✔ Die Region von Santa Barbara etwas nördlich von Los Angeles

✔ Die Region Carneros, der südliche Zugang zum Napa Valley

✔ Das Russian River Valley nahe der Küste im nördlichen Sonoma County

Allen diesen Gebiete gemein ist ein kühles Klima mit einem langen Vegetationszyklus, viel Sonne und einem kargen Boden. Heute zählen die Pinot Noirs aus diesen Gebieten zu den besten der Welt.

Warum machen sich Männer und Frauen ihr Leben so schwer und pflanzen diese Rebsorte?

Jeder, der jemals einen der großen roten Burgunder probiert hat, versteht die Faszination, die Pinot Noir auf die Winzer ausübt. Der Pinot Noir (eigentlich müsste es »die« Pinot Noir heißen) ist eine Diva: unnahbar, schwierig, unberechenbar. Aber im richtigen Moment am richtigen Ort ergibt sie einfach die schönsten, subtilsten und faszinierendsten Weine dieser Welt. Geschmeidig, mit feiner Fruchtnote, seidig und mit einem nicht enden wollenden Abgang. Der Pinot Noir wird wohl nie eine Mode-Rebsorte wie Merlot oder Syrah werden, aber für uns Weinkenner ist sie eine unendliche Versuchung.

Pinot Noir ist der ideale Wein für ein nettes Dinner zu zweit. Sie können im Restaurant sowohl einen jungen wie auch einen gereiften Wein aussuchen. Er ist bereits kurz nach dem Öffnen schön zu trinken. Er ist weich und verspielt, und die Frauen lieben seinen Schmelz und seine Verspieltheit. Und er passt sich den unterschiedlichsten Speisen perfekt an. Ob Fisch oder zartes Kalb, zu Ente oder Wildgeflügel – der Pinot Noir schmiegt sich an.

Und das Schöne am Pinot Noir: Im Gegensatz zu den gehaltvollen Cabernet Sauvignon und Merlot macht er nicht müde, weder Sie noch Ihre Begleitung. Im Gegenteil, das Gespräch bekommt Esprit und bleibt beschwingt.

Die Rebsorte ist schwierig, die Mengen sind klein und auch in den Staaten gibt es inzwischen eine eingeschworene Fangemeinde. Somit ist das Angebot an kalifornischen Pinot Noir in Deutschland sehr klein. Wir haben Ihnen hier nur eine kleine Auswahl zusammengestellt, damit Sie wenigstens in Versuchung kommen, mal nach einem guten Pinot Noir Ausschau zu halten. Die Weine in der Tabelle 9.4 werden im Preis immer teurer, dafür auch immer subtiler. Die Preise beginnen aber sowieso erst bei etwa 25 €.

| Produzent | Wein | Herkunft |
| --- | --- | --- |
| Au Bon Climat | Pinot Noir | Santa Maria Valley |
| Buena Vista Winery | Pinot Noir | Carneros |
| Byron Vineyards | Pinot Noir | Santa Barbara County |
| | Pinot Noir Reserve | |
| Robert Mondavi Winery | Pinot Noir »Carneros« | Carneros |
| J. Rochioli Vineyards | Pinot Noir | Russian River Valley |
| Kistler Vineyards | Pinot Noir (alle Einzellagen) | Sonoma |

*Tabelle 9.4: Empfohlene Pinot Noir aus Kalifornien, die man mit etwas Glück in Deutschland bekommen kann.*

# Zinfandel: die uramerikanische Rebsorte

Obwohl die Zinfandel ebenfalls einen europäischen Ursprung hat, gilt sie als eine amerikanische Rebsorte. Außerhalb Kaliforniens wird diese Sorte nirgends auf der Welt angebaut, in Kalifornien dagegen seit mindestens 150 Jahren. Die ältesten noch existierenden Weinberge in Kalifornien sind mit Zinfandel bestockt (mehr dazu in Kapitel 3).

Die Rotweine aus der Zinfandel-Rebe haben eine tiefdunkle, fast schwarze Farbe, sind unheimlich mächtig und dicht und überwältigen jeden mit einer Explosion von Wildfrüchten auf der Zunge, unterstützt von einer pfeffrigen Würznote, dazu jede Menge Tannin, Säure und Alkohol.

 Vorsicht! Es gibt viele Weintrinker, die sich von ihrem ersten Glas Zinfandel nie wieder erholt haben und seitdem dieser Rebsorte verfallen sind. Die besten Zinfandel werden heute im Sonoma County, Alexander Valley und Russian River Valley gemacht. Der Wein ist in Deutschland nicht sehr bekannt, damit ist das Angebot sehr begrenzt, aber was man bekommt, hat oft ein hervorragendes Preis-Leistungs-Verhältnis. Auf alle Fälle bekommt man immer sehr viel Wein für sein Geld!

# Was tut sich sonst in Amerika?

Die amerikanischen Winzer experimentieren auch heute noch gerne. Aktuell sind gerade die italienischen Rebsorten sehr in Mode und man kann sehr schöne Sangiovese, aber auch Barbera oder Nebbiolo aus Kalifornien probieren.

Auch die Gruppe der Rhône Rangers um den charismatischen Randall Grahm von Bonny Doon Vineyard mit ihren auf Syrah und Grenache basierenden Weinen sollten Sie unbedingt probieren, wenn Sie die Gelegenheit haben.

Aber diese Weine werden in Deutschland nur von ein paar spezialisierten Versendern angeboten.

# Oregon und Washington

Diese beiden Bundesstaaten nördlich von Kalifornien sind eigentlich schon viel zu kühl für den Weinbau, aber in beiden Staaten haben sich kleine warme Regionen für den Weinbau gefunden, die in den letzten Jahren auch in Deutschland mit fantastischen Weinen aufwarten konnten.

## Gallo Power

E. & J. Gallo Winery in Modesto, Kalifornien, ist mit Abstand die größte Kellerei der Welt. Die Weine sind anständig und sauber, aber nicht spektakulär, aber das Marketing dieses Kolosses ist so perfekt, dass sie innerhalb von zwei Jahren den deutschen Markt aufgerollt haben. Mitte der Neunziger waren sie auf dem deutschen Markt noch nicht vertreten, aber keine zwei Jahre später kannte sie jedes Kind, und die markanten Flaschen standen in allen Supermärkten der Republik. Heute entfällt bereits über die Hälfte des amerikanischen Exports nach Deutschland auf Gallo.

Auch in den Vereinigten Staaten ist Gallo allgegenwärtig. Sie ist die umsatzstärkste Weinmarke des Landes.

Nahezu jeder Pinot Noir aus Oregon, den wir bisher im Glas hatten, war gut oder gar sensationell, daher verzichten wir hier auf Namen.

Im Staate Washington sind es zwei Kellereien, Chateau Ste. Michelle und Columbia Crest Winery, die mit ihren fantastischen Merlot für Furore sorgen. Probieren Sie, die Weine sind noch gar nicht so teuer.

# Rotwein in Übersee: Australien, Südamerika und Südafrika

**10**

## In diesem Kapitel

▶ Australische Weine: Qualität, Hightech und günstige Preise

▶ Chile: Ein unglaubliches Potential

▶ Argentinien: Kein Grund zum Weinen!

▶ Südafrika: Eine Erfolgsgeschichte

Sind die Rotweine der südlichen Hemisphäre grundlegend verschieden von denen der nördlichen Hemisphäre? Hängen die Trauben auf anderen Seite des Äquators seitenverkehrt am Stock? Prägt das die Qualität und den Stil der Weine, die dort gemacht werden?

Wenn die Antwort auf eine diese Fragen »Ja« lautet, dann müsste man ergänzen, »auf jeden Fall!« Die Rotweine aus Übersee aus Ländern wie Australien, Chile, Südafrika und Argentinien erobern den Markt – manche langsam, manche mit unglaublicher Geschwindigkeit. Was auch immer diese Weine zu bieten haben, viele deutsche Weintrinker lieben es.

Und doch gibt's Unterschiede, was die einzelnen Länder in Hinblick auf ihre Rotweine zu bieten haben. Australien offeriert Weine mit kräftigen, lebendigen Fruchtaromen, technischer Perfektion und wahren Geschmacksexplosionen. Chile bietet Weine, die in einer Zeitspirale gefangen sind (oder vielleicht auch in einer Raumspirale): nicht direkt traditionelle europäische Weine mit dem Geschmack von vielen Jahrhunderten – aber auch nicht direkt dem Geschmack der Neuen Welt, wo die Konzentration auf den Fruchtcharakter fast zur Besessenheit ausartet. Argentinien bietet anständige Qualität zu günstigen Preisen – ein Wein für alle Tage. Südafrika bietet nicht nur in politischer Hinsicht den Aufschwung, sondern auch in vinologischer. Südafrika hat das Potential einer alten Weinbauregion, die gerade ihre neue Seele findet.

Ja, die Weine der südlichen Hemisphäre sind anders. Und eigenständig. Und durchaus wert, sie zu kennen. Wir überschreiten gleich jetzt den Äquator.

# Australien: Das Land der kräftigen Roten

Australien, dieser kleine geheimnisvolle Kontinent am anderen Ende der Welt. So fern und doch so vertraut, so europäisch. Viel Raum, viel Natur und eine raue und doch so britische Zivilisation. Für viele bleibt es ein Traum, da einfach zu weit und zu teuer, diesem Kontinent einfach mal einen Besuch abzustatten. Und wobei lässt sich am besten träumen? Richtig, bei einem Glas Rotwein, besser bei einem Glas australischen Shiraz.

Die Initialzündung der australischen Weine in Deutschland – da müssen wir ehrlich sein – war der unheimlich günstige Preis, zusammen mit einem einfachen, leicht zu überblickenden Qualitäts-System. Der Name der Rebsorte steht für den Geschmackstypus, die Kellerei für die Qualität. Ein guter Chardonnay für 4 € die Flasche: Da konnte niemand widerstehen – und warum auch?

Über die nachfolgenden Jahre haben sich die Preise für australische Weine »normalisiert«, wie die Weinhändler sagen würden, und die Weine sind heute keine wirklichen Schnäppchen mehr. Stattdessen begeistern diese Weine heute die Weintrinker mit ihrem Geschmack und ihrem eigenen Stil – und der Preis ist zweitrangig. Australien hat es geschafft, einen speziellen Weinstil in den Köpfen der Weinliebhaber weltweit zu verankern und sich damit von der Preisdiskussion gelöst.

 Was ist dieser Stil? Sicher, pure Frucht! Fragen Sie einen australischen Weinmacher, was er von seinen Weinen erwartet, und die prompte Antwort könnte lauten: »Frucht, und davon möglichst viel.« Knackige Fruchtaromen ist sind Markenzeichen der australischen Weine.

 Die Rotweine von Australien haben noch ein weiteres Markenzeichen: weiche Tannine. Australische Weinmacher sind führend in der Welt, gerade genug Tannin, und genau von der richtigen Art, aus den Trauben zu lösen, um ihren Weinen Kraft und Volumen zu geben, ohne sie bitter oder adstringierend wirken zu lassen.

## Australische Rotweine zum Essen

Da australische Rotweine im Allgemeinen ziemlich rund und kräftig sind, passen sie perfekt zu Barbecue und gegrilltem Fleisch oder einem herzhaften Steak. Auch einen klassischen Hamburger oder Grillwürste kann man damit gewaltig »aufmotzen«. Sie sind auch fein zu herzhaftem Eintopf, zu Geschmortem und zu gereiftem Käse.

Das Klima in Australien hindert die Weinmacher selten in ihrem Bemühen, kräftige, volle Weine zu machen. Australien hat jede Menge Sonnenschein und wenig Regen. Als Ergebnis reifen die Trauben in den meisten Weinbauregionen Australiens einfach perfekt aus, ohne das sich die Winzer einen Kopf über Regenwetterperioden machen müssten. Wirklich schlechte Jahrgänge existieren nicht – es gibt nur durchschnittliche, gute und sehr gute Jahrgänge. Australische Rotweine sind rund und kräftig – voluminöse, einfach zu trinkende Weine. Dünne, saure Weine? Gibt's nicht, Kumpel! Nicht in Australien!

## Australiens kurze und süße Weinvergangenheit

Im Vergleich zur Größe (Australien ist ungefähr so groß wie die USA) produziert dieses Land aktuell nicht gerade viel Wein – ungefähr ein Drittel der amerikanischen Menge. Aber vom australischen Territorium ist nur relativ wenig für den Weinbau geeignet: Die nördlichen Zweidrittel von Australien sind heiß und wüstenähnlich, und somit sind dort keine Rebstöcken zu finden. Nur im kühleren Südosten von Australien (und einem kleinen Gebiet im Südwesten Australiens) können Rebstöcke gedeihen. Bier ist die erste Wahl der Australier bei alkoholischen Getränken, aber pro Einwohner trinken die »Aussies« immerhin dreimal so viel Wein wie die Amerikaner (auch wenn sie damit nur etwa ein Drittel des deutschen Pro-Kopf-Verbrauchs erreichen).

Bereits seit dem späten 18. Jahrhundert wird in Australien Wein gemacht, aber bis 1960 waren es fast ausschließlich süße oder portweinähnliche, alkoholverstärkte Weine (den Weinen wird Alkohol zugesetzt). Dann begannen die Australier ungefähr zur selben Zeit wie die Amerikaner, die trockenen Weine zu schätzen.

In den frühen Achtzigern ist der Weinboom auch in *Down under* angekommen. Australiens Weinmacher haben unheimlich schnell gelernt, qualitativ hochwertige Tafelweine zu produzieren. Heute blicken die Weinmacher aus den etablierten Weinregionen Europas oder der USA nach Australien, um sich die neuesten Erkenntnisse in der Kellertechnik abzuschauen.

## Australiens Trauben und Regionen

In Australien werden fast alle Weine nach der Rebsorte benannt – entweder eine einzelne (wie etwa Shiraz) oder auch oft ein Cuvée aus zwei Rebsorten, die kombiniert werden, wie im Shiraz/Cabernet Sauvignon (der Prozentsatz jeder Rebsorte wird irgendwo auf dem Etikett angegeben, und die dominierende Sorte wird als erste genannt, wie in der Abb. 10.1 gezeigt).

*Abbildung 10.1: Das Etikett eines australischen Cuvées, auf dem der Prozentsatz jeder Rebsorte (dominierende Sorte zuerst) angegeben wird*

Die wichtigste australische Rotwein-Rebsorte ist Shiraz, dieselbe Sorte wie Syrah, nur dass sie hier den alten persischen Namen trägt. (Für eine Beschreibung der Syrah-Traube blättern Sie zurück in Kapitel 3.) Diese Rebsorte kam bereits 1832 aus dem französischen Rhône-Tal nach Australien. Vielleicht weil das australische Klima in vieler Hinsicht dem des warmen Rhône-Tals entspricht, hat die Shiraz bewiesen, dass sie auch in ihrer neuen Heimat gute Weine produziert. (Am Rande bemerkt: Manche australischen Weinmacher beginnen, den Namen Syrah für ihre besseren Weine zu verwenden und Shiraz für die weniger teuren Versionen. Aber es existieren keine festen Regeln.)

Cabernet Sauvignon ist klar Australiens zweitwichtigste rote Sorte. Anpassungsfähig an die unterschiedlichsten Wachstumsbedingungen wie er ist, gefällt es dem Cabernet Sauvignon in Australien. Einer der typischen Rotweine in Australien ist ein Mischsatz aus den zwei wichtigsten Rebsorten des Landes, Shiraz und Cabernet. Da meist Shiraz in diesem Mischsatz überwiegt, werden diese Weine Shiraz/Cabernet genannt.

Pinot Noir hatte bis jetzt sehr wenig Erfolg in Australien, da die meisten australischen Weinregionen dieser Rebsorte einfach zu warm sind. Aber einige Ausnahmen existieren: Auf Tasmanien und in Margaret River gibt's dank des jeweils kühlen Mikroklimas einige gute Pinot Noir. Merlot kam in Australien erst sehr spät auf Touren, aber die »Aussies« sehen natürlich die weltweite Nachfrage nach Merlot und finden sicherlich auch mit dieser heißbegehrten Sorte schnell Anschluss.

Die meisten australischen Weine kommen von den drei Staaten im Südosten: South Australia, Victoria und New South Wales. Viele der großen australischen Weinproduzenten machen günstige Weine in gewaltigen Mengen, indem sie Trauben und Weine aus den unterschiedlichen Staaten verschneiden. Diese Weine werden als Weine aus »South Eastern Australia« etikettiert – nicht eine spezielle Weinregion, sondern ein einfacher geografischer Begriff.

## South Australia

Der Bundesstaat South Australia ist die wichtigste Rotweinregion des Landes. Viele der großen Kellereien Australiens – wie Penfolds, Orlando, Seppelt, Peter Lehmann, Henschke, Leasingham, Petaluma, Wolf Blass und Hill Smith – haben ihren Sitz in South Australia, und etwa 58 Prozent des australischen Weins kommen von hier.

Die besseren Rotweine von South Australia kommen aus Weinregionen rund um die Bundeshauptstadt Adelaide. Drei für ihre Rotweine berühmte Regionen sind:

✔ **Barossa Valley:** Diese ziemlich heiße Weinregion nördlich von Adelaide ist berühmt für Shiraz und Cabernet Sauvignon; sie ist eine der bekanntesten Weinregionen Australiens überhaupt. Viele der großen Weinkellereien haben hier ihren Sitz.

✔ **Coonawarra:** Die kühlste (und viele sagen: die feinste) Rotwein-Region in Australien. Die Gegend befindet sich im südlichsten Eck Australiens. Einige der besten australischen Cabernet Sauvignons kommen aus der berühmten roten Erde von Coonawarra.

✔ **McLaren Vale:** Direkt südlich von Adelaide. Diese ansonsten heiße Region wird ständig von Meeresbrisen gekühlt. Einige große, dichte, gehaltvolle Weine kommen von hier.

## Victoria

Victorias Hauptstadt ist die kosmopolitische Hafenstadt Melbourne. In Victoria werden zwar nur 14 Prozent der australischen Weine produziert, aber viele der feinsten kleinen Weingüter des Landes befinden sich hier – zusammen mit ein paar der großen wie Brown Brothers, Mildara, Wynns und die größte Weinkellerei des Giganten Lindemans.

✔ **Glenrowan:** Eine warme Region im Nordosten von Victoria, die für ihre großen, dichten Shiraz genauso wie für ihre Cabs und die Cuvees aus beiden bekannt ist.

✔ **Milawa:** Ebenfalls im Nordosten Victorias ist diese Region bekannt für ihre berauschenden, reifen Rotweine.

✔ **Murray River:** Viele Rotweine kommen von Kellereien wie Lindemans und Mildara aus dieser Grenzregion im Nordwesten.

✔ **Yarra Valley:** Eine Region mit kühlem Klima am Rande von Melbournes. Das Yarra Valley ist die neue, angesagte Weinregion in Australien. Diese Region ist kühl genug, um Pinot Noir anzubauen, aber warm genug, um auch mit Cabernet Sauvignon gute Ergebnisse zu erzielen.

## New South Wales

New South Wales ist das älteste Weinanbaugebiet in Australien und Sydney dessen Hauptstadt. New South Wales macht 27 Prozent der australischen Weine. Viele Alltagsweine mit großen Produktionsmengen kommen aus der heißen Region im Landesinneren mit dem unaussprechlichen Namen, Murrumbidgee Irrigation Area. Verschiedene der großen, alteingesessenen Kellereien wie Rothbury Estate, Tyrell's, Lindemans, McWilliams, Montrose, Rosemount, Wyndham Estate, Evans Family und Hungerford Hill befinden sich in New South Wales.

✔ **Lower Hunter Valley:** Dieses bekannteste australische Weinbaugebiet liegt ungefähr drei Autostunden nördlich von Sydney. Das Klima ist alles andere als ideal, da es zur Weinlese normalerweise regnet, aber die meisten Kellereien von New South Wales befinden sich hier. Unter den Rotweinen macht sich der Cabernet Sauvignon am besten, Shiraz weniger.

✔ **Upper Hunter Valley:** Hier ist das Klima trockener als im Lower Hunter Valley und besser für Weißwein als für Rotwein geeignet – auch wenn hier Shiraz angebaut wird. Diese Region ist die Heimat der Rosemount Winery.

✔ **Mudgee:** Diese aufstrebende Region westlich des Hunter Valley ist gut geeignet für Cabernet Sauvignon und Shiraz.

# Western Australia

Nur eine kleine Menge an Wein kommt aus Western Australia mit seiner Hauptstadt Perth. Aber zwei kühlen Weinregionen, beide im südwestlichen Eck des Staates, wird eine große Zukunft nachgesagt:

✔ **Margaret River:** Einige exzellente Cabernet Sauvignons und Pinot Noirs kommen aus dieser Region mit kühlem Klima, speziell von so feinen Weingütern wie Cape Mentelle und Leeuwin.

✔ **Lower Great Southern:** eine große, kühle Region mit noch viel unentdecktem Potential. Hier werden gute, schlanke Cabernet Sauvignons im Bordeaux-Stil gemacht.

# Empfehlenswerte australische Rote: Shiraz, Cabernet Sauvignon und Shiraz/Cab-Cuvees

 Da nahezu alle besseren australischen Weine aus Shiraz, Cabernet Sauvignon und als Verschnitt aus diesen beiden Rebsorten gemacht werden, beschränken wir unsere Empfehlungen hauptsächlich auf diese Weine. Wir fassen die von uns empfohlenen Weine in zwei Gruppen zusammen – Weine unter 10 € und Weine über 12 €. In den Tabellen 10.1 und 10.2 listen wir diese Weine alphabetisch nach dem Produzenten sortiert auf. Wir haben unsere Lieblingsweine durch Fettdruck hervorgehoben.

| Produzent | Empfohlene Weine |
|---|---|
| Black Opal | Shiraz<br>Cabernet Sauvignon<br>Cabernet/Merlot |
| Brown Brothers | Cabernet Sauvignon |
| Peter Lehmann | **Shiraz**<br>**Cabernet Sauvignon** |
| Lindemans | Cabernet Sauvignon<br>Shiraz |
| McGuigan Brothers | **Cabernet Sauvignon**<br>»Black Shiraz« |
| Michelton | Shiraz<br>Cabernet/Shiraz/Malbec |
| Montrose | **Cabernet Sauvignon**<br>Shiraz |

| Produzent | Empfohlene Weine |
|---|---|
| Orlando | Cabernet Sauvignon »Jacobs Creek« |
| Oxford Landing | Cabernet Sauvignon<br>Cabernet/Shiraz |
| Penfolds | Cabernet/Shiraz »Koonunga Hill« |
| Redbank | Shiraz |
| Rosemount | Shiraz |
| Rothbury Estate | **Shiraz** |
| Seppelt | »Black Label« Shiraz<br>»Reserve Bin« Shiraz<br>**»Cabernet Sauvignon »Black Label«**<br>»Reserve Bin« Cabernet Sauvignon |
| Taltarni | **Shiraz**<br>Cabernet Sauvignon<br>Merlot<br>Merlot/Cabernet Franc |
| Tyrrell's | **Shiraz**<br>Cabernet Sauvignon |
| Wolf Blass | Shiraz »President's Selection«<br>Cabernet Sauvignon »Yellow Label« |
| Wyndham Estates | Cabernet Sauvignon »Bin 444«<br>Shiraz »Bin 555«<br>Cabernet/Merlot »Bin 888« |

*Tabelle 10.1: Empfehlenswerte australische Rotweine unter 10 €*

| Produzent | Empfohlene Weine |
|---|---|
| Tim Adams | Shiraz |
| Bowen Estate | Cabernet Sauvignon<br>**Cabernet Sauvigon/Merlot/Cabernet Franc** |
| Cape Mentelle | Cabernet Sauvignon<br>Shiraz |
| Henschke | **Shiraz »Hill of Grace«**<br>**Shiraz »Mount Edelstone«** |
| Leeuwin Estate | Cabernet Sauvignon |
| Peter Lehmann | »Clancy's Gold Preference« (Cabernet-Verschnitt) |
| Lindemans | **Shiraz/Cabernet »Limestone Ridge«**<br>Cabernet Sauvignon, St. George Vineyard |

| Produzent | Empfohlene Weine |
|---|---|
| Michelton | **Cabernet Sauvignon Victoria Reserve** |
| Orlando | Cabernet Sauvignon »Jacaranda Ridge« |
| | Cabernet Sauvignon »St. Hugo« |
| Penfolds | **»Grange« (früher »Grange Hemitage«)** |
| | **Cabernet Sauvignon »Bin 707«** |
| | Shiraz »Bin 128« |
| | Shiraz »Magill Estate« |
| | Cabernet Sauvignon/Shiraz »Bin 389« |
| Petaluma | Cabernet Sauvignon (Coonawarra) |
| Rosemount | **Cabernet Sauvignon »Show Reserve«** |
| | Syrah »Balmoral« |
| Wolf Blass | Cabernet Sauvignon »President's Selection« |
| | »Black Label« (Cabernet/Shiraz) |
| Wynns | Cabernet Sauvignon »John Riddock« (Coonawarra) |
| | Shiraz »Michael« |

*Tabelle 10.2: Empfehlenswerte australische Rotweine über 10 €*

### Einer für den Wunschzettel

Der Grange von Penfolds (früher Grange Hermitage) ist wohl immer noch Australiens größter und teuerster Rotwein (je nach Jahrgang 200 € – 400 €, aber schwierig zu bekommen). Er wird aus den feinsten Shiraz-Trauben gemacht – in manchen Jahren wird etwas Cabernet Sauvignon zugegeben. Grange ist einer der dichtesten, konzentriertesten Rotweine der Welt mit unstrittigem, fast unendlichem Lagerungspotential. Dieser Wein ist ein Sammlerstück für Weinliebhaber.

## Die guten Jahrgänge für australische Rotweine

Das Thema Jahrgänge ist für die australischen Roten überhaupt kein Thema. Ein Grund dafür ist, dass die Jahrgänge in Australien nicht so stark variieren wie in Europa und Sie sich darum kaum Gedanken über schlechte Jahrgänge machen müssen. Andererseits können die meisten australischen Rotweine bereits jung getrunken werden.

Mit Ausnahme der paar teuren Weine in der Tabelle 10.2 (wie Penfolds' Grange, Penfolds' Bin 707 Cabernet Sauvignon oder die Shiraz Weine von Henschke) werden die australischen Roten durch die Lagerung nicht unbedingt besser. Die besten Jahrgänge für australische Rotweine sind **1997** und **1994**, aber auch 2000, 1999, 1998, 1996, 1995 waren gut. Ist das deutlich genug?

## Chile: Das Beste kommt noch

Chile ist mit den feinsten Voraussetzungen für den Weinbau gesegnet, die man sich erhoffen kann – für Rebstöcke wahrlich der Himmel auf Erden.

Das Central Valley, wo die meisten Weintrauben Chiles wachsen, liegt zwischen dem Pazifischen Ozean im Westen (mit einem kleinen Küstengebirge dazwischen, um die feuchte Meeresluft abzublocken) und den Anden im Osten. Diese Situation gibt den chilenischen Weinlagen genau die richtige Menge an Wasser und bietet ideale Wachstumsbedingungen.

Die abgeschottete Lage zwischen dem Ozean und den hohen Bergen der Anden hat die chilenischen Weinlagen bisher vor der Reblaus bewahrt, einem Schädling, der auf fast allen Weinbergen der Welt schon für verheerende Schäden gesorgt hat. Chiles Weinlagen genießen lange, trockene Sommer und kalte Winter.

Durch das von Jahr zu Jahr konstante Wetter ist jeder Jahrgang in Chile gleich gut. Kein Wunder, dass so viele europäische Produzenten wie Château Lafite-Rothschild aus Bordeaux oder Miguel Torres aus Spanien und viele der großen kalifornischen Kellereien so schnell wie möglich ihre Claims abstecken! Es werden nicht nur die Weine als Ergänzung für den Heimatmarkt importiert, sondern die oben genannten Unternehmen haben in den letzten Jahren viel Geld investiert und damit neue Weingüter angelegt und Kellereien aufgebaut.

Obwohl Chile auf eine Weinbautradition bis etwa 1650 zurückblickt, glauben wir, dass das Potential für große chilenische Weine gerade erst entdeckt wird. Seit den Achtzigern haben sich die chilenischen Weinmacher auf in Massen produzierte, weitgehend anständige Weine konzentriert, um den Bedarf an günstigen, rebsortenreinen Weinen zu decken. Diese Entwicklung ist nur teilweise ein Segen. Weil sie den Schwerpunkt mehr auf den Preis als auf die Qualität legen, haben die Weinbauern ihren Hektarertrag extrem hoch gehalten (sehr große Mengen in einem Weinberg zu erzeugen wirkt sich negativ auf die Qualität aus), und die daraus erzeugten Weine – sowohl rot als auch weiß, aber besonders weiß – sind dünn und schwach, so dass man leicht an *wässrig* denkt.

Manche chilenischen Produzenten jedoch machen Rotweine, hauptsächlich Cabernet Sauvignon, die exzellent und immer noch günstig sind. Wir greifen diese Weine etwas später im Abschnitt »empfohlene Rotweine« heraus.

## Chiles Rotwein-Regionen

Chile hat drei wichtige Rotwein-Regionen, alle im Central Valley. Von Norden nach Süden sind das:

✔ **Aconcagua:** Nördlich der Hauptstadt Santiago ist dies die wärmste der drei Regionen.

✔ **Maipo Valley:** Direkt südlich von Santiago. Hier haben fast alle großen Kellereien Chiles ihren Sitz.

✔ **Rapel Valley:** Im Süden an das Maipo Valley anschließend ist dies das kühlste Gebiet der wichtigen Rotwein-Regionen (eine Unterzone von Rapel mit bereits eigenständigem Image ist Colchagua Valley).

## In Chile herrscht die Cabernet Sauvignon

Die vier wichtigsten Rebsorten in den chilenischen Weinbergen in der Reihenfolge ihrer Bedeutung sind

✔ Cabernet Sauvignon

✔ Merlot

✔ Pinot Noir

✔ Malbec

Dabei ist der Pinot Noir in Chile nicht sehr erfolgreich, und die Malbec ergibt nicht gerade interessante Weine.

Der Merlot ist auch hier in Chile sehr erfolgreich und das Preis-Leistungs-Verhältnis in vielen Fällen ausgezeichnet. Gerade der Merlot von Concha y Toro ist gut und günstig. Am anderen Ende der Skala macht ein kleines, aber feines Weingut namens Casa Lapostolle im Colchagua Distrikt seit dem ersten Jahrgang 1994 vielleicht Chiles besten Merlot, den Cuvée Alexandre.

Aber Chiles *interessanteste* Rebsorte ist ohne Frage die gute alte Cabernet Sauvignon.

# Empfohlene Rotweine aus Chile

In Tabelle 10.3 und 10.4 empfehlen wir Rotwein aus Chile – fast alle sind aus der Cabernet Sauvignon – in zwei Preiskategorien: unter 10 € (es gibt bereits Weine für weniger als 4 € aus Chile) und über 10 €. Weine in der teuren Kategorie sind deutlich besser als die günstigen Weine. In beiden Tabellen haben wir unsere Lieblingsweine wieder alphabetisch nach den Produzenten sortiert und unsere besonderen Lieblinge durch Fettdruck herausgehoben.

| Produzent | Empfohlene Weine |
|---|---|
| Carmen Vineyards | Cabernet Sauvignon |
|  | Cabernet Sauvignon Reserve |
|  | Merlot |
| Casa Lapostolle | **Cabernet Sauvignon (Colchagua District)** |
| Concha y Toro | Cabernet Sauvignon »Casillero del Diabolo« |
|  | Merlot »Casillero del Diabolo« |
| Cousino Macul | Cabernet Sauvignon |
|  | Cabernet Sauvignon »Antigas Reservas« |
| Errazuriz | **Cabernet Sauvignon** |
|  | Merlot |
| Los Vascos | Cabernet Sauvignon |

*Tabelle 10.3: Empfehlenswerte chilenische Rotweine unter 10 €*

| Produzent | Empfohlene Weine |
|---|---|
| Casa Lapostolle | **Merlot, Cuvée Alexandre** |
| Concha y Toro | **Cabernet Sauvignon »Don Melchior«** |
| Errazuriz | **Cabernet Sauvignon »Don Maximiano«** |
| Errazuriz/Robert Mondavi | Sena |
| Lafite-Rothschild/Concha y Toro | Almaviva |

*Tabelle 10.4: Empfehlenswerte chilenische Rotweine über 10 €*

Wir glauben, dass es sich bei den fünf Weinen in Tabelle 10.4 um die besten chilenischen Weine handelt. (In der Zukunft werden wohl noch einige dazukommen).

Abbildung 10.2: *Don Melchor Cabernet Sauvignon von Concha y Toro ist einer der großen chilenischen Weine.*

 Sie können die chilenischen Rotweine sofort trinken, wenn Sie damit zu Hause sind. Die meisten sollten aber vom Jahrgang aus gerechnet nicht älter als fünf oder sechs Jahre werden. Die besseren Chilenen wie die in Tabelle 10.4 empfohlenen können ihre Qualität durchaus auch über 10 Jahre halten.

# Argentinien, das Rotwein-Land

Die Argentinier sind sehr stolz auf ihr Rindfleisch und verzehren selbst gigantische Mengen davon, und dazu trinken sie gerne Rotwein. Glücklicherweise produziert Argentinien nicht nur viel Fleisch sondern auch große Mengen an Wein, hauptsächlich Rotwein. Das Land ist überraschenderweise der viertgrößte Weinproduzent der Welt (unangefochten an der Spitze liegen Italien, Frankreich und Spanien). Außerdem ist Argentinien eines der Länder mit dem höchsten Weinkonsum pro Einwohner.

Fast alle besseren Weine Argentiniens kommen aus dem heißen, trockenen Bundes-staat Mendoza im nordwestlichen Teil des Landes, nur durch die Berge von Chile ge-trennt. Die Anden bilden eine natürliche Barriere für die feuchte Luft des Pazifiks, aber gleichzeitig sichert das Schmelzwasser der hohen Berge die Wasserversorgung. Die Sonne scheint hier konstant. Wie in Chile ist jeder Jahrgang gut.

Bis in die Achtziger war das Beste, was man über die meisten argentinische Rotweine sagen konnte, dass sie billig waren (die Weißweine waren oft nicht mal eine Diskussi-on wert). Aber die gleiche technische Revolution, die über viele Weinbauländer der Neuen Welt hinweg fegte, macht sich langsam auch in Argentinien bemerkbar.

Heute existieren bereits eine ganze Reihe Hightech-Kellereien, und etliche Weingü-ter beschäftigen »flying winemakers« (studierte Weinmacher, Önologen, die auf der ganzen Welt beratend tätig sind) aus Europa oder den USA. So ist die Qualität der guten argentinischen Rotweine inzwischen Lichtjahre von dem unsäglichen Gebräu entfernt, das man noch vor 10 bis 15 Jahren vorgesetzt bekam. (Die von uns in der Tabelle 10.6 aufgeführten Weine sind besonders gut, aber auch die Weine unter 10 € in Tabelle 10.5 sind inzwischen durchaus zu empfehlen.)

## Malbec findet eine Heimat

In Argentiniens warmem Klima fühlen sich die roten Rebsorten erheblich wohler als die Weißen. Eine rote Traubensorte, die vielen in der Weinwelt kein Begriff ist, ge-bührt in Argentinien eine besondere Bedeutung, die Malbec.

Malbec ist eine der offiziell erlaubten Sorten in Bordeaux, aber wird von den meis-ten Bordelaiser Weinmachern links liegen gelassen. Sie bevorzugen Cabernet Sauvignon, Merlot und Cabernet Franc (lesen Sie mehr zu Bordeaux in Kapitel 6). Ansonsten wird die Malbec noch in manchen Gebieten im Südwesten Frankreichs und ein bisschen in Italien und Chile angebaut. Seine eigentliche Heimat hat die Malbec aber in Argentinien gefunden, wo sie inzwischen zur wichtigsten Sorte für feine Rotweine wurde. Die Malbec hat sich besonders gut an das heiße, trockene Klima des Landes angepasst und ergibt hier sehr dunkle, tanninlastige Weine mit dichten Aromen.

Die anderen wichtigen roten Rebsorten in Argentinien sind uns wohl bekannt:

✔ Cabernet Sauvignon

✔ Merlot

✔ Syrah

Dank der vielen italienischen Einwanderer, die ihre Rebstöcke mit nach Argentinien brachten, können Sie auch argentinische Weine finden, die aus Barbera, Sangiovese, Bonarda oder sogar Lambrusco-Trauben gekeltert wurden. Spaniens beste rote Rebe, die Tempranillo, taucht ebenfalls vermehrt in argentinischen Weinbergen auf.

## Empfohlene Rotweine aus Argentinien

 Bei den empfohlenen argentinischen Rotweinen handelt es sich in erster Linie um Cabernet Sauvignon, Malbec, Merlot und Kompositionen aus diesen drei Rebsorten. Wir glauben, dass dies momentan die besten Weine sind, die in Argentinien produziert werden – und es sind die, die am leichtesten zu finden sind.

In der Tabelle 10.5 finden Sie die Weine, die für unter 10 € die Flasche verkauft werden (argentinische Weine stehen ab 4 € bis 5 € die 0,75l-Flasche im Regal). Tabelle 10.6 umfasst die Weine über 10 €. Die Weine in der hochpreisigen Kategorie sind deutlich besser als die billigeren Weine. Die Produzenten werden jeweils in alphabetischer Reihenfolge aufgeführt. Unsere Lieblingsweine sind mit Fettdruck gekennzeichnet.

| Produzent | Empfohlene Weine |
|---|---|
| Valentin Biancchi | Malbec<br>Cabernet Sauvignon<br>Cabernet Sauvignon »Reserve Particular« |
| Finca Flichmann | **Cabernet Sauvignon »Caballero de la Cepa«**<br>Syrah<br>Sangiovese<br>Cabernet Sauvignon Reserva |
| Château Mendoza | Cabernet Sauvignon<br>Malbec |
| Pascual Toso | Cabernet Sauvignon |
| Trapiche | Cabernet Sauvignon »Oak Aged«<br>Malbec »Oak Aged« |

*Tabelle 10.5: Empfehlenswerte argentinische Rotweine unter 10 €*

| Produzent | Empfohlene Weine |
|---|---|
| Catena | **Cabernet Sauvignon, Agrelo Vineyard** |
| Navarro Correas | **Cabernet Sauvignon »Coleccion Privada«** |
| Norton | **Cabernet Sauvignon Reserve**<br>Merlot Reserve<br>**Malbec Reserve** |
| Bodega Weinert | **»Cavas de Weinert«** (Cabernet Sauvignon, Merlot und Malbec)<br>Cabernet Sauvignon<br>**Merlot** |

*Tabelle 10.6: Empfehlenswerte argentinische Rotweine über 10 €*

 Das Weingut Norton gehört der österreichischen Industriellenfamilie Svarowski, die hier ihrem Weinhobby frönt. Die Weine zählen inzwischen neben dem Platzhirschen Bodega Weinert zur erste Garde in Argentinien. Beide Weingüter haben immer noch ein sehr gutes Preis-Leistungs-Verhältnis.

 Die argentinischen Rotweine sind im Allgemeinen beim Kauf schon trinkreif, und Sie sollten die meisten innerhalb der ersten 5 bis 6 Jahre nach der Weinlese trinken. Die besseren argentinischen Rotweine wie die, die wir in Tabelle 10.6 empfohlen haben, halten ihrer Qualität auch problemlos über 10 Jahre, wenn sie entsprechend kühl gelagert werden.

# Südafrika:
# Eine Brücke zwischen Alter und Neuer Welt

Wenn Sie heute einen südafrikanischen Rotwein probieren – sagen wir einen Cabernet Sauvignon, Merlot oder Shiraz (Syrah) –, erinnert er Sie ein bisschen an einen französischen Wein. Und doch ist er anders. Aber er ist auch nicht einer dieser typischen Überseeweine wie viele kalifornische oder australische Rotweine. Südafrikanische Weine haben etwas von der Eleganz und der Finesse eines französischen Weins und dazu die fleischige Frucht eines kalifornischen Weins. So kommen sicherlich auch Sie zu dem Ergebnis, dass die südafrikanischen Weine etwas aus beiden Welten haben – sie sind total eigenständig.

Die Abschaffung der Apartheid und die Wahl von Nelson Mandela kam für die südafrikanische Weinindustrie genau zur richtigen Zeit. Erst ein paar Jahre vorher (mit dem Jahrgang 1986) hat Südafrika mit deutlich besseren Rotwein-Qualitäten auf sich aufmerksam gemacht, und auch hier auf Grund von moderner Kellertechnik. Nachdem die Sanktionen gegen Südafrika aufgehoben waren, hatten diese Weine auch die notwendigen Märkte in Europa und den USA. Heute sieht sich Südafrika bereits als wichtiger Mitspieler auf dem Weltweinmarkt, und die Weine sind besser als je zuvor.

## Damals und heute

 Südafrika ist heute der siebtgrößte Weinproduzent der Welt. Weinbau gibt es in Südafrika bereits seit Mitte des 17. Jahrhunderts, aber bis vor kurzem waren es hauptsächlich süße Dessertweine und aufgespritete Weine. Im 19. Jahrhundert haben Politik und Kriege zusammen mit der Reblaus (phylloxera) zu einem starken Rückgang des Weinbaus in Südafrika geführt. Um dem entgegenzuwirken, hat die Regierung 1918 ein Regulierungsbehörde, die KWV eingesetzt. Die KWV (die Initialen stehen für einen fürchterlich langen Namen in Afrikaans) ist im Endeffekt eine gigantische, halbstaatliche Weingenossenschaft, die immer noch die Weinindustrie Südafrikas dominiert. Die KWV betreibt 70 kleinere Genossenschaften, die zusammen ungefähr 75 Prozent der Weinproduktion des Landes verantworten.

Ergänzend zu dieser gewaltigen KWV gibt es heute etwa 250 unabhängige Weingüter in Südafrika. Viele dieser unabhängigen Weingüter fokussieren sich auf die Premium-Rebsorten wie Cabernet Sauvignon, Merlot, Pinot Noir und Shiraz.

 Neben den Weinen aus den klassischen französischen Rebsorten produziert Südafrika auch einen eigenständigen Rotwein: Pinotage. Dieser Wein wird aus der Rebsorte selbigen Namens gekeltert. Es ist eine Kreuzung aus Pinot Noir und Cinsault-Reben (eine alte Rebsorte aus dem Rhône-Tal). Pinotage kombiniert die Kirschfrucht des Pinot Noir mit den Erdtönen des Rhône-Weins. In den Händen eines guten Produzenten wie Kanonkop oder Simonsig ist es ein vergnüglicher, leckerer Wein. Die besten Exemplare an Pinotage wie etwa der von Kanonkop kosten etwa 25 €, aber bereits ab 10 € bekommt man einen anständigen Pinotage.

## Die wichtigsten Weinregionen Südafrikas

Die interessanten Weinregionen für Rotwein liegen fast alle in der Kap-Provinz, nicht weiter als etwa 150 km vom malerischen Kapstadt entfernt.

Die sichelförmige Küstenregion liegt zwischen dem Atlantik im Westen und dem Indischen Ozean im Osten und ist damit die einzige Weinregion der Welt, die zwischen zwei Ozeanen liegt. Vier der besten Weinregionen Südafrikas befinden sich hier. Das im Allgemeinen heiße Klima wird durch die ständigen Meeresbrisen gekühlt:

✔ **Constantia**: Dieses Gebiet ist die älteste Weinanbauregion in Südafrika, direkt südlich von Kapstadt.

✔ **Stellenbosch**: Östlich von Kapstadt ist dieses Gebiet die wichtigste Weinbauregion, sowohl was die Qualität als auch was die Mengen betrifft.

✔ **Paarl**: Nördlich an Stellenbosch angrenzend ist diese wärmere Region die Heimat der KWV und einigen der besten Kellereien Südafrikas wie etwa die Nederburg Estate.

✔ **Franschhoek Valley**: Östlich von Stellenbosch gelegen ist diese Region die Heimat von vielen kleinen, innovativen Weingütern.

Weiter im Osten und südlich entlang der Küste des Indischen Ozeans gibt es eine weitere aufstrebende Weinregion, die man sich merken sollte:

✔ **Walker Bay**: Diese Region ist sehr kühl und sollte gerade für den Pinot Noir sehr interessant sein – vor allem von einem exzellenten Weingut wie Hamilton Russell Vineyards.

## Südafrikas empfehlenswerte Rotwein-Winzer

Tabelle 10.7 führt einige der empfehlenswerten Produzenten Südafrikas und ihre besten Rotweine auf. Die empfohlenen Weine bewegen sich alle im Preisbereich zwischen 8 € und 20 €, aber einige der besten liegen inzwischen auch über 20 €. Wir listen die Produzenten alphabetisch auf und heben unsere Lieblingsweine durch Fettdruck hervor.

### Die guten Jahrgänge für südafrikanische Rotweine

Wie in anderen Regionen mit konstant warmem Klima sind auch die Jahrgänge in Südafrika gleichmäßig gut. Die kühleren Küstenregionen können aber durchaus sehr wechselhaftes Wetter haben. Südafrika hatte von 1986 bis 1997 eine ganze Reihe gute bis hervorragende Jahrgänge. Die Jahrgänge 1998, 1999, 2000 und 2001 stellen deutlich höhere Anforderungen an den einzelnen Winzer, auch in einem klimatisch nicht so perfekt verlaufenden Jahr einen guten Rotwein zu machen.

Im Allgemeinen sind die südafrikanischen Rotwein trinkreif, wenn sie zum Verkauf freigegeben werden, und sollten auch relativ jung (bis etwa 5 bis 6 Jahre nach der Lese) genossen werden. Die besseren Weine wie die, die wir in der Tabelle 10.7 als unsere persönlichen Lieblinge gekennzeichnet haben, halten ihre Qualität etwas länger, also bis zu 10 Jahren nach der Ernte.

| Produzent | Gebiet | Empfohlene Weine |
|---|---|---|
| Boschendal Estate | Paarl | Shiraz<br>Merlot<br>»Gran Reserve« (Merlot/Cabernet) |
| Fleur du Cap | Stellenbosch | Merlot<br>Shiraz |
| Glen Carlou | Paarl | »Grand Classique« (Cabernet Sauvignon,<br>Merlot, Cabernet Franc) |
| Groot Constantia | Constantia | Cabernet Sauvignon |
| Hamilton Russell | Walker Bay | **Pinot Noir** |
| Kanonkop Estate | Stellenbosch | **Pinotage**<br>Cabernet Sauvignon |
| Klein Constantia | Constantia | **»Marlbrook«** (Cabernet Sauvignon,<br>Merlot, Cabernet Franc)<br>Cabernet Sauvignon |
| La Motte Estate | Franschhoek | Millennium<br>Shiraz |
| L'Ormarins Estate | Franschhoek | Cabernet Sauvignon<br>Shiraz |
| Meerlust Estate | Stellenbosch | **»Rubicon«** (hauptsächlich aus<br>Cabernet Sauvignon)<br>Merlot<br>**Cabernet Sauvignon**<br>**Pinot Noir** |
| Middelvlei Estate | Stellenbosch | Pinotage<br>Cabernet Sauvignon |
| Neil Ellis | Stellenbosch | Pinotage<br>Cabernet Sauvignon |
| Plaisir de Merle | Franschhoek | Cabernet Sauvignon |
| Rust en Vrede | Stellenbosch | **Estate**<br>**Cabernet Sauvignon**<br>**Shiraz** |
| Simonsig Estate | Stellenbosch | Pinotage<br>»Tiara« (Cabernet Sauvignon, Merlot) |
| Thelema Estate | Paarl | Cabernet Sauvignon<br>Cabernet Sauvignon/Merlot |
| Villiera Estate | Paarl | **»Cru Monro«** (Cabernet Sauvignon, Merlot)<br>Merlot |
| Zonnebloem | Stellenbosch | **»Lauréat«** (Cabernet Sauvignon/ Merlot)<br>**Merlot** |

*Tabelle 10.7: Empfehlenswerte Rotweine aus Südafrika*

# Deutschland und seine Rotweine

## In diesem Kapitel

▶ Rotwein »Made in Germany«

▶ Dornfelder – eine erfolgreiche Neuzüchtung

▶ In Deutschland gibt es nur Qualitätswein

▶ Der deutsche Rotwein-Boom

*D*as weltweite Image von »Made in Germany« ist nicht direkt auf den deutschen Rotwein zu übertragen.

Was Robert Parker in seinem neuesten Buch geschrieben hat, deutscher Rotwein erinnere ihn mehr an gefärbtes Wasser als an anständigen Rotwein (Originalzitat: »… Die deutsche Pinot Noir Traube bringt leider oft einen grotesken und ziemlich scheußlichen Wein hervor, der ungefähr so schmeckt wie ein misslungener, süßer, müder und verdünnter roter Burgunder von einem inkompetenten Winzer …«. Parker's Wine Guide, Ausgabe 2003), gibt sicherlich eine weit verbreitete Meinung über deutschen Rotwein wieder, aber Gott sein Dank stimmt es so nicht mehr. Gut, dieser Ruf ist nicht ganz unbegründet. Einerseits ist Deutschland bereits ein sehr nördliches Weinbaugebiet, und in vielen Fällen reichen die Sonnenstunden gerade, damit die Weißweine vernünftig ausreifen, auf der anderen Seite haben die deutschen Winzer zu lange auf Menge gesetzt und viel zu wenig auf die Qualität geachtet. Und bei einem Durchschnittsertrag von 120 hl/ha und bei Maximalerträgen von bis zu 250 hl/ha ist nirgends auf der Welt ein anständiger Wein zu erzeugen. Dazu noch Maische-Erhitzung, auf Menge gezüchtete Klone usw.

Aber probieren Sie die aktuellen Weine! Wenn Sie es nicht schon selbst entdeckt haben, werden Sie überrascht sein, was sich die letzten 10 bis 15 Jahre gerade in der deutschen Rotweinszene getan hat. Weiter hinten im Buch finden Sie eine lange Liste mit empfehlenswerten Winzern und Weinen.

Auch in Deutschland gibt es viele Winzer (und es werden immer mehr), die wissen, wie ein guter Rotwein zu schmecken hat, und die auch wissen, wie man einen solchen hinbekommt. Parallel zum Rotwein-Boom, den wir seit Anfang der neunziger Jahre erleben, können wir auch eine extreme Qualitätssteigerung bei den deutschen Rotweinen feststellen. Wie gesagt, leider noch nicht in der breiten Fläche, aber die Zahl der Winzer, die sich um entsprechende Qualitäten bemühen, wird von Jahr zu Jahr größer.

# Rotwein in Deutschland

Deutschland ist in erster Linie Weißweinland. Und als solches ist es auch noch gar nicht so lange her, dass es weltweit höchstes Ansehen genoss. Noch um die vorletzte Jahrhundertwende wurden manche deutschen Rieslinge vom Rhein höher gehandelt als die Spitzenweine aus Bordeaux. Aber im Gegensatz zu Frankreich, Italien und Spanien hat der Rotwein in Deutschland immer eine untergeordnete bzw. nur eine regionale Rolle gespielt.

Der Anbau von roten Reben konzentriert sich traditionell auf den Süden bzw. Südwesten von Deutschland und zwei kleine, klimatisch bevorzugte Inseln am Rhein und an der Ahr. Durch den Rotweinboom und da viele Winzer an der deutlich gestiegenen Nachfrage an Rotwein teilhaben wollen, werden inzwischen in allen 13 deutschen Weinbaugebieten auch vermehrt Rotweine angebaut, und so ist die mit Rotweinreben bestockte Fläche auf fast 30.000 ha angestiegen und damit auf fast 30 Prozent der Gesamtfläche. Man muss sich aber vor Augen führen, dass alleine in Bordeaux etwa die dreifache Fläche für Rotwein zur Verfügung steht, und dass Deutschland insgesamt kaum mehr Rotwein zur Verfügung hat als das kleine Burgund.

Nur in zwei Anbaugebieten in Deutschland haben die roten Reben die Überhand:

✔ Ahr

✔ Württemberg

Dazu gibt es noch Regionen, in denen die Rotweine traditionell und qualitativ eine wichtige Rolle spielen:

✔ Baden

✔ Rheingau

✔ Pfalz

 Nach Qualitätskriterien sortiert sieht die Reihenfolge allerdings anders aus. Da liegt Baden mit den meisten Spitzenbetrieben für deutsche Rotweine an der Spitze, gefolgt von Ahr und Rheingau mit ein paar Topnamen, und dann kommt sicherlich noch Franken mit wenigen, aber sehr guten Rotweinwinzern vor der Pfalz oder gar Württemberg. Warum? Württemberg macht zwar die größte Menge an Rotwein, aber in erster Linie Zechweine, die gleich vor Ort ihrer Bestimmung zugeführt werden. Die vorherrschende Rebsorte ist hier der Trollinger, gefolgt von Schwarzriesling und Lemberger. Die kennen Sie nicht?

# Die wichtigsten deutschen Rotweinsorten

Unangefochten an der Spitze steht – mit etwa 10.000 ha – eine der besten Rotweinsorten der Welt, der Spätburgunder (international unter Pinot Noir bekannt, siehe auch Kapitel 3): für uns ganz klar die interessanteste Rotweinsorte in Deutschland. Und dass dies nicht nur unsere Meinung ist, sieht man an der Tatsache, dass die ausgewiesene Rebfläche beim Spätburgunder in den letzten Jahren am deutlichsten angestiegen ist, und das, obwohl der Spätburgunder als kapriziöse und schwierig zu handhabende Rebsorte gilt – sowohl im Weinberg als auch im Keller. Auch das ein schönes Zeichen, dass die junge Winzergeneration die Herausforderung annimmt und sehr qualitätsorientiert denkt. Jedenfalls ein Teil davon. Der andere Teil setzt auf »den« Newcomer in den deutschen Weinbergen, den Dornfelder. Mitte der siebziger Jahre musste er sich noch mit etwa 100 ha begnügen, heute sind etwas 5.500 ha und damit Platz 2 in der Rebsortenstatistik. Er reitet ganz klar auf der Rotweinwelle, die seit Jahren über Deutschland rollt. Man kann aus dieser eigentlich nur als Deckwein (zum Färben zu hell geratener Rotweine) gedachten Sorte angenehm weiche, harmonische, farbintensive Weine machen, die auch richtig wie Rotweine aussehen. Und man kann gewaltige Mengen – bis zu 250 hl/ha – hervorbringen. Aber auch hier gilt: entweder Qualität oder Quantität. Ein Dornfelder aus ertragsreduzierten Anlagen von einem guten Weinmacher ist ein interessanter Wein.

| Rebsorte | Wichtige Anbaugebiete | Kurzbeschreibung |
| --- | --- | --- |
| Spätburgunder (Pinot Noir) | Baden<br>Ahr<br>Rheingau<br>Pfalz<br>Württemberg | Die Königin unter den Rebsorten. Die größte Fläche belegt sie in Baden, und dort bringt sie auch die besten Ergebnisse. In der Farbe ein helles Rot, das oft in ein Rostrot übergeht, mit dem Bouquet von roten Früchten, meist Kirsche, aber auch Brombeeren oder schwarzen Johannisbeeren. Meist sehr saftig, mit wenig Tannin, dafür eine erfrischende Säure. Am besten mit 16° bis 18° zu trinken. |
| Dornfelder | Pfalz<br>Rheinhessen<br>Württemberg | Die erfolgreichste Neuzüchtung. Sie entstand 1955 in Weinsberg aus der Kreuzung von Helfensteiner und Heroldtraube. Ebenfalls zwei Züchtungen. Ursprünglich als Deckwein zum Färben von zu hellen Rotweinen gedacht, hat sie in den letzten Jahren ein extremes Eigenleben entwickelt. Bei den Winzern wegen ihrer robusten Art und den möglichen hohen Erträgen (bis zu 250 hl/ha) beliebt. Bei den Verbrauchern wegen ihrer angenehm satten Farbe, den angenehmen Fruchtaromen von Sauerkirsche, Brombeere und Holunder gern getrunken. Meist trocken bzw. halbtrocken ausgebaut. |

| Rebsorte | Wichtige Anbaugebiete | Kurzbeschreibung |
|---|---|---|
| | | Insgesamt gehaltvolle, geschmeidige Weine, die sich auch im Barrique prächtig entwickeln und nochmals deutlich an Struktur gewinnen. |
| Portugieser | Pfalz Rheinhessen Württemberg | Die Portugieser kam im 19. Jahrhundert über Österreich nach Deutschland und war hier lange Zeit die zweitwichtigste Rebsorte. Anspruchslos und ertragssicher. Durch die helle Farbe liegt es nahe, dass die Portugieser in vielen Fällen zu Weißherbst verarbeitet wird. Ein süffiger, frischer Schoppenwein, der bereits im Frühjahr trinkreif ist. Kaum Farbe, kein Tannin, die guten haben eine durchaus reizvolle Beerenaromatik. |
| Trollinger | Württemberg | Der Name kommt vermutlich von Tirolinger, von dort (nämlich aus Südtirol) kommt diese Sorte. Dort heißt sie allerdings Vernatsch. Sie benötigt eine lange Reifezeit und deshalb viel Sonne, dann aber bringt sie große Mengen. Sie ist das Nationalgetränk der Schwaben und wird auch fast ausschließlich im eigenen Land getrunken. In der Farbe hell werden es grundehrliche, bodenständige Weine, die gut zu einer Brotzeit passen. Sie werden oft mit einer gewissen Restsüße ausgebaut. |
| Schwarzriesling (auch Müllerrebe oder Pinot Meunier) | Württemberg | Nein, es ist keine rote Spielart des Riesling, sondern eine Mutation des Spätburgunders. Mit etwa 2000 ha hat er Bedeutung eigentlich nur in Württemberg. Mit seiner rubinroten bis ziegelroter Farbe und seinen intensiven Fruchtaromen erinnert er durchaus an den Spätburgunder. Er wird oft halbtrocken oder sogar mit deutlicher Restsüße ausgebaut. Es gilt hier dasselbe wie für den Trollinger: Wenn Sie ihn probieren wollen, müssen Sie fast nach Württemberg reisen, andernorts wird er kaum angeboten. |
| Blauer Lemberger (auch Lemberger oder Blaufränkisch) | Württemberg | Die dritte Spezialität der Württemberger. Auch diese Sorte kommt wie der Portugieser von unseren Nachbarn im Osten und ist auch heute noch in Österreich und Ungarn zu finden. Sie gilt als sehr anspruchsvoll. Die kräftige Farbe und das Aromenspiel mit Brombeeren, Süßkirschen, Pflaume und sogar Banane, dazu oft noch vegetative Noten wie grüne Bohnen und Paprika. Entsprechend ausgebaut ergibt der Lemberger gerbstoffbetonte, strukturierte Weine, die sich gut für den Barrique-Ausbau eignen und dann auch entsprechend lagerfähig sind. |

| Rebsorte | Wichtige Anbaugebiete | Kurzbeschreibung |
|---|---|---|
| Weitere Züchtungen | | Die weiteren roten Sorten, die zum Anbau zugelassen sind, spielen weder qualitativ noch quantitativ eine große Rolle, was nicht heißt, dass es nicht einzelne, wunderschöne Exemplare zu verkosten gibt. Also nicht wundern, sondern probieren, wenn Ihnen eine der folgenden Rebsorten über den Weg läuft: Regent, Dunkelfelder, Heroldrebe, Domina und St. Laurent |

*Tabelle 11.1: Die wichtigen Rotweinsorten in Deutschland*

## Qualitätswein mit Prädikat

Laut Weingesetz der EU gibt es nur zwei Kategorien: Tafelweine und Qualitätsweine. Eigentlich eine einfache Angelegenheit: auf der einen Seite die einfachen Qualitäten für alle Tage und auf der anderen Seite die guten für Sonn- und Feiertage. So schätzen wir alle die soliden französischen Landweine und die Top-Château aus Bordeaux. In Deutschland ist es seit dem Weingesetz von 1971 etwas komplizierter. Es gibt keine einfachen Weine mehr. Der Anteil an Land- bzw. Tafelweinen beträgt beim deutschen Rotwein meist unter ein Prozent. In Frankreich und Italien sind es 60 Prozent bzw. 80 Prozent. Bei so viel Qualität muss natürlich wieder eine Unterscheidung her. So unterteilt man die deutschen Qualitätsweine in:

✔ Qualitätsweine bestimmter Anbaugebiete (QbA)

✔ Qualitätsweine mit Prädikat

- Kabinett

- Spätlese

- Auslese

- Beerenauslese

- Trockenbeerenauslese

- Eiswein

Insgesamt spielen diese Prädikate beim Rotwein keine so große Rolle. Etwa 90 Prozent wird als QbA vermarktet. Die restlichen 10 Prozent als Spätlese oder Auslese, wobei diese zwar Restsüße haben können, aber nicht müssen – gerade beim Rotwein. Die Einteilung in die unterschiedlichen Kategorien erfolgt in erster Linie nach dem Öchslegrad der Trauben. Einfacher ausgedrückt: Wie viel vergärbarer Zucker ist im Traubengut vorhanden und wie hoch ist somit der erzielbare Alkoholgehalt des Weines? Ein Wert, der sich nur in einem so nördlichen Weinbaugebiet wie Deutschland als Qualitätsmaßstab durchsetzen konnte, da er über die eigentliche Qualität der Trauben oder gar des fertigen Weines sehr wenig aussagt.

# Kurzportrait der deutschen Rotwein-Regionen

Rotwein wird in erster Linie im Süden von Deutschland in den wärmsten Regionen, allen voran Baden, angebaut. Alleine dort stehen etwa die Hälfte aller Spätburgunder-Rebstöcke. Dazu noch Württemberg mit seinen vielen Spezialitäten und die Toskana Deutschlands, die Pfalz, eine herrliche Landschaft für einen Kurzurlaub mit viel gutem Wein, sowohl in weiß wie rot.

## Baden

Dies ist das südlichste und das wärmste Bundesland, und so ist es nicht verwunderlich, dass ein Drittel der Rebfläche dem Spätburgunder gewidmet ist und somit jede zweite Flasche deutschen Spätburgunders aus dem tiefen Süden kommt. Auch Baden selbst unterteilt man nochmals in Südbaden und Nordbaden. Die besten Weine, wen wundert es, kommen aus der Region Kaiserstuhl in Südbaden, der wärmsten Ecke Deutschlands. Die Genossenschaften haben eine ganz besonders starke Stellung in Baden. Nahezu 85 Prozent der Lese wird von den Genossenschaften und allen voran dem badischen Winzerkeller (die größte Winzergenossenschaft Europas) verarbeitet. Die Badenser hatten schon immer einen Faible für Größe: In Heidelberg, einer der berühmtesten Städte Deutschlands mit der ältesten Universität des Landes, steht auch das größte, noch erhaltene Holzfass der Welt.

 Für uns kommen einige der schönsten Rotweine Deutschlands aus Baden, und im nächsten Abschnitt stellen wir Ihnen unsere Lieblingswinzer als eine gute Orientierungshilfe vor, damit Sie auch selbst auf die Suche gehen können. *Baden Selection* ist ein Gütezeichen des badischen Weinbauverbandes. Mindestens 15 Jahre alte Rebstöcke, ein Höchstertrag von 60 hl/ha, alle Weine werden als QbA definiert, keine Lagennamen, nur Sorte und Bereich. Jeder Wein muss sich einer sensorischen Prüfung unterziehen und kommt frühestens ein Jahr nach der Abfüllung auf dem Markt. (Ein schönes Beispiel, dass man durchaus auch in Deutschland weiß, was die Voraussetzungen für einen guten Rotwein sind.)

## Schillerwein - Rotling - Badisch-Rotgold

In der Farbe und dem Geschmack dem Rosé sehr ähnlich. Nur werden hier weiße und rote Trauben noch vor dem Pressen bzw. als Most verschnitten und gemeinsam vergoren. (Das Mischen von fertigem Rotwein und Weißwein ist nach österreichischem und deutschem Weinrecht nicht erlaubt!) Rotling ist der Übergriff für diese Art von Wein, die beiden anderen sind regionale Spezialitäten: Beim württembergischen Schillerwein gibt es keine Einschränkung, was die Rebsorten betrifft, und so dürften weiße und rote beliebig gemischt werden. Der Badisch-Rotling darf nur aus badischem Spät- und Grauburgunder gekeltert werden.

Hier eine Auswahl an empfehlenswerten Winzern zu treffen, fällt besonders schwer. Gut, es gibt ein anerkanntes Spitzentrio mit Bernhard Huber, Dr. Heger und Karl Heinz Johner. Vorreiter, Charakterköpfe und immer noch an der Spitze, aber diese Spitze wird immer breiter. Daher greifen wir nur ein paar Namen heraus und appellieren ansonsten an Ihren Entdeckerinstinkt . Achten Sie auf das Zeichen *Baden Selection*, und seien Sie sich dessen bewusst, dass es nirgends so einen harten Wettbewerb zwischen den Genossenschaften gibt, der zunehmend über die Qualität ausgetragen wird, wie hier in Baden. Welch ein Glück für uns Weingenießer! Als besonders gelungenes Beispiel sei hier die Winzergenossenschaft Pfaffenweiler erwähnt.

 Aber jetzt zu den Weinen bzw. den Winzern. Es ist fast durchweg der Spätburgunder von normalem QbA bis hin zu Spätlesen, teilweise im Barrique ausgebaut. Bei den guten Winzern sind normalerweise alle gut, so dass man je nach Gusto bzw. Geldbeutel aussuchen kann (ein guter Spätburgunder kostet mindestens 8 €, die der Topwinzer beginnen bei etwa 13 €):

- ✔ Weingut Bernhard Huber

- ✔ Weingut Dr. Heger

- ✔ Weingut Karl Heinz Johner

- ✔ Weingut Duijn

- ✔ Weingut Reinhold und Cornelia Schneider

- ✔ Weingut Salwey

- ✔ Winzergenossenschaft Pfaffenweiler

- ✔ Franz Keller Schwarzer Adler

- ✔ Weingut Gebrüder Müller

Es ist verständlich, dass in deutschen Weinanbaugebieten der Jahrgang eine große Rolle spielt, zu unterschiedlich können die Witterungsverläufe in den einzelnen Jahren sein. Gott sei Dank hat es in den letzten Jahren keinen wirklich schlechten Jahrgang gegeben, und 2003 hat alle Voraussetzungen für einen Jahrhundertjahrgang. Sehr gut waren ebenfalls die Jahre **1999, 1997, 1996**. Aber auch aus den Jahren 2000 und 2001 hatten wir viele schöne Beispiele im Glas.

## Ahr

Klein, aber fein! So müsste man dieses Paradies für Genießer nennen. Nein, es ist nicht das kleinste, deutsche Anbaugebiet, aber es ist *die* Rotweinregion Deutschlands, denn von seinen 519 Hektar sind 85 % mit roten Sorten bestockt, allen voran der Spätburgunder. Das Weinbaugebiet umfasst nur etwa 25 Kilometer des tief eingeschnittenen, unteren Flusstals der Ahr, bevor diese südlich von Bonn (»vis-à-vis« Linz, der bunten Stadt am Rhein) in den Rhein mündet. Die Veranstaltungsreihe »Gourmet & Wein«, bei der die besten Gastronomen sich zusammen mit den Spitzenwinzern um das Wohl der Gäste kümmern, beweist, dass das Motto dieser zentral gelegenen Region »WOHLSEIN 365« und der Ruf als »Eldorado für Gourmets« durchaus gerechtfertigt ist. Und mit Werner Näkel vom Weingut Meyer-Näkel hat man einen der umtriebigsten Rotwein-Winzer Deutschlands in den eigenen Reihen.

 Weingut Meyer-Näkel und Deutzerhof haben ganz klar die Vorreiterrolle in diesem kleinen Anbaugebiet übernommen, und sie bilden auch heute noch eine erfolgreiche Doppelspitze. Die Weine von Werner Näkel haben nur einen Nachteil (sogar schlimmer als die stolzen Preise): Sie sind immer, bereits Jahre im Voraus, ausverkauft.

✔ Weingut Meyer-Näkel

✔ Weingut Deutzerhof

✔ Weingut Jean Stodden

✔ Weingut J. J. Adeneuer

✔ Winzergenossenschaft Mayschoss-Altenahr

 Die Ahr hat ein sehr mildes Klima, und gerade in den Steillagen stellt sich ein treibhausähnlicher Effekt ein, der für besondere Temperaturen sorgen kann, aber ein bisschen muss die Sonne scheinen. In den Jahren **2001, 1999, 1997, 1995** hat sie das perfekt hingekriegt.

## Der Dornfelder - eine deutsche Erfolgsstory

Nirgends auf der Welt gibt es eine solche Sehnsucht, die perfekte Rebsorte zu erschaffen. Und so wird nirgends so viel an Rebsorten geforscht und gekreuzt wie in Deutschland. Um hier nur die bekanntesten aufzuzählen: Domina, Heroldrebe, Regent, Dunkelfelder und der Star von allen: Dornfelder. Es ging immer wieder darum, eine Rebsorte zu erschaffen, die unkompliziert im Anbau ist, große Mengen produziert und möglichst – das leidige Thema bei den deutschen Rotweinen – auch noch eine kräftige Farbe hat. Am nächsten kam man diesen Zielen mit der Dornfelder, einer Kreuzung aus Heroldrebe und Helfensteiner. Beides auch schon Kreuzungen, die erstere Portugieser mit Blaufränkisch und die letztere Frühburgunder mit Trollinger. Man hat also auch da schon versucht, eine qualitativ hochwertige Rebsorte mit einer unkomplizierten, reich tragenden Rebsorte zu kombinieren. Die Kreuzung des Dornfelder erfolgte bereits 1955 in Weinsberg, und seit 1979 ist sie zum Anbau zugelassen, aber der eigentliche Boom kam erst Anfang der Neunziger.

Zuerst war die Rebsorte nur als »Deckrotwein« vorgesehen (d.h. zum Einfärben von anderen, zu blassen Rotweinen), bis die ersten Winzer entdeckten, dass sich diese Rebsorte sehr gut im Barrique ausbauen ließ und dabei tiefdunkle, aromatische Rotweine ergab, die man so aus Deutschland nicht kannte. Der Boom konnte beginnen. Angebaut wird er in erster Linie in der Pfalz, in Rheinhessen und in Württemberg.

Die Sorte wird vornehmlich als trockener Rotwein, teilweise auch halbtrocken ausgebaut. Es gibt zwei unterschiedliche Ausbaustile. Der erste betont die intensiven Fruchtaromen wie Sauerkirsche, Brombeere und Holunder und wird jung auf den Markt gebracht. So ist teilweise der neue Jahrgang bereits als Primeur zu kaufen. Andere Winzer bauen den Dornfelder im großen oder kleinen Holzfass (Barrique) aus, betonen mehr die Gerbstoffe und Struktur des Weins und nehmen die Fruchtaromen zurück. Meist handelt es sich um gehaltvolle, geschmeidige und harmonische Weine.

# Rheingau

Der Rheingau ist sicherlich das international bekannteste Weinanbaugebiet Deutschlands. Und das aus gutem Grund: Die Rheingauer Rieslinge sind sensationell und auf ihre Art einzigartig auf der Welt. Und somit ist es auch nicht verwunderlich, dass fast 80 % der Rebfläche mit Riesling bestockt sind und kaum einer weiß, dass das Rheingau auch eine kleine, aber feine Rotweinenklave hat: Assmannshausen mit seinem

Höllenberg, die nördlichste Weinbaugemeinde im Rheingau. Ein Ort, eine Lage, eine Rebsorte! Von hier kommen die besten Rotweine des Rheingaus, selbstverständlich Spätburgunder.

 Merken Sie sich hier vor allem einen Namen: August Kesseler. Klar, er macht auch gute Weißweine, aber seine Rotweine sind sensationell. Leider zählen sie auch zu den teuersten Rotweinen Deutschlands.

Wenn Sie mal gute Rotweine, hier eigentlich immer Spätburgunder, aus dem Rheingau probieren wollen, seien Ihnen die folgenden Winzer empfohlen:

✔ Weingut August Kesseler

✔ Weingut Georg Breuer

✔ Weingut Peter Jacob Kühn

✔ Weingut Franz Künstler

✔ Weingut Hans Lang

✔ Staatsweingut Assmannshausen

✔ Weingut Heinz Nikolai

✔ Weingut Robert König

 Weit ist das Rheingau nicht von der Ahr entfernt, und so verwundert es nicht, dass es sich hier um dieselben Jahrgänge handelt: **2001**, **1999**, 1997, **1995**. Aber vielleicht haben Sie ja das Glück und ergattern noch einen der eindrucksvollen Rotweine aus dem Jahrgang **1990.**

# Pfalz

Das zweitgrößte deutsche Anbaugebiet nennt man oft scherzhaft die Toskana Deutschlands. Dass in einer Region, in der Mandeln und Feigen wachsen, auch Trauben bestens gedeihen, haben bereits die alten Römer erkannt, und so ist es auch nicht verwunderlich, dass gerade die südliche Pfalz die am intensivsten genutzte Weinregion Deutschlands ist. Ein Drittel der erzeugten Weine sind aus roten Trauben, vorwiegend aus Portugieser und Dornfelder, aber auch mit den neuen Sorten wie Cabernet Sauvignon, Merlot und Syrah wird hier experimentiert. Der durchschnittliche Hektarertrag ist hier regelmäßig einer der höchsten aller deutschen Anbaugebiete, und der ist nicht nur dem warmen Klima zuzurechnen. Vieles ist für die Supermärkte der Republik oder die zahlreichen Touristen gedacht, die hier gerne ein paar Tage Urlaub verbringen und nicht immer sehr anspruchsvoll sind. Es soll trinkbar sein und möglichst günstig. Damit der Winzer trotzdem auf seinen Schnitt kommt, muss der Ertrag so hoch wie möglich sein. Die einfache Formel für guten Wein: »je höher der Ertrag, desto schlechter die Qualität« wird hier oft außer Acht gelassen.

 Aber auch hier gibt es Winzer, die wissen, wie es geht. Und sie achten sehr genau darauf, wie viel Trauben der einzelne Rebstock zu ernähren und zu versorgen hat. Die »Szene« ist hier so in Bewegung, dass jede Empfehlung innerhalb kürzester Zeit wieder hinfällig wäre, somit hier nur die Namen der etablierten Winzer, der Stars im pfälzischen Rotwein und die Empfehlung, selbst zu probieren. Vielleicht lässt sich dies ja auch mit einem verlängerten Wochenende verbinden? Die Preise sind hier noch sehr angenehm. Bereits für 4 bis 5 € bekommt man Weine, die Spaß machen. Aber vielleicht sind Sie ja auch bereit, den einen oder anderen Euro mehr auszugeben.

✔ Weingut Koehler-Ruprecht

✔ Weingut Dr. Bürklin-Wolf

✔ Weingut Lergenmüller

✔ Weingut Wilhelmshof

✔ Weingut Siegrist

✔ Weingut Knipser

 Die Pfalz hat eine perfekte Serie von Jahrgängen hinter sich: **2001**, 2000, **1999, 1998, 1997, 1996, 1990.** Wenn sich da nicht der richtige Wein finden lässt ...

## Württemberg

Neben der Ahr ist Württemberg das einzige deutsche Weinbaugebiet, in dem mehr Rot- als Weißwein erzeugt wird. Aber es ist fast 20 Mal so groß wie die Ahr und produziert damit ein Vielfaches der Menge. Noch vor Baden ist es mengenmäßig die Rotweinbastion in Deutschland. Und es ist vor allem die Bastion der Rotweintrinker. Es wird kolportiert, dass der Weinkonsum pro Kopf hier gut doppelt so hoch liegt als im restlichen Deutschland. Bereits der erste Bundespräsident, Theodor Heuss, und auch Friedrich Schiller und Friedrich Hölderlin, ebenfalls Söhne des Landes, gingen hier mit gutem Beispiel voran. Somit ist es nicht verwunderlich, dass die Württemberger Weine weder im Export noch im Rest der Republik eine Bedeutung haben. Vier von fünf Flaschen werden von den Schwaben selbst getrunken. Bei manchem einfachen Trollinger, dem Haustrunk der Schwaben, könnte man behaupten, das sei gut so, aber bei manchem ambitionierten Lemberger oder Schwarzriesling ist es schon schade, dass für Nichtschwaben kaum etwas überbleibt.

 Gerade die verschiedenen Cuvées und Experimentierweine, ob mit Cabernet Sauvignon, Syrah oder den bodenständigen Rebsorten Lemberger und Schwarzriesling, haben es in sich. Viele dieser Topweine werden im Barrique ausgebaut. Aber auch hier gilt: selbst probieren! Kleine Winzer und die allgegenwärtigen Genossenschaften warten mit recht anständigen und günstigen Rotweinen auf. Deshalb hier nur eine Auswahl der Crème de la crème.

| Produzent | Empfohlene Weine |
| --- | --- |
| Weingut Schwegler | »Saphir« (Zweigelt und Lemberger) »Beryll« »Granat« |
| Weingut Graf Adelmann | Lemberger |
| Weingut Ernst Dautel | »Kreation«(Lemberger, Cabernet Sauvignon, Merlot) |
| Weingut Gerhard Aldinger | Lemberger Spätburgunder |
| Weingut Drautz-Able | »Jodokus« die »Hades«Selektion Lemberger HADES |
| Weingut Jürgen Ellwanger | »Nicodermus« Hades-Linie |
| Staatsweingut Weinsberg | »Traum« |

*Tabelle 11.2: Die Württemberger Spitzenwinzer mit ihren besten Weinen*

# Und der Rest?

Rheinhessen, das größte deutsche Weinbaugebiet, hat inzwischen ebenfalls einen Rotweinanteil von über 20 Prozent und produziert damit erheblich größere Mengen als die Ahr oder das Rheingau. Aber es fehlt eine eigene Linie oder gar Tradition für Rotwein. Es wird sehr stark auf den Erfolg des Dornfelder gesetzt, der inzwischen wichtigsten roten Sorte.

Auch in allen anderen Weinbaugebieten Deutschlands gibt es kleine Rotweinenklaven wie etwa Bürgstadt in Franken, aber im Grunde sind alle anderen Regionen allein durch die nördliche Lage und das Klima auf Weißwein festgelegt.

Es gibt allerorts Winzer, die an dem Rotweinboom teilhaben und die Nachfrage ihrer Kunden nach Rotwein gerne selbst befriedigen wollen. So hat sich ein guter Freund von uns in den Kopf gesetzt, in seinen Lagen an der oberen Mosel bzw. Saar auch Rotwein zu machen. Ich schätze ihn als Winzer sehr und bin sicher, er wird das bestmögliche Ergebnis abliefern, aber ob es Sinn macht? Hier wachsen in den guten Lagen die feinsten, filigransten Rieslinge der Welt ... Wer weiß, welche Rebsorte im Mode-Zirkus die nächste sein wird?

## Der rote Franke - Paul Fürst

Landauf, landab gibt es keine Veranstaltung mit oder für deutsche Rotweine ohne den umtriebigen Paul Fürst. Er hat bereits mit 21 Jahren den Betrieb vom Vater übernommen und sich von Anfang an sehr umtriebig für die Tradition des fränkischen Rotweins, in erster Linie Spätburgunder, eingesetzt. Mit seinen Spät- und Frühburgundern, teilweise im Barrique ausgebaut, ist er seit Jahren immer unter den Top 10 der deutschen Rotweine vertreten. Unser Kompliment! Und wenn Sie die Gelegenheit haben, das Cuvée »Parzival« zu probieren, zögern Sie nicht!

# Einkauf beim Winzer

In Deutschland haben Sie eine sehr breite Auswahl an Einkaufsmöglichkeiten. Der Weinhandel unterliegt, im Gegensatz zu manchen anderen Ländern, keinerlei Reglement. Neben den großen Supermärkten und Discountern, die ihren Wettbewerb in erster Linie über den Preis austragen, gibt es eine unglaubliche Zahl an spezialisierten Weinhändlern, und viele Weingüter machen einen Großteil ihres Umsatzes mit dem Verkauf ab Hof.

Bei dem Einkauf direkt beim Winzer haben Sie den Vorteil zu sehen, wo der Wein gemacht wird. Sie können in die Weinberge gehen und schauen, wo »Ihr« Wein wächst, und in dem einen oder anderen Schwätzchen mit »Ihrem« Weinbauern lernen Sie auch immer wieder Neues zum Thema Wein. Es ist auch schön, wenn Sie die Weine vorher noch verkosten können, aber bedenken Sie beim Bestellen, dass Sie keinen wirklichen Vergleich hatten. Sie haben nur die Weine dieses einen Winzers verkostet und wissen ja gar nicht, was der Nachbar alles macht; außerdem wollen Sie vielleicht ja auch mal wieder was anderes trinken?

Wenn Sie einmal den Weinhändler Ihres Vertrauens gefunden haben, legen Sie Ihre Weinseele in seine Hände. Wenn er gut ist, wird er Sie immer wieder mit neuen Weinen überraschen, Sie an die Hand nehmen und Sie mit auf die Reise in die unergründliche Welt des Weines nehmen. Sie können nur lernen.

 Und was macht einen guten Weinhändler aus? Stellen Sie Fragen, hören Sie zu. Hat er wirklich Ahnung von seinem Job, kann er Sie faszinieren? Und testen Sie ihn! Kaufen Sie, was er Ihnen empfiehlt, dann sehen Sie, ob Sie mit seinen Beschreibungen etwas anfangen können. Auch die Profis haben sehr unterschiedliche Geschmacksvorstellungen, und so muss auch ein guter Weinhändler nicht unbedingt mit Ihnen bzw. Ihrem Geschmack kompatibel sein.

Ein guter Weinhändler ist Mittler und Vertrauensmann zwischen Ihnen, Ihrem Geschmack und seinen Winzern. Er kennt die Entwicklung, die Jahrgänge in einer Region, bei einem Winzer, und er hat sein Ohr immer am Markt. Und die Preise? Wenn er Sie nur einmal vor einem Fehlkauf bewahrt! Vergleichen Sie einmal die Preise im Discounter und im Fachhandel. In vielen Fällen ist der Unterschied nicht groß, und wenn dafür auch noch die bessere Qualität geboten wird ... ?

 Das Schöne an der Weinwelt ist die Vielfalt. Der schönste Wein wird langweilig, wenn wir ihn tagtäglich trinken. Neues zu entdecken, sich aufs Neue hinreißen zu lassen, das ist es, was uns am Wein so fasziniert.

# Österreich und der wilde Osten

## In diesem Kapitel

▶ Österreich – Ungarn – Slowakei

▶ Rumänien und Bulgarien

▶ Georgien und Moldawien

▶ Griechenland

▶ Türkei

So, jetzt zum Rest! Das letzte Kapitel ist meist ein Sammelsurium der Randthemen, die man noch nirgends untergebracht hat. Diese Denkweise wäre nicht nur gegenüber Österreich äußerst ungerecht. Denn je weiter wir nach Osten kommen, desto mehr nähern wir uns der Wiege des Weinbaus, die ohne Zweifel im Nahen Osten stand. Die Türkei verfügt über die fünftgrößte Rebfläche der Welt (allerdings werden nur 5 Prozent zur Weinbereitung verwendet, der Rest wird frisch als Tafeltrauben oder getrocknet als Rosinen vermarktet), in Israel und im Libanon werden inzwischen wieder internationale Spitzenweine gemacht (Château Musar im Bekaa-Tal oder die Weine von Yarden aus Israel).

Und nicht zu vergessen: die Griechen! Das Volk, das den Weinbau nach Italien und nach Frankreich gebracht hat. Jeder denkt bei griechischem Wein nur an Retsina, aber nach Jahrhunderten des Dornröschenschlafes ist man auch hier aufgewacht.

Aber interessant für die Zukunft dürfte noch eine ganz andere Region sein. Man ist sich nicht bewusst, dass das Herz des europäischen Weinbaus – wie archäologische Funde in Georgien (5000 Jahren alt) und alte Schriften (Rumänien mit 6000 Jahren Weinbaugeschichte) – lange Zeit ganz woanders lag: Ungarn, Rumänien, Bulgarien, Georgien, Moldawien und die Krim.

Sicher, heute sind das noch unbekannte Namen, keiner hat eine Vorstellung von moldawischen Rotweinen, aber vielleicht dauert es gar nicht lange, und diese Länder nehmen eine ähnliche Stellung im deutschen Weinmarkt ein wie heute Chile, Argentinien und Australien.

Immerhin muss der Weinbau dort nicht neu aufgebaut werden. Man bedenke: Allein Rumänien mit seinen europäischen Rebsorten und einem ähnlichen Klima wie Frankreich hat 250.000 Hektar (gut doppelt so viel wie Deutschland) unter Reben.

# Österreich - Auferstanden aus Glykol

Ein Weinland, das sich seit dem Glykol-Skandal 1985 wie ein Phönix aus der Asche erhoben hat. Obwohl es nicht einmal halb so viel Rebfläche hat wie Deutschland, zählt man es zu den großen Weinbaunationen der Welt. Jahr für Jahr überzeugt es inzwischen auch bei Rotweinen mit frischen, innovativen Konzepten und Qualitäten, die einfach Spaß machen. So soll Wein sein.

Nach dem Glykol-Skandal wurden die entsprechenden Weingesetze in Österreich verschärft, und was noch wichtiger ist, sie werden seitdem auch kontrolliert. Die guten Winzer gab es auch vorher schon, aber mit der Qualitätsoffensive bekamen sie Aufwind und wurden unterstützt. Man wollte beweisen, dass der österreichische Wein besser ist als sein Ruf, und das ist hervorragend gelungen. Man sieht, wie positiv sich ein anständiger Skandal auswirken kann.

Anfang 2003 wurde mit dem ersten Herkunftswein nach italienischem bzw. französischem Vorbild, dem DAC (Districtus Austria Controllatus) Weinviertel, die nächste Stufe der Qualitätsbemühungen in die Tat umgesetzt. Der »DAC Weinviertel« ist zwar ein Weißwein (Veltliner), aber er stellt nur den Anfang dar. Weitere werden folgen und sicherlich auch bald der erste Rotwein!

Österreich ist wie auch Deutschland eigentlich ein traditionelles Weißweinland. Aber auch hier ist die Entwicklung bei den Rotweinen geradezu sensationell. Einerseits die alteingesessenen Rebsorten wie Zweigelt, Blaufränkisch, Blauburgunder und St. Laurent, andererseits die Erfolge mit den internationalen Stars wie Cabernet Sauvignon, Merlot, aber auch Syrah. In den letzten Statistiken wird von einem Rotweinanteil von etwa 25 Prozent gesprochen.

In Österreich konzentriert sich der Weinbau auf den Osten des Landes. Man unterscheidet vier Regionen:

✔ Niederösterreich

✔ Burgenland

✔ Steiermark

✔ Wien

Wien bleibt Wien! Ja, Wien ist die einzige Hauptstadt der Welt, die über ein eigenes, abgeschlossenes Weinbaugebiet innerhalb der »Stadtmauern« verfügt. Mit seinen 680 Hektar und etwa 300 Winzern ist es größer als manches deutsche Weinanbaugebiet. Schwerpunkt liegt allerdings hier auf dem Weißwein. Schade!

Soweit ja noch recht übersichtlich, aber dann geht's los! Niederösterreich hat 8 extra ausgewiesene Weinbaugebiete, Burgenland derer 4, und die kleine Steiermark wird nochmals in 3 Gebiete unterteilt. Alles zusammen hat das kleine Österreich 19 Weinbaugebiete! Gott sei Dank machen sie nicht alle Rotwein!

Wir werden uns in den jeweiligen Regionen die Gebiete herauspicken, die in der Rotweinproduktion eine Bedeutung haben.

## Rebsorten - Österreichische Klassiker und die Neuen

Österreich besitzt – und das macht seinen Charme als Rotweinland aus – eine ganze Reihe eigenständige rote Rebsorten. Neben dem bekanntesten Roten von allen, dem Zweigelt, spielen aber auch der Blaufränkisch und der Portugieser eine große Rolle. Die mit Abstand wichtigste rote Sorte ist aber mit nicht ganz 5.000 Hektar der Zweigelt.

 Was kaum einer weiß, auch der Zweigelt ist keine der alten, klassischen Rebsorten, sondern eine ureigene Züchtung der Österreicher. Sie entstand bereits 1922 in Klosterneuburg aus der Kreuzung von St. Laurent und Blaufränkisch. Sie gilt als genügsam, ist vergleichsweise früh reif und bringt regelmäßige, hohe Erträge. Anständige Qualitäten setzten aber auch hier eine entsprechende Ertragsreduzierung voraus.

Hier nochmals alle wichtigen roten Rebsorten Österreichs im Überblick:

| Rebsorte | Wichtige Anbaugebiete | Kurzbeschreibung |
| --- | --- | --- |
| Zweigelt (auch Blauer Zweigelt genannt) | Donauland Carnuntum Thermenregion Weinviertel Neusiedlersee Burgenland (wird auch in fast allen anderen Weinbaugebieten angebaut) | Die bekannteste Rotwein-Rebsorte. In Österreich, von österreichischen »Eltern« gekreuzt (St. Laurent mit Blaufränkisch), stellt sie auch die dortige Rotwein-Hoffnung dar. Die Qualität hängt sehr stark vom Ertrag und vom Alter der Rebstöcke ab. Von einfachen, jung zu trinkenden Tischweinen bis hin zu kraftvollen, dichten Weinen mit guter Struktur und interessanten Beerenaromen. In dieser Qualität kann man den Zweigelt auch sehr gut im Barrique ausbauen und dementsprechend über Jahre lagern. |

| Rebsorte | Wichtige Anbaugebiete | Kurzbeschreibung |
| --- | --- | --- |
| Blaufränkisch (Lemberger, Kekfrankos) | Burgenland | Eine alte Rebsorte, deren Ursprung in Österreich vermutet wird, aber Genaueres weiß man nicht. In der Jugend ungestüme, aber tieffruchtige, farbintensive Weine, die mit dem Alter immer feiner und nuancierter werden. Sehr gut für den Barrique-Ausbau geeignet. |
| Portugieser | Niederösterreich | Ebenfalls eine alte österreichische Rebsorte, die über lange Zeit die wichtigste Rotweinrebe Österreichs war. Wurde erst in den letzten Jahrzehnten vom Zweigelt verdrängt. Sehr helle und bei den möglichen hohen Erträgen auch sehr dünne Weine. Wenig Tannin, daher sehr mild und fruchtig, manchmal auch etwas Veilchen im Bukett. Sollte im Allgemeinen jung getrunken werden. |
| Blauburgunder (Spätburgunder, Pinot Noir) | Niederösterreich Burgenland | Über diese Rebsorte haben wir ja schon oft gesprochen. Auch in Österreich spielt sie die Diva und stellt höchste Ansprüche an Lage, Boden und Klima. Die Anbauflächen sind gering. Aber wenn alles passt, sind die Weine sensationell. |
| Blauburger | Weinviertel Burgenland | Gibt's nur in Österreich. Ist eine Kreuzung aus Blauer Portugieser und Blaufränkisch. Farbintensiv und samtig. |
| Blauer Wildbacher | Weststeiermark | Eine alte, vermutlich österreichische Rebsorte, erstmals im 16. Jahrhundert erwähnt. Eigenwillige Sorte mit prägnanter Säure, die fast ausschließlich zur steirischen Spezialität Schilcher verarbeitet wird. |
| St. Laurent | Niederösterreich Burgenland | Ist im Anbau leider stark rückläufig. Ergibt kräftige Weine mit dunkelroter Farbe, in der Nase frische Weichseln, im Mund herb, gerbstoffhaltig, aber sehr dicht und gehaltvoll. |
| Cabernet Sauvignon Cabernet Franc Merlot | Burgenland Niederösterreich | Diese internationalen Rebsorten sind seit 1986 auch in Österreich für Qualitätswein zugelassen. Cabernet Franc und Merlot spielen bisher keine bedeutende Rolle. Der Cabernet Sauvignon dagegen hat sich etabliert, und es gibt viele wunderschöne, dichte Beispiele dieser Top-Rebsorte aus Österreich. |

_Tabelle 12.1: Die wichtigen Rotweinsorten in Österreich_

# Kurzportrait der österreichischen Rotwein-Regionen

Der österreichische Rotweinboom konzentriert sich auf einige Regionen in Niederösterreich und auf das Burgenland. Die Steiermark hat eigentlich nur ihren Schilcher, und da ist immer noch die Frage zu beantworten, ob das überhaupt Wein ist, und wenn ja, ob man von Rotwein sprechen kann. In Wien wird zwar auch etwas Rotwein produziert, aber unbedeutend. In diesem Buch konzentrieren wir uns auf das Burgenland und auf Niederösterreich.

## Burgenland: das Land der Rotweine

Hier wird die Hauptmenge des österreichischen Rotwein erzeugt. Das Burgenland unterteilt man in:

✔ Mittelburgenland

✔ Südburgenland

✔ Neusiedlersee

✔ Neusiedlersee-Hügelland

Mit Abstand das größte Gebiet mit über 8000 Hektar ist das Anbaugebiet Neusiedlersee. Die besten Roten, meist Zweigelt und Blaufränkisch, wachsen im heißen Norden um die Gemeinde Gols. Eine junge und innovative Winzergarde sorgte die letzten Jahre für Furore, viele Preise und Auszeichnungen und – am wichtigsten – für viele interessante, feine Rotweine.

Das Mittelburgenland hat eine exponierte Stellung. Es wird auch als »Blaufränkischland« bezeichnet. Der Blaufränkisch – mit einer perfekten Struktur, rassiger Säure und überbordender Frucht – ist mit Abstand die wichtigste Rebsorte und die Basis vieler Cuvées, wobei auch Zweigelt, Cabernet Sauvignon und Merlot hervorragende Ergebnisse bringen.

Das Südburgenland ist klein, ursprünglich und mit vielen uralten Rebbeständen, in erster Linie Blaufränkisch, gesegnet. Gerade der schwere, eisenhaltige Boden rund um Deutsch-Schützen und Eisenberg bringt äußerst dichte, mineralische, absolut eigenständige Weine hervor. Die produzierten Mengen sind allerdings gering, und somit ist es nicht einfach, die großen Weine der Gegend ausfindig zu machen, bevor sie ausverkauft sind.

Die österreichischen Weinbaugebiete liegen ungefähr auf demselben Breitengrad wie Burgund in Frankreich und haben meist ein ausgeprägt kontinentales Klima, heiße, trockene Sommer und kalte Winter. Naturgemäß spielt der Witterungsverlauf eine große Rolle, und so schwanken die Qualitäten von Jahrgang zu Jahrgang. Die letzten Jahre gab es aber einige sehr gute bis herausragende Rotweinjahre: **2000**, 1999, **1997**, 1994, **1993**.

## Niederösterreich: einzelne Rotwein-Inseln

Die bekannten Weinbauregionen in Niederösterreich sind die Wachau und das Krems- bzw. Kamptal. Wachau ist fest in der Hand der weißen Sorten, und auch in den beiden anderen spielt der Rotwein nur eine untergeordnete Rolle, während sich die folgenden Gebiete gerade mit ihrem Rotwein profilieren konnten:

✔ Carnuntum

✔ Thermenregion

✔ Weinviertel

✔ Donauland

Das größte Gebiet ist natürlich das Weinviertel, aber gerade Carnuntum und die Thermenregion haben sich die letzten Jahre als Rotweingebiete einen Namen gemacht.

Im Donauland liegt Klosterneuburg, die wichtige Lehranstalt für Wein- und Obstbau, hier wurde auch der Zweigelt und der Blauburger aus der Taufe gehoben.

 Göttelsbrunn, die wichtigste Rotweingemeinde in Carnuntum, hat sich zu einem wichtigen Treffpunkt mit vielen Verkostungsmöglichkeiten entwickelt. Nutzen Sie bei der Durchreise die Gelegenheit, in ein Glas Zweigelt, Blaufränkisch oder einen der vorzüglichen Cabernet Sauvignon hineinzuriechen.

Die Thermenregion wird in Wien noch immer als »Südbahn« bezeichnet, da man früher keine Gelegenheit ausließ, mit der Bahn in diese herrliche Gegend zu fahren. Vielleicht nehmen Sie bei Ihrem nächsten Wienbesuch auch lieber die Bahn, damit Sie die vielen erstklassigen Rotweine, die in erster Linie im südlichen Teil rund um Sooß und Bad Vöslau angebaut werden, gebührend verkosten können.

Das Weinviertel war über Jahrzehnte der Lieferant für einfache Zechweine, aber auch hier hat in den letzten Jahren ein Umdenken stattgefunden, und in vielen Fällen musste der Portugieser weichen und den qualitativ hochwertigen Sorten wie Zweigelt, Cabernet Sauvignon und Merlot Platz machen.

In Niederösterreich muss man etwas zwischen den einzelnen Weinbaugebieten unterscheiden. In Carnuntum war 2001, **2000** und 1999 sehr gut
bis herausragend, davor waren 1997, 1993 und 1990 sehr gut. Im Weinviertel ist 2001 nicht so gut bewertet, dafür gelten **2000** und **1999** als
herausragend. 1997 war mittelmäßig, aber 1993 und 1990 waren wieder
sehr gut.

## Schilcher - sauer macht lustig

Von Papst Pius VI (1717 – 1799) ist der Ausspruch überliefert:»In der Steiermark
saufen sie einen Essig, den sie Wein nennen.« Lange Zeit hatte er auch den schönen Spitznamen Heckenkletscher (der einen in die Hecke haut). So schlimm ist
es heutzutage nicht mehr, aber das Markenzeichen der Rebe Wildbacher ist bis
heute die ausgeprägte Säure, die man aber auch als sehr erfrischend empfinden
kann. Und das ist der Schilcher auch: ein gradliniger, sehr eigenständiger Rosé,
der sortenrein aus der regionalen Spezialität Wildbacher gekeltert wird. Er hat
ein sehr helles Lachsrot bzw. eine Zwiebelschalen-Farbe, ein herbes Aroma von
Johannisbeeren, eine ausgeprägte, prägnante Säure und ist sehr niedrig im Alkohol – somit ein perfekter Sommer- bzw. Aperitif-Wein.

Jedenfalls gilt der Schilcher als ureigene steirische Spezialität und kommt meist
aus Stainz bzw. den umliegenden Weinbaugemeinden in der Weststeiermark.
Der Ausdruck Schilcher darf auch nur in der Steiermark verwendet werden. Entsprechende Weine aus Wildbacher-Trauben aus Wien, dem Burgenland und
Niederösterreich dürfen nur als Rosé oder Wildbacher bezeichnet werden.

# Empfohlene Winzer aus Österreich

| Winzer | Anbaugebiet | Weine |
| --- | --- | --- |
| Paul Achs | Neusiedlersee | Pinot Noir<br>Cuvée Ungerberg (Blaufränkisch, Syrah, Merlot)<br>Pannobile (Zweigelt, Blaufränkisch, St. Laurent, Pinot Noir) |
| Leopold Aumann | Thermenregion | Zweigelt<br>Pinot Noir<br>Cuvée Harterberg (Zweigelt, Cabernet Sauvignon, Merlot) |

| Winzer | Anbaugebiet | Weine |
|---|---|---|
| Arachon T-FX-T | Mittelburgenland | Arachon (Blaufränkisch, Zweigelt, Cabernet Sauvignon, und Merlot |
| Heribert Bayer | Mittelburgenland | Zweigelt<br>Blaufränkisch<br>Pinot Noir<br>Cuvée »In Signo Leonis« |
| Feiler-Artinger | Neusiedlersee-Hügelland | Cuvée »Solitaire«<br>Cuvée »1005« |
| E. & Ch. Fischer | Thermenregion | Zweigelt<br>Blauen Portugieser<br>Cuvée »Gradenthal« (Zweigelt, Cabernet Sauvignon, Merlot) |
| Gesellmann | Mittelburgenland | »Opus Eximium« (Blaufränkisch, St. Laurent, Zweigelt)<br>»Bela Rex« (Cabernet Sauvignon, Merlot)<br>Cuvée »G«<br>Syrah. |
| H. & P. Grassl | Carnuntum | Cuvée Bärenreiser, Neuberg |
| G. & H. Heinrich | Neusiedlersee | Cuvée »Salzberg«<br>Pinot Noir |
| Leo Hillinger | Neusiedlersee | Hill 1<br>St. Laurent |
| Rotweingut Iby | Mittelburgenland | Blaufränkisch »Chevalier«<br>Blaufränkisch »Hochäcker« |
| Juris – Stiegelmar | Neusiedlersee | Pinot Noir<br>St. Laurent |
| Kollwentz – Römerhof | Neusiedlersee-Hügelland | Cuvée »Steinzeiler« (Blaufränkisch, Cabernet Sauvignon, Zweigelt)<br>Cuvée »Eichkogel« (Blaufränkisch, Zweigelt) |
| Krutzler | Südburgenland | Blaufränkisch |
| Paul Lehrner | Mittelburgenland | Blaufränkisch (in allen Variationen und auch im Cuvée mit Cabernet Sauvignon, Zweigelt, St. Laurent) |

| Winzer | Anbaugebiet | Weine |
| --- | --- | --- |
| Gerhard Markowitsch | Carnuntum | Pinot Noir<br>Zweigelt<br>Cuvée Rosenberg (Zweigelt, Merlot,<br>Cabernet Sauvignon)<br>Cuvée Redmont (Zweigelt, Cabernet<br>Sauvignon, Syrah) |
| H. & A. Nittnaus | Neusiedlersee | Cuvée »Comondor« (Merlot, Cabernet<br>Sauvignon, Syrah)<br>Pannobile (Zweigelt, Blaufränkisch) |
| Josef Pöckl | Neusiedlersee | Zweigelt<br>Pinot Noir<br>Cuvées (alle gut) |
| Engelbert Prieler | Neusiedlersee-Hügelland | Blaufränkisch<br>Cabernet Sauvignon |
| Josef Umatum | Neusiedlersee | Zweigelt<br>St. Laurent |
| Fran Weninger | Mittelburgenland | Merlot<br>Zweigelt<br>Pinot Noir |

*Tabelle 12.2: Die empfehlenswerten Rotwein-Winzer Österreichs*

# Der wilde Osten

Mit den folgenden Kurzporträts wollen wir Ihnen aufzeigen, welches ungeheure Potential und wie viel Tradition in den Weinbauländern des Ostens schlummert. Vielleicht können wir Sie etwas neugierig machen und dafür sensibilisieren, was von dort in den nächsten Jahren auf den deutschen Markt kommen wird.

Sicher, unsere Prognosen haben etwas von dem berühmten Blick des Wahrsagers in seine Kristallkugel, aber die Erfahrung hat gezeigt, dass sich so viel Tradition und der Wille, guten Wein zu machen, schwer unterm Deckel halten lassen. Außerdem ist es interessant, dass bereits einige große Weinunternehmen sehr gezielt im Osten investieren. Ein Zeichen dafür, dass sie in diesen »neuen« Weinbauländern ein noch ungenutztes Potential sehen.

# Ungarn und Slowakei

Ungarn hat ebenfalls bereits eine lange Geschichte als Weinbauland. Bekannt wurde es in erster Linie mit seinem Tokaijer und viel später auch mit seinem Erlauer Stierblut. Der erstere ein Wein für Kaiser und Zaren, aber aus weißen Trauben bereitet, der zweite nicht gerade ein Aushängeschild für die mögliche Qualität des Landes. Die Wende kam hier mit der Wende.

Durch die politischen Umwälzungen im Jahre 1989 und seit der Neugründung des Weinbauverbandes geht es mit der Qualität beständig aufwärts. Mit etwa 91.000 Hektar ist Ungarn als Weinbauland kaum kleiner als Deutschland. Noch haben die riesigen Kellereien wie Hungarovin in Budapest oder Gia in Eger das Sagen, aber es wird ein interessantes Projekt nach dem anderen aus der Taufe gehoben, viele davon mit internationaler Beteiligung.

 Ein interessantes Projekt ist das Weingut Bátaapáti im Südwesten Ungarns. Mit 150 ha hat es durchaus eine beachtliche Größe und mit dem Rückhalt zweier großer Namen in der Weinwelt, Marchese Piero Antinori aus der Toskana und dem Ungarn Peter Zwack, ist nicht nur das entsprechende Know-how, sondern auch das Kapital für weitreichende Investitionen gesichert. Die ersten Weine von Bátaapáti sind bereits in Deutschland auf dem Markt.

Eine weitere Weinpersönlichkeit, die das Potential der ungarischen Weine heben will, hat einen gewaltigen Vorteil: Er versteht die Landessprache. Tibor Gál wurde als Kellermeister von Ornellaia bekannt und war für dessen Aufstieg in den Weinolymp verantwortlich. Als gebürtiger Ungar ging er 1997 in seine Heimat zurück und gilt als bekanntester Weinmacher Ungarns. Zusammen mit Nicolo Incisa della Rocchetta von Sassicaia gründet er sein eigenes Weingut in der Gegend von Eger. Auch diese Weine sind inzwischen in Deutschland erhältlich.

Es sind nur zwei Beispiele aus der jungen, aufstrebenden Weinnation Ungarn. Scheuen Sie nicht vor den unaussprechlichen Namen auf den Etiketten zurück, hinter Kekfrankos steckt nichts anderes als der aus Österreich bekannte Blaufränkisch, und der kann richtig gut sein.

Die Slowakei, vorher ein Teil der Tschechoslowakei und heute ein eigenständiger Staat, grenzt mit seinem Weinbau direkt an Österreich und Ungarn. Der Weinbau konzentriert sich auf die Nebenflüsse der Donau. Auch die angebauten Rebsorten unterscheiden sich nicht wirklich von denen in Österreich: Blauer Portugieser (Portugalské Cervené), Blauburgunder (Rulandské Cervené), Blaufränkisch (Frankovka) und Cabernet Sauvignon. Momentan wird der Hauptteil der 20.000 ha noch von staatlichen Betrieben produziert, aber es kommen immer mehr ehrgeizige Privatweingüter auf den Markt. Also abwarten: Warum sollte es nicht möglich sein, auch dort qualitativ hochwertige Weine zu produzieren?

## Rumänien und Bulgarien

Rumänien liegt im Abseits, sowohl politisch wie auch geografisch, und dabei zählt es mit 6000 Jahren Weingeschichte zu den ältesten Weinbauländern Europas. Bereits Herodot (482 – 425 v. Chr.) erwähnte die Weine und griechische Kolonisten an der Schwarzmeerküste. Später waren es deutsche Siedler, die Siebenbürger, die dem Weinbau entscheidende Impulse gaben.

Das kontinentale Klima mit warmen und vor allem langen, trockenen Sommern sorgt für perfekte Wachstumsbedingungen, und so hat Rumänien mit etwa 250.000 ha weit mehr als doppelt so viele Weinberge unter Reben wie Deutschland und ist das siebtgrößte Weinbauland der Welt.

Die besten Ergebnisse werden mit den internationalen Rebsorten wie Cabernet Sauvignon, Merlot und Pinot Noir erzielt, wobei die einheimische Feteasca Neagra durchaus das Potential für Spitzenweine besitzt. Private Weingüter gibt es momentan kaum, bis jetzt geben noch die Genossenschaften und die großen staatlichen Betriebe den Ton an. Aber auch dort zeichnet sich eine Wende ab. Die ersten Investitionen werden getätigt, und das Potenzial ist gewaltig.

 Die ersten Weingüter, die den Schritt auf den deutschen Markt gewagt haben, sind:

✔ Murfatlar

✔ Vinterra

Auch in Bulgarien hatte der Weinbau bereits in der Antike große Bedeutung. Im Römischen Reich war der thrakische Wein ein wichtiger Exportartikel, der bis nach Griechenland, Sizilien und Kleinasien verschifft wurde. Nach dem zweiten Weltkrieg wurde der Weinbau intensiv gefördert und entwickelte sich wieder zu einem wichtigen Exportartikel. Bulgarien liegt an sechster Stelle der Weinexportländer und verkauft seine Weine in über 70 Länder.

Das Klima in den bulgarischen Weinbaugebieten – sie liegen etwa auf denselben Breitengraden wie die Toskana und Bordeaux – entspricht dem in Rumänien und ist einfach ideal. Im Anbau sind auch hier sowohl einheimische autochthone als auch die bekannten, internationalen Rebsorten.

Nach der ersten Privatisierungswelle sind inzwischen etliche Weingüter auch auf dem deutschen Markt vertreten. Auch die ersten Joint Ventures mit ausländischen Kapitalgebern sind schon bekannt gegeben worden.

Zu den aktuellen Qualitäten können wir nichts sagen, da wir zu unserer Schande gestehen müssen, noch nie einen bulgarischen Wein probiert zu haben. Wir versprechen, das bald nachzuholen.

## Georgien und Moldawien

Georgien, Teil der ehemaligen UdSSR, gilt als eines der ältesten Weinbauländer der Welt, und hier ist wohl der Ursprung des Weinbaus und der kultivierten Weinreben zu suchen. Zahlreiche archäologische Fundstücke – Werkzeuge, Gefäße und Schmuck in Traubenform, die auf ein Alter von 2000 bis 3000 Jahre v. Chr. datiert wurden – beweisen die Bedeutung des Weinbaus und des Weingenusses bereits in frühester Zeit. Die Weine aus Georgien galten als die besten in der ehemaligen UdSSR.

Im Jahr 2000 betrug die registrierte Rebfläche immerhin 67.000 ha und damit deutlich mehr als Österreich aufzuweisen hat. Über die Qualitäten können wir auch hier nichts sagen, aber wenn man die unglaubliche Tradition und die klimatischen Bedingungen betrachtet, stellt sich die Frage, warum es nicht auch heute möglich sein müsste, hier absolute Spitzenweine zu produzieren.

Moldawien, ebenfalls ein Teil der ehemaligen UdSSR und heute ein eigenständiger Staat, war der größte Weinproduzent in der UdSSR. Auch heute stehen noch 130.000 ha und damit deutlich mehr als in Deutschland unter Reben. Die Weinbaugeschichte geht konform mit der Rumäniens, da Moldawien über lange Zeit ein Teil Rumäniens war.

Moldawien hat auch bereits einen bekannten Wein, den Negru de Purkar. Er wird von der Staats-Kellerei Purkary aus den Rebsorten Cabernet Sauvignon, Rara Njagre und Saperavi produziert. Kräftige, rubinrote Farbe, ein kräftiges Johannisbeeren-Bouquet und viel Kraft am Gaumen. Er kommt bereits als gereifter Wein auf den Markt.

Die Mitglieder der Zarenfamilie Romanow galten schon immer als Feinschmecker. Sie haben die besten Champagner und die teuersten Weine Europas importiert. In Moldawien haben sie ihr eigenes Weingut gegründet. Auf dem heutigen Staatsweingut Romanesti wird aus Cabernet Sauvignon, Merlot und Malbec ein bordeaux-ähnlicher Rotwein von erstaunlicher Qualität gekeltert.

## Griechenland und Türkei

Ich weiß, die beiden Länder darf man nicht einfach so zusammenfassen, aber nicht nur im Weinbau zählen sie zur Wiege des Abendlandes.

Türkei und Weinbau? werden Sie fragen. Ja, die Türkei gilt als eines der ältesten Weinbauländer der Welt und ist auch heute noch der viertgrößte Traubenproduzent der Welt. Nur die Weinbereitung spielt keine große Rolle, nur etwa 5 Prozent der produzierten Trauben werden für Wein verwendet, der Rest wird als Tafeltrauben oder im getrockneten Zustand als Rosinen verkauft. Aber auch hier erzählt man sich, dass sich private Weingüter bemühen, den Weindurst der zahlreichen Türkei-Urlauber mit ansprechenden Qualitäten zu lindern.

Und zum Schluss unser Sorgenkind Griechenland. Ohne die Griechen mit ihrem uns so sympathischen Gott Dionysos und dem damit verbunden Weinkult und wohl auch Weindurst gäbe es den gesamten europäischen Weinbau vielleicht gar nicht.

Sie haben nicht nur schon damals ihre Weine bis nach Italien, Frankreich und Spanien exportiert, sondern auch ihr Wissen, ihre Rebsorten und ihre Liebe zum Wein. Viele der Weinbaumethoden wurden später von den Römern übernommen und verfeinert, aber zuerst waren es die Griechen, die das Potential von Italien (die Griechen nannten es Oinotria: das Weinland) und des Rhône-Tals in Frankreich erkannten.

Aber durch die lange Besetzung durch die Türken (vom 15. bis Mitte des 19. Jahrhunderts) haben die Griechen wohl ihren Bezug zum Wein verloren. Das, was man heute in den griechischen Restaurants in Deutschland vorgesetzt bekommt, hat mit Wein nur am Rande etwas zu tun. Retsina ist weniger ein Wein, sondern wohl mehr ein Glaubensbekenntnis zu Griechenland.

 Aber die griechische Weinwelt ist gewaltig im Umbruch. Wir hatten vor einiger Zeit das Vergnügen, mit einem ausgewiesenen Spezialisten für griechische Weine eine Art flüssige Bestandsaufnahme vorzunehmen. Bleibenden Eindruck hinterließen verschiedene Qualitäten aus Nemea und Naoussa, aber auch einige Beispiele von der Ferieninsel Kreta.

# Teil III

# Der Top-Ten-Teil

## In diesem Teil ...

Wie lange ist es her, dass Sie Hausaufgaben aufbekommen haben – noch dazu welche, die Ihnen *Spaß* machen? Das nächste Mal, wenn Sie fleißig sein und dabei auch noch eine schöne Zeit haben wollen, marschieren Sie ins Esszimmer und machen Ihre Hausaufgaben. Verkosten Sie die Weine, trainieren Sie Ihren Gaumen und kommen Sie erst wieder raus, wenn Sie den Unterschied zwischen einem Cabernet und einem Spätburgunder verinnerlicht haben!

Neben den Verkostungsübungen, mit denen sogar Hausaufgaben Spaß machen, beantworten wir Ihnen in diesem Kapitel auch die zehn am häufigsten gestellten Fragen und stellen Ihnen ein paar Rotweine vor, denen Sie unbedingt Ihre Aufwartung machen sollten.

# Zehn unbekannte Rotweine, die Sie kennen sollten

**13**

## In diesem Kapitel

▶ Ein trockner Rotwein aus dem Portweinland

▶ Unser Lieblingswein für alle Tage

▶ Ein Bordeaux auf der Überholspur

▶ Spätburgunder und Pinot Noir

▶ Ein sinnlicher Südafrikaner

*W*ir sind überzeugte Anhänger von Experimenten. Weine zu probieren, die sich deutlich von dem unterscheiden, was man normalerweise trinkt, ist immer wieder ein Abenteuer. Manchmal entdecken Sie einen neuen, faszinierenden Wein mit eigenem Stil – und manchmal stellen Sie nur fest, wie gut Ihr »normaler« Rotwein doch ist. Egal, immer ist es eine kleine Reise und immer sind Sie auf der Seite der Gewinner.

In diesem Kapitel beschreiben wir zehn Rotweine und hoffen, dass Sie diese einmal probieren. Manche sind einfach zu bekommen, andere wiederum muss man suchen. Die, die wir als leicht erhältlich gekennzeichnet haben, sollten überall relativ einfach zu besorgen sein, für die anderen braucht man schon einen spezialisierten Weinhändler, ein gut sortiertes Restaurant (schließlich sind es ja unbekannte Rotweine) oder Sie machen sich das Internet zu nutze. Dort finden Sie viele spezialisierte Versandhändler. Empfehlungen, wie man dort Weine suchen kann, finden Sie im Anhang. Wir empfehlen keine speziellen Jahrgänge, da wir nicht wissen, welche Jahrgänge verfügbar sind, wenn Sie einkaufen gehen, aber in vielen Weinbeschreibungen finden Sie Hinweise auf spezielle Jahrgänge.

Wir führen jeden Weine wie folgt auf: Name, Winzer, Herkunftsregion und Land. (Erinnern Sie sich, viele Weine aus Europa werden nach ihrer Herkunft benannt.)

# Redoma, Niepoort, Duoro, Portugal

Der junge Dirk van der Niepoort hatte eine Vision: Er wollte nicht nur einen der besten Portweine machen, sondern er wollte auch beweisen, dass man am Duoro »normale« Weine von Weltformat produzieren kann.

Und auch wenn er es nicht so sieht, ist er nicht mehr ganz jung und hat bereits einen großen Teil seiner Vision umgesetzt. Seine Portweine zählen zur absoluten Spitze, und mit seinem REDOMA hat er einen faszinierenden Wein geschaffen.

Verwendet werden die typischen, ansonsten für Portwein vorgesehenen regionalen Rebsorten von sehr alten Rebstöcken (50 bis 70 Jahre alt), und das Ergebnis ist ein tiefschwarzer, absolut undurchsichtiger Rotwein von unbändiger Kraft und Struktur. So unbändig wie seine Kraft ist auch seine Fülle an Aromen: von den verschiedenen roten Beeren über Leder, Holz, animalische Noten und Kräuter kann man irgendwann fast alles in diesem Wein entdecken.

 1994 war der erste Jahrgang auf dem Markt. Wir trinken momentan den Jahrgang 1996, der sich gerade öffnet. Aktuell auf dem Markt sind 1999 und 2000. Beide fantastisch, aber noch sehr verschlossen. Aber die 35 € bis 40 € sind eine gute Investition in die Zukunft.

# Barbera d'Alba, Vietti, Piemont, Italien

 Wenn wir unseren Lieblingsrotwein für alle Tage wählen müssten, würde der Barbera aus der Region von Alba unsere Stimme bekommen. Dieser trockene, fruchtige Rotwein mit der markanten Säure passte einfach perfekt zum italienischen Essen, das wir so lieben – Nudeln mit Tomatensauce, Pizza und so vieles mehr. Es ist einer der anpassungsfähigsten Tafelweine, die es gibt (beachten Sie »Der Wunderknabe ohne Tannin« in Kapitel 5)

Die Kellerei Vietti ist einer der besten Produzenten für Barbera im Piemont. Vietti macht drei Einzellagen-Barberas: Bussia, Scarrone und Pian Romualdo. Der Barbera d'Alba Crû Scarrone ist unser Liebling (25 € – 28 €), aber sie sind alle gut – besonders lieben wir die intensiven Fruchtaromen. Vietti macht aber auch sehr schöne Dolcetto d'Alba und die beiden großen B (Barolo und Barbaresco). An Jahrgängen ist momentan alles zu empfehlen, was auf dem Markt ist. Aktuell ist der Jahrgang 1999, der nachfolgende 2000 ist aber ebenso gut. (Werfen Sie einfach noch mal einen Blick auf die empfohlenen Jahrgänge für Barolo und Barbera in Kapitel 8.)

## »Coleccion 125«, Gran Reserva, Bodegas Julian Chivite, Navarra, Spanien

Die Region Navarra im Norden Spanien stand immer im Schatten des berühmten Nachbarn Rioja. Aber die Produzenten in Navarra haben hart gearbeitet, um wenigstens qualitativ zu ihrem berühmten Nachbarn aufschließen zu können. Und das ist erfolgt, immerhin kommen aus Rioja einige der besten spanischen Weine. Die Coleccion 125 von Julian Chivite ist ein wunderschönes Beispiel für einen Wein aus Spaniens bester Rebsorte, der Tempranillo. Der Coleccion 125 ist zwar einer der teuersten Weine (25 € bis 30 €) von Julian Chivite, aber er ist sein Geld wert, und im Vergleich mit den guten Weinen aus dem Rioja ist er immer noch unglaublich preiswert. Auch die einfacheren Weine von Chivite gefallen uns sehr gut, sie sind einem jungen, gut gemachten Rioja sehr ähnlich, aber günstiger im Preis (7 € bis 14 € je nach Qualität).

 Wie ein guter Rioja reift auch der Coleccion 125 sehr schön (aus einem guten Jahrgang wird er 10 Jahre und älter). Genießen Sie ihn zu einem schönen Lammbraten oder einem schönen gegrillten Steak.

## Château Troplong-Mondot, St.-Emilion, Frankreich

Von all den großen roten Bordeaux, die gemacht werden, haben wir uns Château Troplong-Mondot rausgegriffen, ein Grand Crû Classé aus St.-Emilion, der zwar noch nie zur absoluten Spitze dieser Region gehört hat noch das Handwerk des Klapperns so perfekt beherrscht wie manche Kollegen, dafür stehen seine Weine immer für eine Topqualität zu bezahlbaren Preisen.

Sollten Sie das Vergnügen haben, einen Château Troplong-Mondot von 1990 eingeschenkt zu bekommen, genießen Sie es. Es war einer der schönsten Weine dieses sehr guten Jahrgangs. Aktuelle Jahrgänge bekommen Sie für etwa 35 € bis 50 €. Jahrgangsempfehlungen entnehmen Sie bitte unserer Jahrgangstabelle im Anhang bzw. dem Kapitel 6.

# Bourgogne rouge, Leroy, Bourgogne, Frankreich

Unglücklicherweise liegen die großen Burgunder von Domaine Leroy für die meisten von uns im Bereich des Unbezahlbaren. Aber auch die Einstiegsqualität, der »Bourgogne Rouge«, ist von herausragender Qualität. Er ist in etwas größeren Mengen verfügbar und damit leichter zu bekommen, er ist bezahlbar (etwa 20 € bis 25 €) und so ein empfehlenswerter Einstieg in die Welt der Burgunder. Wenn wir damit eine Leidenschaft für diese faszinierenden Weine wecken können, werden Sie sich immer wieder gern an diesen Wein erinnern.

 Im Gegensatz zu anderen einfachen Burgundern, kann dieser Bourgogne Rouge auch sehr gut reifen. Mit etwas Glück finden Sie bereits reife Jahrgänge auf dem Markt.

# Chianti Classico, Castello di Fonterutoli, Toskana, Italien

Der Chianti ist mit Abstand der bekannteste Wein Italiens und damit das Aushängeschild der Toskana. Wenn allerdings von den großen Weinen der Toskana die Rede ist, dann spricht man von den Super-Tuscans, von Brunello die Montalcino und vielleicht noch vom Vino Nobile di Montepulciano, aber Chianti?

Der große Aufbruch im Chianti fand bereits Anfang der Achtziger statt. Und so sind dort viele Entwicklungen, die in der südlichen Toskana erst ihren Anfang nehmen, bereits abgeschlossen. Und so findet man im renommierten Chianti Classico eine ganze Anzahl wunderschöner, eleganter, authentischer Weine zu durchaus zivilen Preisen. Eins der schönsten Beispiele ist für uns der Chianti Classico von Fonterutoli.

 Klar, die Riserva des Hauses ist fantastisch, aber uns fasziniert immer wieder die klare, elegante Frucht, die Finesse, das Verspielte des normalen Chianti Classico. Mit 16 € bis 18 € ist er zwar nicht billig, aber im Vergleich zu vielen Brunello di Montalcino ist er ein Schnäppchen. In den guten Jahren (unsere empfohlenen Jahrgänge finden Sie in Kapitel 8) ist er fantastisch, in schlechten Jahren wird oft keine Riserva gemacht, und so fließen die dafür vorgesehen Traubenpartien in diesen Wein. Somit ist er auch dann eine Empfehlung.

Es muss ja nicht immer ein schwerer, wuchtiger Wein sein, oft macht ein subtiler, eleganter, finessenreicher Wein erheblich mehr Spaß. Und dazu ein Kaninchen mit Polenta oder einen Feldsalat mit Lamm- oder Kaninchenleber. Wie ein kleiner Urlaub in der Toskana!

## La Grola, Allegrini, Venetien, Italien

Wer bei dem Namen Valpolicella an die unsägliche Brühe denkt, die weltweit in den Pizzerien ausgeschenkt wird, der wird sich jetzt schütteln. Aber woher kommt der berühmte Name? Es muss doch gute Weine geben, die dafür gesorgt haben, dass man diesen Namen überall auf der Welt kennt?

Valpolicella ist eine wunderschöne, etwas verschlafene Hügelgegend nördlich von Verona, unweit des bekannten Gardasees. Soweit man in einer so alten Kulturlandschaft den Weinbau überhaupt auf seinen Ursprung zurückverfolgen kann, so kommt man auf die Einzellage »La Grola«. Hier scheint die Idee des Valpolicella, als Cuvée aus vielen verschiedenen Rebsorten geboren worden zu sein. Und es ist nicht nur eine Bilderbuchlage, sondern es gibt auch einen Wein aus dieser schönen Lage, den »La Grola« von Allegrini. Auf Grund von Meinungsverschiedenheiten von Allegrini, einem der herausragenden Winzer in der Region, und dem Consorzio wird der »La Grola« inzwischen nicht mehr als Valpolicella, sondern als IGT Veronese abgefüllt, aber der Qualität dieses herausragenden Weines tut das keinen Abbruch.

Für einen Valpolicella ist er zwar kraftvoll, aber im Vergleich mit anderen Weinen fasziniert seine verspielte, vielschichtige Frucht, seine Geschmeidigkeit und seine Harmonie – somit eher ein subtiler, eleganter Wein.

## Spätburgunder, Bernhard Huber, Baden, Deutschland

Als der frankophile Huber 1987 aus der Genossenschaft ausstieg, geschah dies mit dem klaren Ziel, erstklassige Rot- und Weißweine nach burgundischem Vorbild zu erzeugen. Im Laufe der Jahre wurde die Rebfläche von ursprünglich 5 auf heute 25 Hektar erweitert. Schließlich zählt er inzwischen schon nicht mehr zu den Aufsteigern, sondern zur etablierten Spitze.

Empfehlen möchten wir Ihnen aber hier gar nicht seine Spitzenweine, sondern seinen normalen Spätburgunder. Er ist leicht zu bekommen und mit 15 € bis 18 € auch nicht zu teuer.

Er fasziniert mit seiner besonders saftig-frischen Kirschfrucht, seiner Lebendigkeit und Lebensfreude. Im Gegensatz zu vielen anderen Rotweinen macht dieser Spätburgunder nicht müde, sondern weckt die Lebensgeister.

# Mont du Toit, Mont du Toit, Wellington, Südafrika

Auch wenn der Name sich vom Gründer, dem Rechtsanwalt Stephan du Toit, ableitet, so hat er doch beschlossen, bei seinen Leisten zu bleiben und überlässt das Weinmachen zwei Herren, die etwas davon verstehen, auch wenn sie bisher nur den Fans von deutschen Weinen bekannt sind: Bernd Philippi (Pfalz) und Bernhard Breuer (Rheingau). Ist es nun ein südafrikanischer Wein oder ist es ein deutscher Wein? Vielleicht weder noch! Jedenfalls schlug der Jungfernjahrgang 1998 ein wie eine Bombe. Ein absolut eigenständiger, rassiger, vielschichtiger Wein mit einer unglaublichen Kraft. Man geht hier neue Wege …

 Wir haben noch eine paar Flaschen des grandiosen Jahrgangs 1998 im Keller. 1999 wurde dann etwas eleganter, und 2000 soll wieder eine absolute Wucht sein. Im spezialisierten Fachhandel für etwa 20 € bis 25 € zu bekommen.

# Mas Collet, Capcanes, Montsant, Spanien

Ein modernes Märchen! Man nehme ein verwunschenes Tal, ein kleines Dorf, umgeben von schönen Weinbergen mit alten Reben und einer bereits 1933 gegründeten Genossenschaft. Das alles liegt im Dornröschenschlaf. Und dann kommt der Prinz … Nein, es waren drei junge Weinbau-Ingenieure, die unweit des verschlafenen Dorfes im Nordosten Spaniens ihr Studium beendeten und nicht bei den großen, internationalen Meistern in die Lehre gehen, sondern am liebsten gleich selber Wein machen wollten.

Diese Geschichte ist inzwischen einige Jahre her, aber das Ergebnis kann man auch heute noch bewundern und trinken: Mas Collet. Die drei Musketiere haben das Dorf und die alten Reben zu neuem Leben erweckt, und das Ergebnis ist ein kraftvoller, eigenständiger Wein mit Aromen von Beeren, Leder und Lakritze.

 Und das Schönste an diesem Märchen: Es gibt genügend von diesem Wein, und er ist bezahlbar geblieben. Je nach Einkaufsquelle kostet er 9 € bis 11 €.

# Antworten zu zehn häufig gestellten Fragen

## Ich trinke sonst Weißwein (oder Rosé oder Bier). Welchen Rotwein soll ich als erstes probieren?

 Wir empfehlen Ihnen für den Anfang leichte Rotweine mit wenig Tannin. Diese wirken auf Menschen, die nicht gewohnt sind, Rotwein zu trinken, erheblich zugänglicher. Ein Beaujolais (aus Frankreich) wäre ein guter Einstieg. Es ist ein mittelgewichtiger, fruchtiger und günstiger (unter 7 €) Wein mit wenig Tannin, und am besten genießen Sie ihn leicht gekühlt, dann kommt seine Fruchtigkeit noch besser zur Geltung. Ein Beaujolais Nouveau (ein ganz junger Beaujolais) ist besonders traubig im Geschmack und noch zugänglicher. Der Beaujolais Nouveau (oder auch Beaujolais Primeur genannt) ist nur jeweils von Ende November bis Jahresende verfügbar.

Andere Rotweine, die wir für Rotwein-Novizen empfehlen können, sind günstige Merlot, Spätburgunder oder auch einen schönen Valpolicella. Aus Italien kommen ansonsten auch noch zwei andere leichte Rotweine in Frage, Bardolino und günstige (unter 8 €) Barbera.

# Wie weiß ich, ob ein Rotwein trocken ist (oder wie trocken er ist)?

Es sei gleich vorausgeschickt, die meisten Rotweine sind heutzutage trocken (d.h. nicht süß). Aber auch Weine, die technisch als trocken gelten, können einen Eindruck von Süße vermitteln oder sie schmecken einfach für manche Leute leicht süß. Die *Empfindung* von süß oder nicht süß hängt von dem einzelnen Wein und dem persönlichen Geschmack ab.

 Um herauszubekommen, wie trocken ein Wein wirklich ist, fragen Sie am besten den Weinhändler Ihres Vertrauens. Wenn Sie auf sich selbst gestellt sind, helfen Ihnen eventuell die beiden folgenden Hinweise weiter:

✔ Sehr dunkle Rotwein sind normalerweise trocken und tanninbetont (siehe Kapitel 1 für Informationen über Tannin) und haben einen kräftigen Körper. Tannin unterstützt den Eindruck eines trockenen Gefühls am Gaumen (halten Sie die Flasche gegen das Licht, um zu sehen, wie dunkel der Wein ist.)

✔ Achten Sie auf die Alkoholangabe auf dem Etikett. Weine mit hohem Alkohol (über 13 % vol) wie etwa ein Zinfandel oder Cabernet Sauvignon hinterlassen gerne einen Anflug von Süße. Ein Grund ist die dafür notwenige Reife der Trauben, und andererseits schmeckt der Alkohol selbst ebenfalls süß.

Verallgemeinernd kann man sagen, die europäischen Weine, besonders die aus Italien, Frankreich und Spanien, tendieren dazu, besonders trocken zu sein. Rotweine aus Australien wirken weniger trocken. Die anderen Weine aus Übersee – speziell die Cabernet Sauvignon – variieren von annähernd trocken (die preiswerteren) bis ziemlich trocken.

# Warum bekomme ich Kopfschmerzen, wenn ich Rotwein trinke?

Wenn Sie nur auf Rotwein Kopfschmerzen bekommen und bei Weißwein kein Problem haben, dann reagieren Sie vermutlich auf die Histamine, die in den Schalen der roten Trauben vorkommen. Manche Menschen in unserem Umfeld haben dieses allergische Problem durch entsprechende Antihistamin-Medikamente, die sie vor dem Rotweingenuss eingenommen haben, in den Griff bekommen. (Aber Fragen Sie zuvor Ihren Arzt.)

Weitere mögliche Gründe für Kopfweh sind all die anderen natürlichen Komponenten, die im Rotwein, aber nicht im Weißwein vorkommen, oder es ist der Alkohol selbst. Der Schwefel, wie so oft behauptet (schweflige Säure kommt sowohl natürlich im Wein und anderen vergorenen Getränken vor, wird aber auch zugesetzt), kann kaum der Grund sein, da Weißwein im Allgemeinen deutlich höhere Schwefelwerte als Rotwein hat.

## Was ist der Unterschied zwischen einem Cabernet Sauvignon und einem Merlot?

Cabernet Sauvignon und Merlot sind zwei unterschiedliche Rebsorten, aus denen Rotweine gemacht werden (siehe Kapitel 3 für mehr Information über diese Rebsorten).

Die meisten Cabernet Sauvignon sind im Stil meist trocken, herb und tanninbetont. Merlot-Weine, ähnlich dunkel, wenn nicht sogar dunkler in der Farbe, sind meist weicher, dezenter im Tannin und damit zugänglicher als Cabernet Sauvignon. Da Merlots typischerweise weniger herb und tanninbetont sind wie Cabs, sind sie auch viel früher trinkreif. Ein junger Merlot macht mehr Spaß als ein junger Cabernet Sauvignon.

 Wenn Sie gerade begonnen haben Rotwein zu trinken, werden Sie wahrscheinlich die Merlot erheblich schmackhafter finden als die Cabernet Sauvignon. Weine aus der Cabernet Franc – wieder eine andere Rebsorte – liegen irgendwo dazwischen, aber doch näher am Stil des Cabernet Sauvignon. Sehr günstige (6 € und weniger) Cabernet Sauvignon (wie auch Merlot) sind niedrig im Tannin und sehr viel früher trinkbar als die teureren Versionen, und deshalb bereiten die einfacheren Weine dem angehenden Rotweintrinker meist fürs Erste sogar mehr Freude.

## Auf manchen Rotwein-Etiketten findet man den Begriff »Cuvée«. Handelt es sich dabei um einen besseren Wein?

Inzwischen nutzen sehr viele Produzenten in der ganzen Welt diesen französischen Ausdruck. Auch in Deutschland und Österreich verwendet man lieber diesen französischen als den deutschen Ausdruck. Kein Wunder, die deutsche Übersetzung *Verschnitt* hat einen sehr negativen Klang und wird nur mit einfachsten Weinen in Verbindung gebracht.

Cuvée – die Franzosen sprechen manchmal auch von Assemblage oder gar von Marriage (Vermählung) – wird verwendet, wenn zwei oder mehr Rebsorten sorgsam zu einem komplexeren Ganzen zusammengefügt werden. Paradebeispiel sind die roten Bordeaux, die aus bis zu fünf der dafür zugelassenen Rebsorten komponiert werden (oder sollen wir schreiben: verschnitten werden?): Cabernet Sauvignon, Merlot, Cabernet Franc, Petit Verdot und/oder Malbec. Die Qualität eines Cuvées bestimmt einzig der jeweilige Produzent. Meist ist es aber ein Wein von besonderer Qualität.

## Wie lange soll eine Flasche Rotwein gelagert werden, bevor sie trinkreif ist?

Die Antwort auf diese Frage hängt davon ab, um welchen Typ von Rotwein es sich handelt. Aber wir können Ihnen ein paar einfache Anhaltspunkte liefern:

✔ Die meisten Rotweine, die eine sehr dunkle Farbe haben, brauchen einige Jahre Reifezeit, bis sie ihren optimalen Genuss-Zeitpunkt erreicht haben. Als Beispiele wären zu nennen: die roten Bordeaux (ab 15 €), die Rhône-Weine (aber nicht unbedingt die günstigen Côte du Rhône, siehe Kapitel 7), die kalifornischen Cabernet Sauvignon, teure Burgunder, Barolo und Brunello di Montalcino (die beiden letzten aus Italien.) Australische Shiraz oder Shiraz-Cabernets sind Ausnahmen, obwohl sie besonders kräftig in der Farbe sind, kann man sie bereits jung mit Vergnügen trinken.

✔ Günstige Rotweine (unter 8 €) sind meist so gemacht, dass sie sofort trinkbar sind, wenn sie zum Verkauf freigegeben werden.

✔ Helle Rotweine wie der Bardolino aus Italien, der Beaujolais aus Frankreich und günstige Pinot Noir (Spätburgunder) und Merlot sind meist für den sofortigen Trinkspaß, wenn Sie diese gekauft haben.

Wenn Sie junge Weine zum Einlagern kaufen wollen, müssen Ihre Lagerbedingungen entsprechend gut sein. Im Kapitel 15 unseres Buches *Wein für Dummies* finden Sie alle Details, die für eine gute Lagerung entscheidend sind.

## Welche Speisen passen zu Rotwein?

Im Kapitel 5 haben wir besprochen, wie und warum Rotwein mit gutem Essen zusammen passt. Um eine schnelle Antwort auf diese klassische Frage zu geben, haben wir Ihnen hier ein paar schöne Kombinationen von Wein und Speisen zusammengestellt:

✔ Leichtere Rotweine – wie Beaujolais, Côtes du Rhône, günstige Cabernet Sauvignon, Merlot, Pinot Noir (Spätburgunder) und auch Valpolicella oder Bardolino – passen vorzüglich zu Geflügel, Kalbfleisch oder anderem hellen Fleisch.

✔ Mittelgewichtige bis kräftige Rotweine wie Chianti Classico, Cabernet Sauvignon und Merlot der mittleren Preisklasse (8 € bis 15 €) aus Übersee oder ein Rioja aus Spanien passen hervorragend zu einem kleinen Steak mit Salat, Schweineschnitzel oder Gegrilltem.

✔ Die kräftigen, voluminösen Roten wie die teuren Cabernet Sauvignon oder Bordeaux, ein Barolo oder Brunello di Montalcino begleiten perfekt einen schönen Rinderbraten, Lamm oder Wild. Ein Lamm-Gericht und dazu einen schöne Chianti Classico Riserva sind einfach eine perfekte Kombination.

✔ Die italienischen Barbera-Weine sind unsere besondere Empfehlung zu Nudeln mit Tomatensauce bzw. allen italienischen Gerichten, die von Tomaten dominiert werden, auch Pizza.

✔ Rote Burgunder passen gut zu Roastbeef – aber hören Sie hier noch nicht auf! Weine aus Pinot-Noir-Trauben (auch die deutschen Spätburgunder) passen auch hervorragend zu Lachs, vielen anderen Fisch und Geflügelgerichten. Der Pinot Noir ist ein perfektes Allround-Talent.

✔ Eine klassische Kombination ist auch Käse und Wein. Seien Sie etwas vorsichtig mit Weich- oder Blauschimmelkäse, dazu harmoniert oft besser ein Weißwein, aber bei einem klassischen Hartkäse gibt es kein Entkommen.

 Bedenken Sie, dass diese Empfehlungen nur als Anregungen gedacht sind. Im Spiel mit Wein und Speisen existieren keine unumstößlichen Regeln. Manche Menschen genießen ein Stück Schokolade zu ihrem teuren Cabernet Sauvignon oder Brunello di Montalcino.

## Mit welcher Temperatur soll Rotwein serviert werden?

Die Regel mit der Zimmertemperatur ist schon richtig, aber bitte die Temperatur eines sehr kühlen Raumes, etwa 17° bis 18° C. Das ist die ideale Temperatur für die meisten Rotweine. Die leichteren Rotweine wie Beaujolais oder Bardolino sind leicht gekühlt sogar noch angenehmer (13° bis 15° C). Andere Rotweine, die so kalt serviert werden, schmecken allerdings oft bitter oder gar metallisch. Der Grund ist der höhere Tanningehalt. Wenn Rotweine allerdings zu warm serviert werden – was gerade in vielen Restaurants der Fall ist – schmecken sie fade, langweilig und ohne Leben, man hat in erster Linie den Alkohol in der Nase.

 Eine Flasche Rotwein sollte sich bei der Berührung mit der Hand kühl anfühlen. Wenn Ihnen im Restaurant eine Flasche Wein präsentiert wird, die sich warm anfühlt, schlagen wir vor, dass Sie den Ober um einen Eiskühler bitten und den Wein innerhalb von fünf bis zehn Minuten auf Temperatur bringen.

## Ist Rotwein gut für meine Gesundheit?

Viele aktuelle Studien haben inzwischen bestätigt, dass moderater Weingenuss die Lebenserwartung positiv beeinflusst. Besonders für das Herz-Kreislaufsystem scheint das regelmäßige Glas Wein positiv zu sein. Etliche Studien sind der Meinung, dass insbesondere Rotwein sehr positive Effekte hat.

Rotwein enthält viele Vitamine und Mineralstoffe einschließlich der B-Vitamine, Jod, Eisen, Magnesium, Zink, Kupfer, Kalzium und Phosphor. Ein Glas trockener Rotwein enthält etwa 110 Kalorien.

## Muss ich die guten Jahrgänge kennen, wenn ich Rotwein kaufen will?

Nein, müssen Sie nicht – und Ja, das sollten Sie, abhängig davon, welchen Wein Sie kaufen wollen.

Die Qualität des Jahrgangs (die Wachstumsperiode der Trauben) auf einer Flasche Rotwein hat vor allem bei den besseren Weinen (über 10 €) eine Bedeutung und besonders bei Weinen aus bestimmen Weinregionen, in denen das Wetter von Jahr zu Jahr sehr unterschiedlich ist wie in den meisten Weinregionen in Frankreich und Italien. In den Weingebieten in Übersee wie in den USA, Australien, Chile, Argentinien und Südafrika sind die Witterungsverläufe gleichmäßiger – und den Jahrgängen kommt weniger Bedeutung zu.

Nur ein Beispiel: Kalifornien hatte eine Serie von sechs guten Jahrgängen in Folge von 1990 bis 1995. Auf der anderen Seite teilen sich Frankreich und Italien nur vier ausgezeichnete Jahre in 15 Jahren: 1982, 1985, 1988 und 1990. Speziell 1990 war – und das ist sehr ungewöhnlich – quer durch ganz Europa und auch im Rest der Welt ein ausgezeichneter Jahrgang.

# Zehn praktische Weinverkostungs-Übungen

15

## In diesem Kapitel

▶ Lernen Sie schmecken

▶ Bestimmen Sie Tannin, Säure, Alkohol und den Körper im Rotwein

▶ Lernen Sie, Rebsorten-Charaktere zu unterscheiden

▶ Der Unterschied zwischen einem guten Wein und einem großen Wein

*W*enn man etwas über Wein lernen will, ist meist die Kehrseite, dass sich Weinbeschreibungen immer erst mal unverständlich anhören. Um den Unterschied zwischen einem Cabernet Sauvignon und einem Pinot Noir – oder greifen Sie irgendeinen anderen Aspekt beim Weinverkosten heraus – wirklich zu verstehen, müssen Sie ihn einfach selbst erlebt bzw. geschmeckt haben. (Und das ist ja vielleicht gar keine unangenehme Aufgabe!)

Die folgenden Übungen bringen etwas Struktur in Ihre Lernbemühungen. Sie können sie in jeder beliebigen Reihenfolge absolvieren, aber wir glauben, Sie haben mehr davon, wenn Sie mit den ersten vier beginnen.

Wir schlagen vor, Sie laden sich ein oder zwei Freunde ein, die mit Ihnen die jeweiligen Übungen machen, denn Sie lernen mehr und schneller, wenn Sie Ihre Verkostungseindrücke mit jemandem diskutieren können. (Und es bleibt sowieso jede Menge Wein über, den man danach zum Essen genießen kann.) Füllen Sie die Gläser höchstens zu einem Drittel, damit Sie den Wein schwenken und die Aromen so besser wahrnehmen können. Trinken Sie ruhig etwas Wasser dazwischen oder nehmen Sie sich ein Stück Weißbrot, aber verzichten Sie auf Käse oder andere Dinge, während Sie die Übungen machen oder sonst wie verkosten. Sie nehmen sich sonst die Möglichkeit, die Unterschiede der verschiedenen Weine zu schmecken. (Wenn Sie die Weine nicht auf nüchternen Magen verkosten wollen, dann essen Sie vor der Verkostung, aber nicht währenddessen.)

In den meisten Fällen empfehlen wir nicht bestimmte Weine oder Marken für Ihre Verkostungs-Experimente. Kaufen Sie, was von den vorgeschlagenen Weinarten in Ihrer Gegend verfügbar ist. (Fragen Sie den Weinhändler Ihres Vertrauens um Rat und lassen Sie sich beraten.) Der Charakter des speziellen Weines, den Sie verkosten, kann dadurch natürlich etwas von unserem Beispiel abweichen, aber das Wesentliche der Übung bleibt davon unberührt.

## *Übung Nr. 1: Viel Tannin - wenig Tannin*

Das Tannin im Rotwein herauszuschmecken ist eine Grundlage beim Verkosten von Rotweinen, da Tannin eine der wichtigen Strukturkomponenten des Rotweins ist – das heißt, es ist eine der Grundsubstanzen, die einen Rotwein ausmachen. (Blättern Sie zu Kapitel 1 und 2 zurück und verschaffen Sie sich schnell einen Überblick über Tannin und die anderen Strukturelemente des Rotweins.) Wenn Weinspezialisten die Rotweine den unterschiedlichen stilistischen Lagern zuweisen, ist das Tannin ein Kriterium, das sie sehr häufig benutzen. Der Tanningehalt eines Weines ist auch ausschlaggebend, wenn Sie Rotwein mit Speisen kombinieren (siehe Kapitel 5).

Um das Thema Tannin am eigenen Leib zu erfahren, kaufen Sie zwei Weine: einer ist ein Beaujolais, der andere ist ein Bordeaux, beides französische Weine. Wenn Sie diese Übung im Herbst machen, zwischen Ende November und Jahresende, schauen Sie nach einer Flasche Beaujolais Nouveau, der junge Beaujolais des neuen Jahrgangs, ansonsten nehmen Sie eine Flasche einfachen, günstigen Beaujolais und nur im Notfall einen Beaujolais-Villages (die schlechteste Wahl unter den dreien, da er bereits wieder etwas mehr Tannin hat und dieser Wein doch das untere Ende des Tanninspektrums repräsentieren soll). Bei der Auswahl Ihres Bordeaux schauen Sie nach einem Wein mit dem Ausdruck *Haut Médoc* auf dem Etikett, da diese Weine meist noch etwas mehr Tannin haben als andere Bordeaux'.

Nach dem Sie beide Weine eingeschenkt haben, achten Sie ruhig auf die Unterschiede in der Farbe und im Aroma, wenn Sie wollen, obwohl diese Eigenschaften für diese Übung ohne Bedeutung sind. Dann probieren Sie die beiden Weine. Beginnen Sie mit dem Beaujolais und verkosten Sie ruhig vor und zurück zwischen den beiden. Sie werden Folgendes feststellen:

✔ Der Beaujolais fühlt sich in ihrem Mund weich und glatt an.

✔ Der Bordeaux wirkt härter in Ihrem Mund und weniger glatt.

✔ Beim Bordeaux verziehen Sie etwas den Mund, und es fühlt sich so an, als ob Ihre Wangen etwas am Zahnfleisch kleben.

✔ Nachdem Sie den Beaujolais hinuntergeschluckt haben, fühlt sich Ihr Mund nicht besonders trocken an.

✔ Wenn Sie den Bordeaux hinuntergeschluckt haben, fühlt sich Ihr Mund ausgetrocknet an.

Sie empfinden vielleicht, dass der Bordeaux etwas »ernsthafter« schmeckt als der Beaujolais, auch wenn Sie diesen bevorzugen. Versuchen Sie herauszuschmecken, wie das Tannin im Bordeaux – das für die gerade festgestellten Eindrücke hauptsächlich verantwortlich ist – den Wein kräftiger, dicker und gehaltvoller wirken lässt, im Gegensatz zu dem Wein mit wenig Tannin. Der Eindruck von Dichte und Substanz ist eine der positiven Eigenschaft vom Tannin im Wein.

Wenn Sie sich entscheiden, die beiden Weine später zum Essen zu trinken, achten Sie darauf, wie unterschiedlich sie auf die Speisen reagieren. Mit etwas Fleisch oder Käse sollte der Bordeaux deutlich angenehmer schmecken als vorher ohne Essen. Das Kapitel 5 enthält noch mehr Rat, wie man Weine mit viel bzw. wenig Tannin zu speziellen Gerichten kombinieren kann.

## *Übung Nr. 2: Leichter Körper - kräftiger Körper*

Wie viele beginnende Weintrinker werden Sie instinktiv den Unterschied zwischen leichten, kräftigen und voluminösen Weinen verstehen. Aber wie leicht ist leicht? Und wie kräftig ist kräftig?

Für diese Übung kaufen Sie eine Flasche Bardolino und eine Flasche Amarone. Der Amarone wird Sie mindestens 25 € kosten, da es ein sehr spezieller, aufwändig hergestellter und ungewöhnlicher Wein ist. Da beide Weine aus derselben Region im Norden Italiens kommen und aus denselben Rebsorten (regionale Rebsorten, im Kapitel 8 können Sie ihre Namen herausfinden) gemacht werden, haben sie viel gemeinsam – aber definitiv nicht den Körper.

Sobald Sie sich jeweils ein Glas davon eingeschenkt haben, können Sie bereits einen großen Unterschied zwischen den beiden sehen. Der Bardolino ist viel heller, was wiederum sehr typisch ist für einen leichten Rotwein. Der Bardolino riecht auch leichter und frischer, während der tief-dunkle Amarone ein sehr intensives Bouquet hat.

Wenn Sie die Weine probieren, achten Sie darauf, wie schwer (dicht, kräftig) sie sich anfühlen, wenn Sie den jeweiligen Wein im Mund haben. Der leichte Bardolino kommt Ihnen vermutlich überhaupt nicht schwer vor, während der voluminöse Amarone Ihren Mund komplett auszufüllen scheint, da er so schwer ist. Gehen Sie zurück zum Bardolino, und Sie werden sofort sehen, wie leicht er im Vergleich ist.

Überlegen Sie, welchen Sie bevorzugen und zu welcher Gelegenheit. Wenn Sie auf unserer Wellenlänge liegen, werden Sie entscheiden, dass der leichte Wein gut in den Sommer zu einem Mittagessen passt oder wenn Sie ein leichtes, einfaches Mahl vor sich haben. Der voluminöse

Wein mundet besser im Winter mit einem großen Stück kräftigen Käse und einer dicken Scheibe Bauernbrot.

Um diese Übung noch etwas auszubauen, können Sie einen dritten Wein einfügen, einen Valpolicella – aus derselben Gegend und aus denselben Rebsorten wie der Bardolino und der Amarone (eigentlich ist der Amarone so etwas wie ein Super-Valpolicella). Vom Körper gehört er genau in die Mitte, er ist etwas kräftiger als der Bardolino, aber viel leichter als der Amarone.

# Übung Nr. 3: Niedriger Alkoholgehalt – hoher Alkoholgehalt

Einen Teil (aber nicht alles) des Kontrastes im Körper, den Sie bei der Übung 2 festgestellt haben, können Sie auf den großen Unterschied im Alkoholgehalt zurückführen. (Bardolino hat etwa 12 % vol, während Amarone 14 % vol und mehr haben kann.) Je höher der Alkoholgehalt eines Weines, desto kräftiger, gehaltvoller schmeckt er meist auch.

Aber der hohe Alkoholgehalt sorgt im Rotwein auch noch für andere Effekte. Um die Rolle des Alkohol beim Geschmack eines Rotweines zu erforschen, kaufen Sie zwei Cabernet Sauvignon: einen von Chile und einen aus Kalifornien. Für das kalifornische Beispiel suchen Sie einen Wein für etwa 15 € aus, damit er einen schönen Kontrast zu dem günstigen chilenischen Cabernet (4 € bis 8 €) bildet. Abhängig von der Marke dürfte der chilenische Wein etwa 12 oder 12,5 % vol Alkohol haben, während der kalifornische Cabernet etwa 13,5 % vol hat. (Der Alkoholgehalt eines jeden Weines wird auf dem Etikett angegeben, wobei entsprechend auf- bzw. abgerundet werden darf. Wirklich exakt ist die Angabe damit in den seltensten Fällen.)

Wenn Sie in die zwei Weine hineinriechen, werden Sie feststellen, dass der Kalifornier mit dem etwas mehr an Alkohol auch etwas mehr an Aroma hat, da der Alkohol des Weines als Aromaträger fungiert und die Aromen zu Ihrer Nase trägt. Der leichtere chilenische Cabernet sollte im Vergleich ein zurückhaltendes Aroma haben.

Achten Sie nun besonders auf das Tannin in jedem Wein (für eine Auffrischung zum Thema Tannin gehen Sie zu Übung Nr. 1). Beim chilenischen Cabernet schmeckt man wahrscheinlich das Tannin etwas mehr heraus, d.h. er fühlt sich in Ihrem Mund etwas härter und weniger weich an. Ein Grund für diesen Eindruck ist, dass der chilenische Wein weniger (weichmachenden) Alkohol hat, um die (harten) Tannine auszubalancieren. Der Kalifornier mit dem höheren Alkoholgehalt fühlt sich weicher an, da der Alkohol das Tannin puffert.

Überlegen Sie, welchen Wein Sie bevorzugen und unter welchen Umständen Sie ihn trinken möchten. Obwohl die alkoholreicheren Weine sich beim ersten Schluck viel weicher und angenehmer präsentieren, machen sie auch viel schneller müde. Weine mit niedrigem Alkoholgehalt sind leichter über ein gesamtes Menü zu trinken. Auch bei heißem Wetter sind Weine mit wenig Alkohol leichter zu trinken.

# *Übung Nr. 4: Säure - Tannin*

Sie können für den Rest Ihres Lebens glücklich und zufrieden Rotwein genießen, ohne den feinen Unterschied zwischen Säure und Tannin zu verstehen. Aber wenn Sie in der Lage sein wollen, diesen Unterschied zu erkennen, probieren Sie die folgende Übung:

 Zwischen Säure und Tannin im Rotwein zu unterscheiden ist eine Herausforderung für Weinkenner (auch für uns!), da beide Komponenten im Rotwein etwa dasselbe verursachen: Sie sorgen dafür, dass sich der Wein in Ihrem Mund fester und weniger weich anfühlt. Tannin und Säure arbeiten so gesehen im Rotwein Hand in Hand und verstärken jeweils den Einfluss des anderen. Aber das Tannin im Wein verändert sich mit dem Alter (es wird weicher) und wird sogar ausgefällt. Es bildet einen Bodensatz in der Flasche. Die Säure dagegen bleibt erhalten. Das Alter kann raue, junge Rotweine weich machen, wenn das Tannin für ihre Härte und Rauheit verantwortlich ist – aber das Alter kann auch die Säure besonders hervorheben. Um zu entscheiden, ob Sie einen Rotwein einlagern sollen oder nicht, kann die Fähigkeit, zwischen der Säure und dem Tannin in einem Wein unterscheiden zu können, sehr hilfreich sein, um die richtige Entscheidung zu treffen.

Für diese Übung empfehlen wir Ihnen zwei völlig verschiedene Weine. Der eine ist ein Barbera d'Alba aus dem Piemont in Italien. Wählen Sie einen Barbera, der weniger als 12 € kostet, sonst hat er eventuell entsprechende Aromen vom Eichenfass, die uns hier nur verwirren. Als zweiten Wein nehmen Sie einen Cornas aus dem nördlichen Rhône-Tal in Frankreich.

Erwarten Sie nicht, bereits in der Optik oder in den Aromen beim Hineinriechen irgendeinen Unterschied von Säure und Tannin feststellen zu können, außer vielleicht einer gewissen Frische der Aromen im Barbera, der etwas mehr Säure hat. Erst in Ihrem Mund zeigen sich die auf Tannin und Säure zurückzuführenden Unterschiede.

Wenn Sie beide Weine probiert haben, werden Sie feststellen, dass keiner wirklich weich ist. Beide Weine haben ein schönes, festes Rückgrat, obwohl diese Festigkeit sehr unterschiedliche Gründe hat. Dem Barbera verleiht die Säure seine Kraft, während beim Cornas das Tannin dafür verantwortlich ist. Probieren Sie nochmals den Barbera und konzentrieren Sie sich auf die Ränder Ihrer Zunge, wo sich die Säure am stärksten bemerkbar macht. Dann probieren Sie den Cornas und konzentrieren Sie sich auf Ihren Zungengrund, wo das raue Tannin am ärgsten zuschlägt.

Hier sind einige der Beobachtungen, die Sie wahrscheinlich beim Verkosten der beiden Weine machen:

✔ Der säurebetonte Barbera ist von saftiger Qualität und hat einen ausgeprägten frischen Fruchtgeschmack

✔ Obwohl der Barbera fest ist, ist er doch weich.

✔ Der tanninhaltige Cornas fühlt sich rau an, und Sie kommen in Versuchung, ihn »zäh« zu nennen.

✔ Der Barbera scheint mehr Tiefe zu haben als der Cornas – der sich in Schichten auf Ihre Zunge legt.

✔ Der Cornas wirkt in Ihrem Mund breiter – der Geschmack füllt die gesamte Breite Ihrer Zunge.

✔ Wenn Sie den Barbera hinuntergeschluckt haben, sorgt seine Säure für eine erhöhte Speichelbildung.

✔ Wenn Sie den Cornas probiert haben, fühlt sich Ihr Mund danach rau und komplett ausgetrocknet an.

 Probieren Sie den Cornas mit etwas Gruyère oder einem anderen kräftigen Schweizer Käse, und Sie werden feststellen, dass sich das Tannin dadurch weniger hart anfühlt. Der Barbera schmeckt gut zum Käse, aber der Käse verändert den Wein lange nicht so stark wie vorher den tanninlastigen Cornas.

# Übung Nr. 5: Spätburgunder-Cabernet Sauvignon

Cabernet Sauvignon und Spätburgunder (Pinot Noir) sind zwei der wichtigsten Rotwein-Rebsorten der Welt, aber sie sind auch grundverschieden – und ihre Weine ebenso.

Kaufen Sie eine Flasche Spätburgunder aus Baden oder von der Ahr und eine Flasche Cabernet Sauvignon aus Chile, Kalifornien oder einen guten Italiener. Aber sparen Sie nicht beim Cabernet Sauvignon, sonst bekommen Sie kein geeignetes Beispiel. Sie sollten schon etwa 12 € für die Flasche ausgeben.

Schon auf den ersten Blick können Sie feststellen, dass die beiden Weine grundverschieden sind. Der Cabernet ist sehr dunkel, während der Spätburgunder sehr viel heller in der Farbe ist. Der Unterschied kommt von den dünneren Schalen des Spätburgunders, die weniger Farbe abgeben als die dicken Schalen der Cabernet-Trauben.

Die Aromen im Spätburgunder erinnern an Beeren – Erdbeeren, Kirschen oder Brombeeren –, und vielleicht entdecken Sie noch eine holzige Note, etwa Unterholz. Die Aromen des Cabernet werden eher schwarze Johannisbeeren suggerieren, und er hat meist auch noch Kräuter und Gewürze im Bouquet und vegetative Noten.

Wenn Sie beiden Weine verkosten, werden Sie vermutlich die folgenden Unterschiede feststellen:

✔ Der Geschmack der Weine unterscheidet sich, so wie auch die Aromen in der Nase.

✔ Der Spätburgunder hat weniger Tannin als der Cabernet und fühlt sich weicher an.

✔ Der Spätburgunder wirkt etwas fruchtiger als der Cabernet.

✔ Der Cabernet ist dicker in der Textur, kräftiger im Köper und »zähflüssiger« als der Spätburgunder.

✔ Obwohl der Spätburgunder eine Menge Geschmack hat, schmeckt der Cabernet intensiver.

## Übung Nr. 6: Rebsorten-Charakter

Diese Übung baut auf der vorgehenden auf, bei der Cabernet Sauvignon und Spätburgunder verglichen wurden.

Öffnen Sie eine Flasche Merlot und eine Flasche Syrah und schenken Sie in etwa die gleiche Menge Wein ein, wie Sie vom Cabernet Sauvignon und Spätburgunder im Glas haben. Probieren Sie den Merlot und Syrah neben dem Cabernet Sauvignon und dem Spätburgunder und vergleichen Sie die Farbe, das Aroma und den Geschmack der vier Weine.

Sie werden die folgenden Dinge feststellen:

✔ Der Spätburgunder ist der hellste von den vier Weinen. Die anderen haben alle eine sehr satte Farbe.

✔ Der Merlot ähnelt dem Cabernet im Aroma und im Geschmack, aber der Merlot riecht eher pflaumig, und vielleicht haben Sie sogar etwas Schokolade in der Nase. Beide, sowohl Merlot und auch der Cabernet, wirken rauchig, würzig (besonders Zimt oder Nelke) und haben etwas von den Röstaromen der Barriques, in denen sie reifen durften.

✔ Der Syrah hat frische, ausladende Beerenaromen, aber die Früchte duften erheblich kräftiger und reifer als die Beeren beim Spätburgunder.

✔ Beide, der Syrah und der Merlot, sind weicher und haben weniger Tannin als der Cabernet Sauvignon (zum Tannin gehen Sie noch einmal zu Übung Nr. 1).

✔ Beide, der Syrah und der Merlot, scheinen etwas höher im Alkohol zu sein als der Cabernet (beachten Sie die Übung Nr. 3 über Alkohol).

✔ Der Spätburgunder ist der erfrischenste und leichteste der vier Weine.

Wenn Sie die vier Weine zusammen mit Freunden verkosten und diskutieren, entdecken Sie vermutlich noch etliche Unterschiede mehr zwischen den Weinen, was auch etwas davon abhängig ist, welche speziellen Weine Sie ausgesucht haben. Diskutieren Sie auch, welchen Wein Sie zu welchem Essen bevorzugen würden.

# Übung Nr. 7: Einfacher Wein - hochwertiger Wein

Die meisten Weine haben ja inzwischen eine recht anständige Qualität, und doch sind bestimmte Weine einfach besser als andere. Warum würden sonst so große Preisunterschiede existieren, und das auch beim selben Weintyp? Was haben hochwertige Weine, was die anderen nicht haben?

 Die Kriterien, die man mit Qualität beim Wein in Verbindung bringt, sind schwer fassbare Eigenschaften wie *Komplexität, Ausgewogenheit, Tiefe, Konzentration* und *Eigenständigkeit*. (In Kapitel 2 von *Wein für Dummies* können Sie mehr über diese Kriterien nachlesen.) Was diese Eigenschaften so schwer fassbar macht, ist die Tatsache, dass sie nicht messbar sind. Die einzige Möglichkeit zu überprüfen, ob ein Wein diese Eigenschaften eines hochwertigen Weines hat, ist das Verkosten – und da jeder etwas anderes schmeckt, hat jeder eine andere Meinung zur Qualität des entsprechenden Weines.

Auch wenn die folgende Übung nicht ausreicht, Sie zu einem professionellen Weinverkoster zu machen, vermittelt sie Ihnen doch einige praktische Erfahrungen, um Weine mit durchschnittlicher Qualität von hochwertigen Weinen zu unterscheiden. Sie erleben auch einmal selbst die entscheidenden Qualitätskriterien des Weines.

Kaufen Sie einen günstigen roten Bordeaux, der nur Bordeaux als *appellation of origin* (offizielle Herkunft) auf dem Etikett hat (so ein Wein kostet etwa 4 € – 6 €). Und dann kaufen Sie eine Flasche richtig guten Bordeaux, möglichst aus dem gleichen Jahrgang, dessen *appellation of origin* auf dem Etikett sollte ein spezieller Distrikt in

Bordeaux wie etwa St. Julien oder Pauillac sein. Abhängig davon, wie stark Sie Ihren Geldbeutel strapazieren wollen, können Sie dafür 15 € bis 40 € ausgeben. Fragen Sie Ihren Weinhändler und lesen Sie das Kapitel 6 über Bordeaux, um eine gute Wahl für den zweiten Wein zu treffen.

Lassen Sie die Korken knallen und vergleichen Sie die beiden Weine. Der günstigere Wein ist wahrscheinlich durchsichtiger und weniger kräftig in der Farbe. Sein Aroma ist frisch und nicht sehr ausgeprägt und eher eindimensional: Aromen von schwarzen Johannisbeeren und Pflaumen, vielleicht noch einfache vegetative Noten und ein leichter Holzton. Dieser Wein ist ganz angenehm zu trinken: Vermutlich hat er einen leichten bis mittleren Körper, ist relativ weich, weist wenig Tannin auf und ist unkompliziert.

Wahrscheinlich stellen Sie überrascht fest, dass sich der teure Wein (im Moment) erheblich weniger zugänglich präsentiert als der günstige Wein. Zuerst haben Sie nur getoastetes, würziges Holz in der Nase und müssen den Wein eine ganze Zeit schwenken um ihm weitere Aromen zu entlocken (beispielsweise schwarze Johannisbeere, Tabak und erdige Noten), da er sehr verschlossen ist. In Ihrem Mund ist der Wein zu hart, zu streng und zu tanninlastig, um wirklich Spaß zu machen.

 Aber Weinqualität hängt nicht notwendigerweise mit dem sofortigen Genuss zusammen. Einige Weine – wie die meisten guten roten Bordeaux – brauchen einige Jahre, um harmonisch und damit zum Vergnügen zu werden. In dieser Übung beurteilen Sie den Wein nicht nach dem Vergnügungsquotienten, sondern achten auf die folgenden Qualitätsmerkmale in dem teuren Wein:

✔ Obwohl der Wein sehr viel Tannin hat, können Sie doch, wenn Sie sich konzentrieren, herausschmecken, dass der Wein auch sehr viel Frucht hat – so viel, um sich gegen das Tannin durchzusetzen.

✔ Es passiert eine Menge in Ihrem Mund, wenn Sie den Wein probieren. Je länger Sie ihn auf der Zunge behalten, desto mehr schmecken Sie: Er ist *komplex*.

✔ Der Wein scheint besser und besser zu werden, je länger er im Glas ist.

✔ Ganz anders der günstige Wein: »er ist, wie er ist«. Der gute Wein besteht aus vielen verschiedenen Schichten an Geschmack und Nuancen. Er hat *Tiefe* und ist *vielschichtig* (nuanciert).

✔ Der Wein ist gesättigter mit Aromen (*konzentriert*) als der günstige Wein.

✔ Die Aromen, der Geschmack des guten Weins reicht weit über Ihre Zunge nach hinten und bleibt Ihnen lange am Gaumen erhalten, auch wenn Sie ihn hinuntergeschluckt haben (der Wein hat *Länge*, man spricht auch von einem *langen Abgang*).

✔ Der gute Wein ist viel interessanter.

Und wenn Sie einmal einen perfekt reifen Bordeaux verkosten, entdecken Sie eine unglaubliche Komplexität und eine Harmonie in diesem Wein, die weit über die einfache, angenehme Balance des günstigen Weines hinausgeht.

# Übung Nr. 8: Bordeaux - kalifornischer Cabernet

Diese Übung stellt eine faszinierende Studie über das regionale *terroir* (die Wachstumsbedingungen, die den Wein zu dem machen, was er ist) als auch über das psychologische *terroir* dar – die Tradition und die Einstellungen der Menschen in der jeweiligen Region, die den Stil des Weines mit prägen.

Kaufen Sie einen guten Bordeaux vom linken Ufer (siehe Kapitel 6 oder fragen Sie Ihren Weinhändler um Rat), der etwa 20 € kostet, und dazu eine Flasche Cabernet aus Kalifornien in der gleichen Preislage.

Beide Weine basieren auf der Rebsorte Cabernet Sauvignon. Der kalifornische Wein enthält wahrscheinlich etwas Merlot (bis zu 25 Prozent sind erlaubt), auch wenn das Etikett nichts davon erwähnt. Der Cabernet Sauvignon im Bordeaux ist höchstwahrscheinlich mit Cabernet Franc und auch Merlot verschnitten und vielleicht noch einer weiteren unwichtigen Rebsorte. Und doch sind die beiden Weine im Grunde aus der gleichen Rebsorte und sollten somit ähnlich sein – aber sind sie es auch?

Wenn Sie die beiden Weine vergleichen, werden Sie wahrscheinlich mehr Unterschiede als Gemeinsamkeiten feststellen. Ihre Gemeinsamkeiten umfassen:

✔ Tiefe, kräftige Farbe – auch wenn der Kalifornier wohl noch etwas dunkler ist.

✔ Aromen von Cassis und getoasteter, würziger Eiche.

✔ Festes Tannin

Ihre Unterschiede lassen sich wie folgt beschreiben:

✔ Das Bouquet des kalifornischen Wein ist viel offener und ausgeprägter und wohl auch fruchtbetonter.

✔ Der kalifornische Cabernet fühlt sich dicht und relativ weich an und wirkt sogar etwas süß im Vergleich mit dem Bordeaux.

✔ Der kalifornische Wein hinterlässt einen ausladend fruchtigen Eindruck in Ihrem Mund.

✔ Der Bordeaux ist herb und zurückhaltend. Sie müssen sich mehr konzentrieren, um ihn genießen zu können.

✔ Das Bouquet und der Geschmack des Bordeaux sind weniger fruchtbetont, sondern erdiger als der kalifornische Cab.

✔ Der Bordeaux fühlt sich erheblich trockener und vielleicht auch härter an.

Der kalifornische Cabernet (wenn er so schmeckt, wie wir meinen) bringt mehr die Frucht-über-alles-Mentalität eines Weinmachers, der mit sehr reifen Trauben arbeitet, zum Ausdruck. Der Bordeaux wird geprägt von weniger reifen Trauben und einer Philosophie des Weinmachens, die mehr auf den traditionellen Stil der Region achtet als auf die Notwendigkeit von überbordender Frucht.

## Übung Nr. 9: Shiraz - Syrah

Shiraz und Syrah sind verschiedene Namen für die gleiche Rebsorte, was kann man da also vergleichen? Nahezu alles!

Shiraz wird die Syrah-Rebe und die Weine daraus aus Australien und Südafrika genannt. In der restlichen Welt spricht man von Syrah, einschließlich dem Rhône-Tal in Frankreich, wo die Rebsorte ihren Claim abgesteckt hat, um Weine wie Hermitage und Côte Rôtie berühmt zu machen (siehe Kapitel 4 und 11 für mehr Information zu diesen beiden Weinen).

Auf Grund von unterschiedlichem Klima, anderem Boden und einer völlig anders gearteten Philosophie des Weinmachens sind die Weine aus Syrah-Trauben in Australien sehr verschieden von den Syrah-basierten Weinen aus dem Rhône-Tal. Erleben Sie, riechen und schmecken Sie es mit dieser Übung selbst.

Kaufen Sie eine günstige Flasche australischen Shiraz und eine Flasche Crozes-Hermitage, Cornas oder einen anderen Rotwein aus dem nördlichen Rhône-Tal. Hier folgt, was Sie wahrscheinlich entdecken, wenn Sie Farbe, Bouquet und Geschmack vergleichen:

✔ Der Shiraz sollte heller in der Farbe sein.

✔ Der Shiraz hat ein unglaublich frisches, fruchtiges Bouquet von reifen Brombeeren, verglichen mit den erdigen, rustikalen, vegetalen und würzigen Aromen des Weins von der Rhône.

✔ Der Rhône-Wein ist kräftiger im Körper und hat deutlich mehr Tannin als der Shiraz.

✔ Der Geschmack des Rhône-Weins ist erdiger und weniger Frucht betont als der des Shiraz.

✔ Der Shiraz ist weich und unkompliziert.

✔ Der Rhône-Wein ist dichter und ernsthafter und weniger einfach zu genießen.

Die australischen Weinmacher sind Weltmeister darin, attraktive, fruchtige Rotweine mit wenig Tannin aus Rebsorten zu machen, die woanders harte, dichte Weine ergeben, die eine längere Reifezeit benötigen. Dieser Shiraz/Syrah-Vergleich ist ein schönes Beispiel für den australischen Erfolg.

## Übung Nr. 10: Kühles Klima - warmes Klima

Das Kapitel 2 beschäftigt sich mit dem Einfluss des Klimas auf den Weincharakter: je kühler das Klima, desto weniger reif werden die Trauben und umso leichter ist der Wein. Und umgekehrt, je wärmer das Klima, desto reifer die Trauben und umso kräftiger und voller der Wein. (Natürlich hängt dies auch noch von einigen anderen Einflüssen ab, aber als Verallgemeinerung kann man es so gelten lassen.)

Um diesen Effekt des Klimas selbst zu erleben, kaufen Sie eine Flasche Merlot aus Norditalien (aus den Regionen Venetien, Friaul oder Trentino-Südtirol – mehr dazu in Kapitel 8) und eine Flasche Merlot aus Kalifornien (12 € bis 18 €) oder Chile (8 € bis 12 €).

Der italienische Wein ist wahrscheinlich heller und hat etwas vegetale Aromen, die den Eindruck von weniger ausgereiften Merlot-Trauben hinterlassen. Er hat einen leichten bis mittleren Körper, nicht so viel Alkohol und ist ziemlich trocken, mit einer knackigen Säure und nicht viel Tannin.

Im Gegensatz dazu ist der Merlot aus Übersee sehr kräftig in der Farbe und hat ein volles, fruchtiges Bouquet, das an Pflaumen erinnert. (Wahrscheinlich haben Sie auch etwas Vanille in der Nase, was mehr auf die Kellerarbeit, als auf das Klima zurückzuführen ist.) Für einen Wein aus einem warmen Klima typisch hat der Merlot aus Übersee einen kräftigen Körper und ist weich mit einem ziemlich hohen Alkoholgehalt und reifen Fruchtaromen und kräftigen, weichen Tanninen. Die reife Fruchtigkeit des Weins, kombiniert mit dem hohen Alkohol, vermittelt oft gar den Eindruck von Süße.

Überlegen Sie, welchen der beiden Weine Sie lieber für sich und welchen Sie lieber zum Essen genießen würden. Dann zünden Sie den Grill an und überprüfen Sie Ihre Theorie einfach selbst!

# Teil IV

# Anhänge

## In diesem Teil ...

In diesem Teil des Buches können Sie schnell die Erklärung für einen technischen Weinbegriff nachschlagen oder sehen, ob Sie die Wette, wie man *Vosne Romanée* ausspricht, gewonnen haben. – Und wenn Sie die Wette gewonnen haben, hilft Ihnen die Jahrgangstabelle, einen passenden Wein rauszusuchen, um das Ereignis zu feiern!

# Ausspracheregeln für verwendete Rotwein-Ausdrücke

**D**ie Weinsprache ist ein Sprachwirrwarr, da viele Ausdrücke, Namen von Regionen, Städten und Rebsorten der jeweiligen Sprache entnommen sind. So finden sich hier französische, italienische, spanische und sogar portugiesische Ausdrücke.

Betonte Silben, wenn vorhanden, sind in Großbuchstaben gedruckt.

| | |
|---|---|
| Aglianico | ah lie AHN ie ko |
| Aglianico de Vulture | ah lie AHN ie ko del VUL tuur ä |
| Araujo | ah RAU ho |
| Barbaresco | bar bah RES co |
| Barbera | bar BÄR ah |
| Bardolino | bar do LIE noh |
| Barolo | bah RO lo |
| Beaujolais | boh schu lä |
| Beaulieu | boh li eu |
| Bourgogne | bor goh nieh |
| Bourgueil | bor geuh |
| Brouilly | bruh iee |
| Brunello di Montalcino | bru NEL lo die mon tahl TSCHI no |
| Canaiolo | kan ei OH loh |
| Carmenet | kar meh nai |
| Carmignano | kar mie NJAH no |
| Château Beychevelle | schat tow besch wel |
| Château Haut Brion | schat tow oh brie on |
| Château Lafite Rothschild | schat tow lah fiet roth schild |
| Château Lafleur | schat tow lah fleur |
| Château Latour | schat tow lah tuhr |
| Château Margaux | schat tow mahr go |
| Château Mouton Rothschild | schat tow muh ton roth schild |

| | |
|---|---|
| Château Petrus | schat tow peh trüs |
| Château Trotanoy | schat tow trot ahn wah |
| Châteauneuf-du-Pape | schah tow nöf dü pahp |
| Chénas | schee nahs |
| Chianti | kie AHN tie |
| Chianti Rufina | kie AHN tie RUU fie nah |
| Chinon | schie nohn |
| Chiroubles | schie ruub leh |
| Clos du Val | klo dü vaal |
| Colheita | kol HEIT ah |
| Côte de Beaune | kot dö bohn |
| Côte Chalonnaise | kot schal oo nees |
| Côte d'Or | kot door |
| Côte de Nuits | kot de nuhi |
| Côte de Nuits-Villages | kot de nuhi vie lasch |
| Côte Rôtie | kot roh tie |
| Côtes du Ventoux | kot dü wahn tu |
| Dolcetto | dohl TSCHET oh |
| Domaine Leroy | doh män lö roah |
| Eisele | EI seh lee |
| Estancia | eh STAHN sie ah |
| Etude | eh tüd |
| Fleurie | flöh rie |
| Garrafeira | gar ah FEIR ah |
| Gattinara | gah tie NAH rah |
| Gigondas | schie gohn dahs |
| Givry | schie frie |
| Grands crus classés | grahn krüh klas eh |
| Graves | grah fs |
| Haut-Médoc | ooht meh dok |
| Hermitage | er mie tach |
| Julian Chivite | TSCHU lie ahn tsche VIE te |
| Juliénas | schu lie nahs |
| Languedoc-Roussillion | lahn geh dok roh sie jon |
| Listrac | lie strack |

| | |
|---|---|
| Loire | low ahr |
| Margaux | mahr go |
| Médoc | meh dok |
| Mercurey | meh kur ai |
| Montepulciano d'Abruzzo | mon te pul tschie AH noh dah BRUT so |
| Morgon | mor gohn |
| Moulin-á-Vent | muh lahn ah vahn |
| Moulis | muh lies |
| Nebbiolo | neb bie OH lo |
| Niebaum-Coppola | NIE baum KOP poh lah |
| Nuits-St-Georges | nuih san schorsch |
| Pauillac | pau ih ak |
| Penedès | pen eh DESS |
| Pessac-Léognan | peh sak leh oh nion |
| Pinotage | pih noh TASCH |
| Premier Cru | prem je krü |
| Quinta | KWIN ta |
| Regaleali | Re gah lie AH lie |
| Régnié | reh nie |
| Ribera del Duero | rie BÄR ah del duh ÄHR oh |
| Rioja | rie OCH hah |
| Rully | rü lie |
| Saint-Amour | sant ah muhr |
| Saint-Nicolas-de-Bourgueil | san nih koh las dö bor geu |
| Sangiovese | san tscho WEH se |
| Seghesio | seh GEH sie oh |
| Spanna | SPAH nah |
| St-Estèphe | sant eh steff |
| St-Julien | sant schuh jen |
| St.-Emilion | sant eh miel jon |
| Tempranillo | tem prah NIE loh |
| Tinto | TIEN to |
| Torgiano | tor tschi AH no |
| Vacqueyras | wah keh rahs |
| Valpolicella | val po lie TSCHEL lah |

| | |
|---|---|
| Vega Sicilia | we gah sie SIEL jah |
| Vieilles Vignes | wie eih wie nieh |
| Vinho | WIEN oh |
| Vino Nobile di Montepulciano | WIEN oh NO bie le die mon te pul tsch AH no |
| Vosne-Romanée | wohn roh mah nee |

# Glossar der Weinsprache

**Abgang** (Länge): Der abschließende Eindruck, den ein Wein hinterlässt, nachdem Sie ihn hinuntergeschluckt oder ausgespuckt haben.

**Alkoholgehalt:** Der Prozentsatz an Alkohol bezogen auf das Volumen des Weines. Die Rotweine bewegen sich meist in einem Bereich von 11 und 14 Prozent.

**Alkoholverstärkte Weine:** Ein Wein, dem zusätzlich Alkohol zugesetzt wurde.

**Alte Reben:** Ein nicht definierter Begriff für Weinstöcke, die besonders aromatische Trauben haben, da sie bereits alt sind (meist 40 Jahre und älter), aber dafür nur noch geringe Erntemengen bringen.

**Alte Welt:** Ein zusammenfassender Ausdruck für die traditionellen Weinbauländer Europas.

**Amerikanische Eiche:** Eichholz aus US-amerikanischen Wäldern und die Fässer, die daraus gemacht werden. Sie haben ein sehr prägendes, leicht süßliches, parfümiert riechendes Aroma und einen deutlichen Vanille-Ton. Viele Weinmacher aus Spanien und Australien bevorzugen Barriques aus amerikanischer Eiche für ihren Wein.

**AOC:** Abkürzung für *Appellation d'Origine Contrôllée*, manchmal auch als *Appellation Contrôllée* bzw. AC verwendet. Ist mit »kontrollierter Herkunft« zu übersetzen. Es ist Frankreichs höchste Qualitätseinstufung. Dabei sind der Name, die Herkunft, die verwendeten Rebsorten und viele andere Einflussfaktoren im Weinberg und bei der Kellerarbeit durch ein Gesetz festgelegt.

**Appellation:** Oft zur Benennung der geografischen Herkunft eines Weines verwendet, die meist auch Bestandteil des Weinnamens ist.

**Aroma:** Entweder als allgemeiner Ausdruck für den Geruch, den Duft eines Weines oder nur für eine einzelne Geruchsnote im Wein.

**Aromatische Komponenten:** Organische Substanzen in der Traube, die für viele Aromen und für den Geschmack des Weines verantwortlich sind.

**Adstringierend:** Eine Beschreibung für das austrocknende, rau machende Gefühl im Mund, wenn sich auf Grund von Tannin, Säure oder einer Kombination aus beidem im Mund alles zusammenzieht.

**Atmen lassen:** Dabei setzt man den Wein bewusst dem Kontakt mit dem Sauerstoff in der Luft aus, um ihn so für den Genuss vorzubereiten. Älteren Weinen nimmt man damit unangenehme, flüchtige Aromen, bei jungen Weinen werden dadurch die harten Tannine weicher.

**Balance:** Das Zusammenspiel von Alkohol, verbliebenem Zucker, Säure und Tannin im Wein. Wenn keiner der Komponenten im Vordergrund steht, sondern alle perfekt zusammenspielen, spricht man davon, dass der Wein ausbalanciert ist. Meist ein teures Vergnügen.

**Barrique:** Ein relativ kleines Holzfass mit etwa 215 Liter Fassungsvermögen, um Wein reifen zu lassen. Es ist immer aus Eichenholz gefertigt.

**Blaue Trauben:** Weintrauben mit roten oder blauen Pigmenten in der Schale, die für die Kelterung von Rotwein verwendet werden.

**Bodega:** Weingut auf Spanisch

**Bodensatz:** Die festen Bestandteile in einer Flasche Rotwein, die während des Reifeprozesses ausfällen können.

**Bouquet:** Der Duft eines Weines, meist für die betörenden Düfte eines reifen Weines verwendet.

**Castello:** Italienisch für »Schloss«, wird oft als Synonym für Weingut verwendet.

**Château:** Französisch für »Schloss«, wird in Bordeaux für jede Hundehütte verwendet, in der Wein gekeltert wird. In anderen Regionen Frankreichs muss das Weingut wirklich über ein repräsentatives (schlossähnliches) Gebäude verfügen, um diese Bezeichnung verwenden zu dürfen.

**Classico:** Ein italienischer Ausdruck, der im Zusammenhang mit etlichen Herkunftsbezeichnungen verwendet wird, um damit die klassische Zone für diesen Wein extra herauszuheben. Beispiel: Chianti als große Region, Chianti Classico als viel enger umgrenztes traditionelles Herkunftsgebiet. Siehe auch DOC.

**Colheita:** Die Bezeichnung für den Jahrgang auf Portugiesisch.

**Commune:** Dorf auf Französisch

**Cosecha:** Jahrgang auf Spanisch

**Cuvée:** Der französische Ausdruck für Verschnitt. Hört sich aber viel besser an und wird somit sehr oft bei hochwertigen Weinen verwendet.

**Dekantieren:** Das Umfüllen des Weines aus der Flasche in eine Karaffe, entweder um den Wein atmen zu lassen oder um ihn von seinen Sedimenten zu trennen.

**DO:** Die Abkürzung für *Denominación de Origen*, was man mit »Herkunft« übersetzen kann. Das spanische Gegenstück zu DOC in Italien oder AOC in Frankreich. Es ist die höchste Qualitätsbezeichnung für spanische Weine. In dem jeweiligen Gesetz sind neben dem Namen, der Region und den erlaubten Rebsorten auch viele weitere Faktoren der Weinbereitung geregelt.

**DOC:** Die Abkürzung für *Denominazione di Origine Controllata*, was wieder mit »kontrollierter Herkunft« zu übersetzen ist. Eine offizielle Qualitätswein-Kategorie in Italien. In einem jeweiligen Gesetz werden die Verwendung des Namens, die Abgrenzung der Region, die verwendeten Rebsorten und vieles mehr festgeschrieben. Es ist auch die Abkürzung für die höchste Qualitätsstufe im portugiesischen Weinrecht, *Denominacao de Origen Controlada*, das genauso zu übersetzen ist und auch die gleiche Bedeutung hat.

**DOCG:** Abkürzung für *Denominazione di Origine Controllata e Garantita*. Hier wird die Herkunft italienischer Weine nicht nur kontrolliert, sondern auch noch garantiert. Es ist die höchste Qualitätsstufe im italienischen Weinrecht.

**Domaine:** Ein französischer Ausdruck für Weingut, wird sehr häufig im Burgund verwendet.

**Eiche:** Eine Holzsorte, die sich bestens für Weinbehälter eignet und als solche bereits sehr lange verwendet wird.

**Eichengeschmack:** Bestimmte Aromen im Wein, die auf den Ausbau im Eichenfass zurückzuführen sind.

**Ertrag:** Die Menge an Trauben bzw. Wein, die auf einem bestimmten Stück Land geerntet werden. In Europa wird dies meist als Hektoliter pro Hektar angegeben. In den USA spricht man von Tonnen pro acre (acre = ca. 0,41 ha). Verallgemeinernd lässt sich sagen, dass die Qualität der Trauben und damit des Weines umso höher ist, je niedriger der Ertrag ist.

**Eleganz:** Ein Begriff im übertragenen Sinn für Weine, die nicht mit ihrer Kraft, sondern mit ihrer Verspieltheit, mit ihrer Finesse und Vielschichtigkeit überzeugen.

**Einzellagen-Weine:** Ein Wein, der nur aus den Trauben einer speziellen Lage (meist einer besonders guten) gemacht wird und nicht mit Trauben oder Wein aus anderen Lagen verschnitten wird. Normalerweise trägt der Wein dann auch den Namen der Lage auf dem Etikett.

**Fass:** Hölzerne Aufbewahrungsbehälter für Wein in unterschiedlichsten Größen.

**Fest:** Eine Beschreibung für einen Rotwein, der nicht weich, aber auch nicht hart und rau ist. Hängt sehr eng mit dem Tanningehalt des Weines zusammen.

**Flaschenreife:** Der Reifeprozess in der Flasche, nachdem er abgefüllt wurde. Die meisten Rotweine genießen bereits vor dem Verkauf eine gewisse Zeit auf der Flasche. Gute Rotweine benötigen oft noch eine ergänzende Reifezeit im Keller des Konsumenten.

**Französische Eiche:** Eichenholz aus bestimmten Wäldern in Frankreich und die Barriques, die daraus gefertigt werden. Es gilt als bestes Holz, um Rotwein zu lagern.

**Frische:** Das erfrischende Gefühl im Mund, meist das Ergebnis einer kräftigen Säure.

**Fülle:** Ein Ausdruck für das Gefühl, wenn einem der Wein den Mund ausfüllt. Meist ein Zeichen für hochwertige Weine.

**Gärung:** Der natürliche Prozess, bei dem der Zucker im Traubenmost durch Zuhilfenahme von Hefen in Alkohol umgewandelt wird und sich damit der Most in Wein verwandelt.

**Garrafeira:** Der portugiesische Ausdruck für Riserva, mit einem vorgeschriebenen Reifeprozess. Rotweine, die diese Bezeichnung führen, müssen mindestens drei Jahre Lagerung im Eichenfass bzw. einen Teil auch in der Flasche nachweisen können, bevor sie verkauft werden dürfen. Siehe auch *reserva*.

**Gaumen:** Ein Ausdruck, der von Weinverkostern als Synonym für Mund verwendet wird oder um die Eindrücke zu umschreiben, die sich im Mund des Verkosters abspielen.

**Gehaltvoll:** Eine Beschreibung für Weine, die ein ganzes Bündel von Geschmäckern bzw. ein kräftige Textur haben.

**Geschmack:** Ein verallgemeinernder Ausdruck für die Gesamtheit von Eindrücken, den ein Wein in Ihrem Mund hinterlässt. Der primäre Geschmack des Weines besteht aus süß, sauer und bitter.

**Geschmacksintensität:** Das Maß, wie viel Geschmack ein Wein hat.

**Geschmackskomponenten:** Organische Bestandteile in der Traube, die für viele Aromen und Geschmacksstoffe im Wein verantwortlich sind.

**Geschmeidig:** Eine Beschreibung für einen Wein, der sich samtig, rund und nicht rau und derb anfühlt.

**Grand Crû:** Direkt zu übersetzen mit »großes Gewächs«. Im Burgund werden damit die Weine aus bestimmten, im Gesetz festgelegten Lagen bzw. auch diese Lagen selbst bezeichnet. In St.-Emilion (einem Teil von Bordeaux) gibt es ein Klassifizierungssystem, das die hochwertigen Châteaux als Grand Crû bezeichnet.

**Grand Crû Classé:** Ein Ausdruck, der auf Bordeaux-Etiketten auftaucht. Einerseits die Châteaux in Médoc und Grave, die 1855 als »adlige Gewächse« klassifiziert wurden und seitdem diesen Ausdruck verwenden dürfen, und andererseits Klassifizierung von St.-Emilion. Dort stellt es eine Steigerung zu Grand Crû dar (siehe oben).

**Gran Reserva:** Eine Bezeichnung auf spanischen Weinen. Ein Wein, der mindestens fünf Jahre gelagert werden muss, einen Teil davon zwingend im Fass, bevor er verkauft werden darf. Die Steigerung zur *reserva*.

**Hefen:** Einzellige Mikroorganismen, die dafür verantwortlich sind, dass sich der Wein vom Most in Wein verwandelt.

**Jahrgang:** Die Angabe des Jahres, in dem die Trauben für den Wein gelesen wurden (und meist auch gewachsen sind).

**Klone:** Untersorten einer Rebsorte, die durchaus eigene Qualitätsmerkmale und Charakteristiken entwickeln können. Von vielen Rebsorten gibt es etliche, unterschiedliche Klone.

**Körper:** Das gefühlte Gewicht des Weines im Mund; hängt besonders mit dem Alkoholgehalt, aber auch mit seinem Tannin zusammen. Man spricht von leichtem, kräftigem und voluminösem Körper.

**Komplexität:** Das Gegenteil von einfach; ein komplexer Wein hat viele verschiedene Facetten im Geschmack.

**Länge:** Die Charakteristik eines guten Weines, mit der man den sensorischen Eindruck zu beschreiben sucht, wenn einem der Wein über die Zunge gleitet und der Geschmack bleibt.

**Mazeration:** Der Prozess, bei dem die Traubenschalen im Traubenmost ausgelaugt werden, um ihnen Farbe, Tannin und andere Substanzen zu entziehen. Der Ausdruck wird oft für den gesamten Zeitraum verwendet, einschließlich der Gärung, solange der Traubenmost Kontakt mit den Schalen hat.

**Malolaktische Gärung:** Ein natürlicher Umwandlungsprozess (keine Gärung im eigentlichen Sinne), bei der die kräftige Apfelsäure sich in die weicher Milchsäure verwandelt und damit die Weine weicher werden lässt. Die meisten Rotweine durchlaufen diesen Prozess.

**Reifeprozess:** Die Zeit der Lagerung in der Kellerei nach abgeschlossener Gärung und vor der Abfüllung. Aber auch die Zeit bzw. der Vorgang im Keller des Weinkenners, den gute Weine durchmachen müssen, bevor sie sich perfekt präsentieren.

**Neues Holz:** Ein nicht definierter und auch nicht sehr genauer Ausdruck, der meist dafür verwendet wird, wenn ein Wein in ganz neuen Barriques (Erstbelegung) ausgebaut wird.

**Neue Welt:** Ein zusammenfassender Ausdruck für alte Weinbauländer außerhalb Europas.

**Reblaus** (phylloxera): Ein Parasit, der sich an den Wurzeln von Rebstöcken zu schaffen macht und diese abtötet. Wurde um 1860 aus Amerika eingeschleppt und hat innerhalb weniger Jahrzehnte fast alle Weinberge Europas vernichtet. Ein Desaster, von dem sich einige Weinregionen bis heute nicht wieder erholt haben.

**Premier Crû:** Eine offizielle Einstufung von hochwertigen Weinlagen (unterhalb der Grand Crû) und die Weine, die daraus gemacht werden. Die Bezeichnung wird in erster Linie in Burgund verwendet.

**Primäraromen:** Die frischen, vordergründigen Aromen, die direkt auf die Traubenaromen zurückzuführen sind.

**Reserva:** Ein spanischer Ausdruck für Weine, die länger gelagert wurden, bevor sie verkauft werden dürfen (meist eine Kombination aus der Lagerung im Fass und in der Flasche). Für rote Reserva ist in Spanien eine Mindestlagerzeit von drei Jahren vorgeschrieben. Auf einem portugiesischen Etikett ist es ein Wein von besonderer Qualität aus einem Jahrgang (siehe auch Garrafeira).

**Rebsorte:** Eine genetisch eigenständige Rebe.

**Rebsorten-Charakter:** Die Charakteristik einer speziellen Rebsorte oder die Charakteristik eines Weines, die auf die Eigenschaften dieser Rebsorte zurückzuführen ist.

**Reserve:** Eine Bezeichnung für Weine, die besser sind als die normale Version des gleichen Weines oder Weingutes. In Frankreich und USA ist dieser Ausdruck aber nicht exakt definiert.

**Restzucker:** Der nach der Gärung noch verbliebene Zucker.

**Riserva:** Der italienische Ausdruck für »Reserve«, der auch hier einen Wein bezeichnet, der länger gelagert wurde und damit von besserer Qualität sein sollte. Der Zeitraum, den der Wein gelagert werden muss, um diese Bezeichnung führen zu dürfen, ist in den jeweiligen DOC-Bestimmungen für die einzelnen Regionen unterschiedlich definiert.

**Rote Trauben:** Weintrauben, die rötliche oder blaue Farbpigmente in ihren Schalen haben, auch blaue Trauben genannt. Sie werden zur Rotweinproduktion verwendet.

**Säure:** Eine Strukturkomponente im Wein. Es gibt verschiedene Säurearten im Wein, die wichtigste ist die Weinsäure (eine natürliche Säure der Trauben). Der Säuregehalt liegt meist zwischen 0,5 und 0,7 Prozent des Volumens.

**Schalenkontakt:** Der Prozess, bei dem der Traubensaft mit den Schalen in Kontakt bleibt. Beim Rotwein ist dies der Vorgang, bei dem der Wein die Farbe, das Tannin und andere Substanzen aufnimmt.

**Stängel:** Die holzigen Teile, die aus den einzelnen Beeren eine Traube formen. Sie haben viel Tannin. Die Stiele und Stängel werden normalerweise vor der Gärung entfernt.

**Stil:** Das Zusammenspiel seiner Charakteristiken, durch die sich der Wein ausdrückt und somit definiert.

**Struktur:** Der Teil des Eindrucks eines Weines, der von den Strukturkomponenten herrührt (hauptsächlich Alkohol, Säure, Tannin und Zucker).

**Strukturkomponenten:** Hauptsächlich die großen Vier im Rotwein: der Alkohol, die Säure, das Tannin und (falls vorhanden) der Zucker.

**Süße:** Der Eindruck eines süßen Geschmacks im Wein, der von nicht vergorenem Restzucker, aber auch von anderen Substanzen herrühren kann, wie etwa Alkohol.

**Sortenrein:** Als sortenrein wird ein Wein bezeichnet, der nur aus einer Rebsorte gemacht und meist auch nach ihr benannt ist.

**Tannin:** Eine Substanz, die der Wein von seinen Traubenschalen bekommt. Auf Deutsch spricht man auch von Gerbstoff. Tannin ist einer der prägenden Bestandteile von Wein und auch eine Strukturkomponente.

**Tannin aus den Trauben:** Die Tannine im Rotwein, die auf die Trauben zurückzuführen sind, aus denen der Wein gemacht wurde.

**Tannin vom Holz:** Das Tannin im Wein, das auf den Ausbau im Barrique zurückzuführen ist.

**Terroir:** Ein französischer Begriff, der als zusammenfassender Ausdruck für die Wachstumsbedingungen in einem Weinberg, wie etwa Klima, Boden, Drainage, Hangneigung, Höhe und Topografie verwendet wird.

**Textur:** Die Konsistenz eines Weines oder wie er sich im Mund anfühlt.

**Tief:** Eine Charakteristik von hochwertigen Weinen, die einem den Eindruck von vielen Schichten an Geschmack vermittelt und damit das Gegenteil von flach oder eindimensional.

**Trocken:** Das Gegenteil von süß.

**Voluminös:** Umschreibung für einen Wein der Kraft, Festigkeit und Beständigkeit hat.

**Verschnitt:** Den Vorgang, wenn zwei oder mehr unterschiedliche Weine zusammengemischt werden, meistens die Weine von verschiedenen Rebsorten, aber auch der Wein, der dabei entsteht.

**Vegetal:** Aromen und Geschmack, die an Vegetation oder Gemüse erinnert.

**Vieilles Vignes:** Französisch für »alte Reben«

**Vin de Pays:** Landwein auf Französisch. Im französischen und europäischen Weingesetz eine Kategorie von gehobenem Tafelwein. Die grundsätzliche Herkunft muss auf dem Etikett benannt werden. Nicht mit dem Status eines AOC-Weines zu vergleichen. Siehe auch AOC.

**Vinifikation:** Die Tätigkeiten, um aus Trauben Wein entstehen zu lassen.

**Vitis vinifera:** Die botanische Bezeichnung für die Spezies von Rebstöcken, die für fast alle Weine auf dieser Welt verantwortlich ist.

**Weich:** Beschreibung der Textur, wenn der Alkohol und der Zucker (wenn vorhanden) Oberhand haben über die Säure und das Tannin und der Wein so keinerlei Anzeichen von Härte oder Rauheit zeigt.

**Weinbauregion:** Ein geografischer Ausdruck, der eine bestimmte Region in einem Weinbauland bezeichnet, in der Wein angebaut wird. Meist wird diese Region nochmals in einzelne Gebiete und Anbauzonen unterteilt.

**Weingut:** Ein landwirtschaftliches Anwesen, das Trauben anbaut und daraus Wein keltert. In Europa darf ein Weingut keine Trauben oder gar Wein zukaufen, sondern nur das hauseigene Traubenmaterial verwenden. Somit ist die Bezeichnung Weingut auf dem Etikett vom jeweiligen Gesetzgeber sehr genau definiert.

**Zweitweine:** Ein günstigerer Wein oder eine zweite Marke von einem bekannten Weingut aus Traubenmaterial, das für den Erstwein nicht gut genug war.

# Weiterführende Adressen im Internet

*A* uch in der Weinwelt ist das Internet nicht mehr wegzudenken. In vielen Foren werden von Weinfreaks die neuesten Tipps und Verkostungseindrücke ausgetauscht, die Winzer informieren über die neueste Entwicklung, und Händler bieten ihre Weine weltweit an.

Im Buch wurden viele Weine erwähnt, Tipps gegeben und Empfehlungen ausgesprochen. Vielleicht haben Sie das Glück, einen guten Weinhändler zu haben, dem Sie vertrauen und der Ihnen bei der Suche nach bestimmten Weinen behilflich ist. Wenn nicht, helfen Ihnen vielleicht die aufgeführten Internetadressen weiter.

 Wir haben bewusst darauf verzichtet, einzelne Händler aufzulisten, da dieser ganze Bereich in unglaublicher Bewegung ist und wir nicht einen Händler erwähnen können und den anderen nicht. Insgesamt gilt zwar der Weinhandel im Internet als seriös, aber achten Sie sehr genau auf die Geschäftsbedingungen bevor Sie etwas bestellen.

## Online-Weinmagazine und Infoportale

www.wein-plus.de: Wein-Plus ist ein Weinportal von einem Weinliebhaber für Weinliebhaber. Es ist unabhängig von Weinhändlern oder Erzeugern und will Ihnen hier nichts verkaufen, sondern Sie neutral informieren und Ihnen eine Plattform zur Kommunikation unter Weinfreunden bieten.

Das Wein-Magazin als Online-Wein-Zeitschrift, die Wein-News mit aktuellem Nachrichtenticker, der Weinführer für deutsche Weine (12.000 Weine) und das Wein-Glossar mit seinen 6.700 Einträgen machen wein-plus.de zum wichtigsten Informationsportal im deutschsprachigen Raum.

www.avinis.com: Ein mehrsprachiges Weinportal aus der Schweiz. Es sind über 1.000 Weinregionen, 300 Rebsorten und 3.000 Jahrgangsbewertungen aufgeführt. Sehr akademisch, aber viele Informationen.

www.best-of-wine.com: Ein unabhängiges Weinmagazin aus Hamburg mit vielen aktuellen Nachrichten.

# Informationen der Weinbauländer

www.deutscheweine.de: Der Auftritt des deutschen Weininstituts. Informativ, kompetent mit vielen weiterführenden Links.

http://www.austrian.wine.co.at: Der kompetente Auftritt des österreichischen Weinmarketing-Service.

www.weinguide.de: Der Internetauftritt des Weinführers von Gault & Millau mit allen Bewertungen dieses wichtigsten Weinführers über deutsche Weine.

www.hola-iberica.de: Eine gute Informationsquelle über spanische Weine.

www.sa-wein.de: Der Online-Weinführer für Südafrika, eine wundervoll gestaltete, sehr informative Seite über südafrikanische Weine (auf Deutsch), Weingüter und Weinregionen.

# Internationale Online-Weinmagazine

www.wine-pages.com: Ein gutes Online-Weinmagazin aus Großbritannien. Nur in Englisch.

www.winespectator.com: Der Online-Auftritt des wichtigsten amerikanischen Weinmagazins. Sehr informativ und umfangreich. Große Datenbank mit Weinverkostungen.

www.wineloverspage.com: Laut eigener Aussage das älteste, größte und populärste Online-Weinmagazin. Viele gute Beiträge, aber nur in Englisch.

www.75cl.info: Ein interessantes Online-Weinmagazin in französischer Sprache. Beschäftigt sich auch in erster Linie mit französischem Wein.

# Händler und Auktionen

www.weinkompass.de: Wenn Sie auf der Suche nach einem Weinhändler in Ihrer Nähe sind. Die Datenbank kennt über 2.100 Weinhandlungen in Deutschland.

www.ebay.de: Auch bei Wein ist eBay inzwischen ein wichtiger Umschlagplatz zwischen Weinfreaks. Mit allen Vor- und Nachteilen. Die Menge der Angebote und das Volumen sind gigantisch.

www.auktionsschnueffler.de und www.alleauktionen.de: Aber es gibt nicht nur eBay. Wenn Sie auf der konkreten Suche nach einem bestimmten Wein sind, können Sie über diese beiden Anbieter gleich in mehreren Online-Auktionshäusern gleichzeitig suchen.

www.wine-searcher.com: Internationale Suchmaschine mit Preisvergleichsmöglichkeit, um bestimmte Weine zu finden.

www.wein.cc: Eine Weinsuchmaschine aus Österreich. Leider ist das Angebot noch nicht sehr umfangreich.

www.winelight.de: Viele Verkostungsnotizen quer durch das Angebot des deutschen Handels.

www.supermarktwein.de: War eine nette Idee, es wurden die Weine quer durch die deutschen Supermärkte verkostet und bewertet. Leider haben die Initiatoren den Betrieb vorübergehend eingestellt, aber vielleicht findet sich ja ein Sponsor.

## Weinseminare

Kurz das Glas schwenken, ein Blick, dann mit Kennermiene die Nase ins Glas ... schlürfend einen kleinen Schluck ...»Feiner Wein, kraftvoll und doch elegant, ein Cabernet-Sauvignon, vom Charakter ›Neue Welt‹, mit dem Anflug von Minze, würde ich auf Chile tippen ...« Unmöglich?! Nein, es ist keine Geheimwissenschaft, und es ist keine angeborene Fähigkeit. Sie können es lernen!

www.viniversitaet.de: Die Viniversität ist ein Ableger von Jacques Weindepot und bietet Weinseminare für Wein-Einsteiger und Fortgeschrittene. Die Veranstaltungen finden in Hamburg, Berlin, Düsseldorf, Frankfurt, Stuttgart und München statt.

www.gourmets-for-nature.de: Gourmets-for-Nature aus Köln vermitteln Ihnen viel Wissenswertes über die Weinerzeuger, bei denen Handwerk noch zählt. Dazu auch viele Seminare zu unverfälschten, traditionsreichen Lebensmitteln.

www.wein-uni.de: Der Wein- und Sensoriktrainer bietet eine ganze Palette an Weinseminaren im Raum München, Rosenheim, Ingolstadt für Weinfreaks und die, die es werden wollen. Zugleich ist er auch der Übersetzer dieses Buches;)

www.weinakademie.at: Die renommierte Weinakademie Österreich ist eine Tochtergesellschaft des österreichischen Weinmarketing-Service. Sehr gutes Seminarprogramm.

www.einfachgeniessen.de: Unter dem Motto »einfach geniessen« bietet dieses junge Unternehmen allen Weininteressierten fesselnde und unterhaltende Weinerlebnisse. Das Seminarprogramm umfasst sowohl Wein-Basics als auch Winzer-Know-How. Außerdem werden Weinreisen direkt zum Winzer angeboten.

# Rotwein-Jahrgangstabelle 1980 - 2001

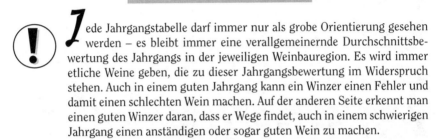

*J*ede Jahrgangstabelle darf immer nur als grobe Orientierung gesehen werden – es bleibt immer eine verallgemeinernde Durchschnittsbewertung des Jahrgangs in der jeweiligen Weinbauregion. Es wird immer etliche Weine geben, die zu dieser Jahrgangsbewertung im Widerspruch stehen. Auch in einem guten Jahrgang kann ein Winzer einen Fehler und damit einen schlechten Wein machen. Auf der anderen Seite erkennt man einen guten Winzer daran, dass er Wege findet, auch in einem schwierigen Jahrgang einen anständigen oder sogar guten Wein zu machen.

Auch die Empfehlungen zur Trinkreife sind verallgemeinernd und nur als Empfehlung zu sehen, wie eben auch die Jahrgangsbewertung. Einerseits entwickeln sich die Weine von verschiedenen Winzern, auch wenn sie aus der gleichen Region und dem gleichen Jahrgang kommen, sehr unterschiedlich. Andererseits ist ja auch unser Geschmacksempfinden nicht genormt. Was uns gefällt, hätte Ihrer Meinung nach vielleicht schon längst getrunken werden sollen, oder umgekehrt. Auch hier hilft nur das eigene Ausprobieren, das Experiment.

| Weinregion | 1980 | 1981 | 1982 | 1983 | 1984 | 1985 | 1986 | 1987 | 1988 | 1989 | 1990 |
|---|---|---|---|---|---|---|---|---|---|---|---|
| **Bordeaux:** | | | | | | | | | | | |
| Médoc, Graves | 75d | 80c | 95b | 85c | 70d | 90c | 90b | 75d | 85c | 90c | 95b |
| Pomerol, St.-Emilion | 70d | 80c | 95b | 85c | 65d | 85c | 85c | 75d | 85c | 90c | 95b |
| **Roter Burgunder:** | | | | | | | | | | | |
| Côte de Nuits | 85d | 65d | 75d | 85c | 75d | 85c | 75d | 85c | 85c | 85c | 95b |
| Côte de Beaune | 80d | 70d | 75d | 80d | 70d | 85c | 70d | 80d | 85c | 85c | 90c |
| **Nördl. Rhône** | 80d | 75d | 85d | 90c | 75d | 90c | 80c | 75d | 90c | 95b | 90c |
| **Südl. Rhône** | 75d | 85d | 70d | 85d | 70d | 80d | 75d | 60d | 85c | 95b | 95c |
| Rioja (Spanien) | 75d | 85d | 90c | 90c | 70d | 80c | 80c | 80c | 85c | 90c | 85c |
| **Piemont** | 75d | 70d | 90c | 75d | 65d | 95b | 85c | 80c | 90b | 95b | 95b |
| **Toskana** | 70d | 80d | 80d | 85c | 60d | 95c | 85c | 75d | 90c | 70d | 90c |
| **Kalifornien:** | | | | | | | | | | | |
| Cabernet Sauvignon | 80d | 75d | 75d | 70d | 85d | 90c | 80c | 85c | 75d | 80c | 95b |

| Weinregion | 1991 | 1992 | 1993 | 1994 | 1995 | 1996 | 1997 | 1998 | 1999 | 2000 | 2001 |
|---|---|---|---|---|---|---|---|---|---|---|---|
| **Bordeaux:** | | | | | | | | | | | |
| Médoc, Graves | 75c | 75c | 80b | 85b | 90b | 87b | 81c | 90a | 83a | 99a | 90a |
| Pomerol, St.-Emilion | 65d | 75c | 80c | 85b | 90b | 87c | 80c | 90b | 83a | 97a | 90a |
| **Roter Burgunder:** | | | | | | | | | | | |
| Côte de Nuits | 85c | 75d | 85c | 80c | 85c | 95b | 83c | 89b | 90b | 83b | 82a |
| Côte de Beaune | 70d | 80c | 85c | 80c | 85c | 95b | 83c | 89b | 90b | 83b | 82a |
| **Nördl. Rhône** | 90c | 75d | 65d | 85c | 90b | 90c | 86b | 89b | 95b | 88a | 88a |
| **Südli. Rhône** | 70d | 75d | 80c | 85c | 90b | 80c | 81c | 95b | 87b | 93a | 88a |
| **Rioja (Spanien)** | 75c | 85c | 85c | 90b | 85c | 90b | 75c | 85b | 75b | 85a | 95a |
| **Piemont** | 80c | 70d | 85c | 80c | 90b | 98a | 99a | 92a | 92a | 90a | |
| **Toskana** | 75c | 70d | 75c | 85c | 90b | 87b | 99b | 88b | 92b | 87b | 90a |
| **Kalifornien:** | | | | | | | | | | | |
| Cabernet Sauvignon | 95b | 90c | 85c | 95b | 90b | 94b | 98a | 86b | 96a | 86a | 95a |

a = zu jung zum Trinken
b = durchaus schon trinkbar, aber wird sich noch besser
c = trinkreif
d = Ist vielleicht schon zu alt

**Bewertung:**

100 = außergewöhnlich
95 = hervorragend
90 = Sehr gut
85 = gut
80 = annähernd gut
75 = durchschnittlich
70 = unterdurchschnittlich
65 = schlecht
50 – 60 = sehr schlecht

# Stichwortverzeichnis

ISBN 3-8266-3051-3
www.mitp.de

Julie Adair King

# Digitale Fotografie für Dummies

Perfekte Fotos mit Ihrer Digitalkamera!

- Was Ihre Kamera alles können muss
- Fotos schärfen und aufhellen
- Bilder drucken und ins Web stellen

Digitale Kameras werden immer besser und preisgünstiger. Der Umstieg von analoger auf digitale Fotografie bietet sich an. Julie Adair King zeigt Ihnen, wie's geht und worauf Sie achten müssen. Mit viel Humor gibt die Fotoexpertin dem Einsteiger Tipps, auf welche Funktionen er bei Digitalkameras zu achten hat und welche technischen Einzelheiten beim Fotografieren wichtig sind.

Unscharfe oder unterbelichtete Fotos sind kein Problem mehr mit Hilfe Ihres PCs und der richtigen Software. Erfahren Sie, wie Sie die Vorteile der digitalen Fotografie voll ausnutzen und schöne Fotos am Computer noch schöner machen.

**Sie erfahren:**

✔ Was man beim Kauf einer Kamera beachten sollte
✔ Wie das Kameramenü Ihnen weiterhilft
✔ Wie Sie die Fotos aus Ihrer Kamera in den Computer bekommen
✔ Was das alles bedeutet: Pixel, Parallaxe und Weißabgleich
✔ Wie Sie Bilder mit Photoshop Elements schöner machen
✔ Worauf beim Ausdrucken zu achten ist

Dirk Sutro

# Jazz für Dummies

Aus dem Amerikanischen übersetzt von Harriet Gehring

**Aus dem Inhalt:**

✔ Stile und Geschichte des Jazz erkunden
✔ Legendäre Jazz-Größen kennen lernen
✔ »Besser hören« lernen
✔ Neue Lieblingsplatten entdecken

ISBN 3-8266-2836-5
www.mitp.de

Aber nicht nur Jazz-Freunde kommen bei uns auf den Geschmack!

Schauen Sie doch auch hier mal rein: